王壽南——著

改變人生的火種

A SEED THAT
SPARKLES THE LIFE

寫給讀者朋友們：

這本書記錄了我自己的幾段生命的故事，也有別人的生命故事，都包含對人生的一個啟示：人生活著要有希望，希望是生命的火種。

本書不談八股，不會說教，希望您用「心」閱讀，才能品味出人生。

王壽南

自序

臺灣名作家羅蘭女士的散文受到文壇很高的推崇，尤其她的《羅蘭小語》更是風靡一時，爭相閱讀，《羅蘭小語》是她在廣播電台的講稿，這部書能受到讀者的喜愛是有原因的，在廣播電台的廣播詞要具備幾個特點，一是修辭口語化，不能用艱澀的詞語，要讓讀者一看就懂。二是語詞流暢，文字通順，讓讀者容易閱讀。三是每篇都有明確的主題，不能忽東忽西，讓讀者摸不清作者談的是什麼。四是敘事簡捷，不會東拉西扯，長篇大論卻不知所言。所以，一篇好的廣播講稿就是一篇好文章。

我的這本書是由廣播講稿彙編而成，內容的重點是在談人生。談人生是個大題目，也是個重要的課題，如果在大學的課堂上講，我會大量引用中外哲學家們的論著和大段大段的史料，但是在廣播中，我必須放棄學術方式的表達，改用通俗、直接和深入淺出的表達方式，所以本書沒有教條式、八股式的論述，而是大量採用歷史故事、時事人物作為例證的講述，盡量讓讀者產生閱讀興趣，從許多人物小故事中領悟到人生大道理。

人生的內涵太廣，本書僅著重在希望和成功兩個面向上，人生須要有希望，就像汽車要有方向盤，人生如果失去希望，將會在人生路上到處飄蕩，隨處碰撞，這樣的人生和其他動物沒有什麼不同。人生要追求成功，但追求成功要有一個火種，一個驅動力。這個火種和驅動力便是希望，藉著希望的火種，人們才能擁抱成功。

本書原是我在遠東福音會的廣播講稿（遠東福音會的廣播要在網上收聽，網站地址 http://www.feearadio.net），感謝遠東福音會陳民本教授、于厚恩牧師、陳鼎明先生在廣播上的支持、鼓勵和協助。承蒙臺灣商務印書館董事長王春申先生和編輯部高珊經理、徐平先生、吳郁婷小姐等支持和協助出版，特此表示感謝。人生的問題十分繁雜，本書雖只談希望與成功，相信可以討論之處仍多，尚祈讀者諸君不吝指教為感。

王壽南謹識　二〇一六年十一月五日
於台北靜軒

目錄

自序 I

卷上　迎向希望

活在希望中 3
責任與希望 14
希望與貪心 20
希望之路上的絆腳石 26
挫折中的希望 32
恐懼是毀滅希望的毒箭 37
反敗為勝 43

天上降下來的希望 49
盼望神蹟 55
人生的未知數 62
希望小學 69
永遠的希望 75
望子成龍 81
想家的孩子 88
改變人生的火種 95
從一百分到零分 101
尼特族的徬徨 107
偏離目標 113

卷下　品味成功

生命與生活 121

快樂的人生 131
人生的選擇 142
人生的角色 153
人性中的善與惡 164
福與禍 176
追求成功 187
走出苦難 198
愛與忍耐 209
愛與寬恕 220
變與不變 231
突破人生的困境 242
打破前世孽障的魔咒 254
英雄與英雄崇拜 265

附錄

從黑暗到光明——記我的重生　279
王壽南主要著作與主編之圖書　299

卷上

迎向希望

活在希望中

一、希望帶來快樂

在一個偏僻的山區裡，有一所小學，學生只有一百多人，都是貧窮家庭的小孩。有一天，有一個記者到這所學校來採訪，找到六十幾歲和藹可親的校長，校長簡單地介紹了學校的環境和教學情形，記者提出一個問題：「這裡的學生都是窮苦家庭的小孩，可是，當我踏進校門，我發現每個小孩都帶著笑容，人人都表現出一副快樂的模樣，他們物質生活那麼貧乏，怎麼快樂得起來？」

校長微笑地帶記者到操場上，手指著升旗台，升旗台十分簡陋，只是半個人高的石台，台後面是一根掛了國旗的旗杆，台上左右各立著一根木條，校長說：「這兩個木條，一根寫著希望，一根寫著快樂。希望和快樂是我們學校給學生的核心教育，我們要讓每個學生對自己都抱著希望，因為有希望就生出快樂來。」

記者好奇地追問：「讓每個學生都對自己有希望，這是不容易做到的事，我剛才看到一個手扶拐杖的女孩，她也是笑嘻嘻的，她對自己有什麼希望呢？」

校長點點頭說：「當一個學生進到學校，老師立刻要去瞭解學生的家庭狀況、個人性向、特殊才能等等，替學生找到可以努力追求的項目，使學生對自己有一個希望，當他有了希望以後，他不但會自動努力，也會從努力中得到快樂。你說的那個得了小兒麻痺症的女孩叫惠文，惠文行動不便，她現在五年級，從小歡喜看故事書，三年級開始作文就寫得很好，老師鼓勵她去兒童刊物投稿，又去參加縣政府教育局舉辦的作文比賽，所以她有一個希望，就是當作家，她努力來實現這個希望，心裡就有快樂。」

這時，下課鐘響了，學生們走出教室，歡笑聲在校園裡飄蕩著。

的確，希望會給人帶來快樂。

我有一位姓章的朋友，他是一所著名大學的教授，二〇〇〇年退休，移民到加拿大。他到達加拿大後給我的第一封信，表示對加拿大的生活環境非常滿意，信上說：

「我的新居是一幢獨立式兩層樓的木屋，大約有一百二十坪，除了客廳、起居室、餐廳、廚房之外，還有五個房間。房子座落在一個小山坡上，四周全是綠地，遠遠可以看到大海，周圍三公里內沒有別的房屋。這裡遠離塵囂，安靜極了，我這一生從來沒有享受過如此安寧的生活。除了和我的妻子講話之外，沒有任何外人來打擾我。我每天可以聽到悅耳的鳥叫聲，也會到海邊去看一波波向前衝刺的海浪。這裡的日子過得真像天堂。」

我回信給章教授，為他像天堂般的新生活表示高興和祝福。不過，此後章教授就沒有來信，我想他一定沉浸在天堂般的生活中，不願被外人打擾。

過了一年，我忽然接到章教授寄來一封信，信很簡短，只說他最近要回臺灣，想和我見面。兩個禮拜後，我接到章教授的電話，他說已回到台北，和我約定時間、地點見面。見到章教授，讓我大吃一驚，一年多沒見，他竟然變得身體消瘦，臉色蠟黃，兩眼無神。我問他：「你這次回臺灣做什麼？」

他端起了咖啡杯，喝了一口：「看病。」

我懷疑地說：「你生了什麼病？」

「憂鬱症。」他輕輕地說。

「什麼？憂鬱症？」我簡直不敢相信：「你在加拿大不是像生活在天堂一樣嗎？你缺少什麼？你憂慮什麼？」

他低下頭，用緩慢的語調說：「不錯，我在加拿大的生活十分安適，每天看看綠地，聽聽鳥叫，好像這世界上除了我和我的太太外，沒有別的人。可是，過了半年，我有一種感覺：好寂寞。我望著天上的白雲隨風飄蕩，海水的波浪打到沙灘上就消失了，我忽然想到我未來的人生如何？像白雲一樣飄浮不見了呢？還是像浪花一樣消失無蹤呢？我今年七十歲，如果我再活一、二十年，我這一二十年做什麼呢？難道就像白雲和浪花一樣，等它消失嗎？我感到好空虛，常常會想到死，我躺在綠地上，看天上的白雲，我覺得我每天在等待的是死亡。」

我看他用手掌摀住臉，聲音愈說愈小，我能感受到他心裡的憂鬱。我問他說：「你看過醫生嗎？」

他搖搖頭說：「沒有，我不熟悉臺灣的醫院，我想請你幫我找個醫生。」

我拉住他的手說：「不必找醫生，我已經找出你的病源。你在加拿大生活上什麼都不缺乏，但缺乏一樣——缺乏希望。你在退休以前，多麼有理想，做了許多有意義的事，你到加拿大以後，你的理想和有意義的工作都消失了，你現在活著，好像只是要維持一個肉體生存，你對人生沒有了希望，前途是一片空虛，當然快樂不起來，就會自己認為得了憂鬱症。」

章教授猛然抬起頭來，不住地點頭道：「你說得對，我是缺少了希望，我要找回希望，有希望人生才有意義，有希望才會得到快樂。」

過了幾天，章教授告訴我，他擬訂了一個研究計畫，在臺灣搜集了不少資料，準備回加拿大去寫作，希望幾年內能出版一本有分量的著作。於是，章教授回加拿大去了，他沒有帶抗憂鬱症的藥物，他帶走的是希望。

希望會帶給人活力，掃除憂鬱的最佳藥物是注入濃濃的希望，在希望中噴發出活力，有活力的人一定是快樂的。

二、希望是人生中的光

在《聖經・創世紀》裡記載：「神說：『要有光。』就有了光。神看光是好的，就把光暗分開了。」（第一章三～四節）神為什麼要創造光？為什麼說：「光是好的」？

在現實生活中，每個人都能體會到「光」是多麼重要，在沒有光的全黑暗環境裡，一個人幾乎無法生活。有一個心理學教授對全班三十幾位同學做一個試驗，他布置了一個密不透光全黑的房間，告訴學生房間裡有桌子、椅子、花瓶、水果刀、瓷碗、玻璃魚缸、水桶，地上有鐵釘和碎玻璃，還有一個關了蛇的鐵絲籠，他把學生的眼睛用眼罩蒙起來，帶他進到這房間，轉幾個圈，然後關上門，要學生找到門走出房間。學生在房內十秒鐘後，自己拿掉眼罩，學生發現一片漆黑，伸手不見五指，他完全分辨不出來哪裡是門，在房裡走動又怕碰到瓷碗、花瓶，又怕腳踩到鐵釘或玻璃，更怕碰觸到蛇，真是感到動彈不得。

這個試驗是每個學生單獨進去，三十分鐘後，教授接他們出來。試驗的結果，三十幾個學生沒有一個人找到門走出來。百分之九十的學生在進房間後就坐在地上，一動也不動。百分之十的學生會開始摸索，不久，碰倒了花瓶或打碎魚缸之後，也就靜坐在地上。

試驗做完之後，教授問學生：「你們為什麼都坐在地上不動呢？」

學生們一致回答說：「太黑了，什麼都看不見，動一動就容易闖禍，更怕被蛇咬。」

這個試驗證明了《聖經》裡上帝說：「光是好的。」是多麼正確。

這個試驗做的是實體的光，如果這世界沒有實體光，人類恐怕會由動物變成植物，甚至不能生存了。其實，除了可以用眼睛看到的實體的光之外，在人的心裡也有光，那心裡的光不是用眼睛來感受，而是用心靈來感受的，這心裡的光就是希望。有希望就是心裡有了光，心裡有了光，就照明了自己要走的方向和道路，於是活力便會像泉水一樣湧出來，在希望之光指引下，奔向成功之路。

希望是人生道路上的光，希望之光帶給人們積極、奮發、向上的力量。二〇〇八年北京奧運會獲得八面金牌的美國游泳名將菲爾普斯在童年時是一個問題兒童，從小菲爾普斯就頑皮搗蛋，上小學時，菲爾普斯每天都出問題，不是和同學爭吵，就是上課時溜出教室，不肯寫作業，甚至頂撞老師，真是狀況百出，老師們見到菲爾普斯無不搖頭，菲爾普斯的媽媽經常要到學校裡向老師們道歉。

有一天，菲爾普斯的媽媽又到學校來，為了兒子的犯過向校長道歉，校長邀了幾位老師和菲爾普斯的媽媽一起討論，一位老師說：「我教過菲爾普斯兩年，用了各種方法來教導他，都沒辦法讓他不犯過，我真擔心他長大以後如何在社會上生存，他恐怕會進監牢，過一輩子黑暗的生活了。」

菲爾普斯的媽媽用手帕蒙著臉，不斷在哭泣。

這時，一位體育老師說：「我不認為菲爾普斯那麼糟糕，不錯，他脾氣暴躁，經常犯錯，但我覺得他是一個過動兒，他靜不下來，但是他上我的體育課卻表現很好，因為體育課是動的課，正合適他，所以我建議找一位心理醫生來幫助他，也許可以改變他。」

菲爾普斯的媽媽接受了體育老師的建議，帶菲爾普斯去看心理醫生。心理醫生問清楚了菲爾普斯的生活情形，並且為菲爾普斯做了許多性向測驗，最後，心理醫生對菲爾普斯的媽媽說：「你的兒子是一個很嚴重的過動兒，如果不好好教導他，長大後，他很容易傾向犯罪。」

「我不知道怎麼教導他，請指點我。」菲爾普斯的媽媽用祈求的語調對醫生說。

醫生想了一想，問道：「他是不是歡喜運動？」

菲爾普斯的媽媽點頭道：「歡喜運動，打球、騎車、拉單槓都歡喜，尤其是游泳，一到游泳池就不肯上來。」

醫生眼中閃出一絲光芒，用堅定的聲音說：「讓他去參加游泳訓練，越嚴格的訓練越好。」

菲爾普斯的媽媽立刻去找到當地一位游泳教練，把菲爾普斯送去，接受最嚴格的訓練，每天十幾個小時的訓練課程，讓菲爾普斯過足了「動」的癮，菲爾普斯的媽媽隨時都在旁督促。過了一年，菲爾普斯有著顯著的改變，不僅是各種游泳技術在進步，連性情也在改變，從自由放任變成遵守規律，由粗暴變成柔和。二〇〇四年，菲爾普斯十九歲，參加了雅典的奧運會游泳比賽，獲得六面金牌和兩面銀牌。四年後，菲爾普斯又參加北京的奧運會游泳賽，一個人獲得八面金牌，這是震驚世界的紀錄。當菲爾普斯接受頒發第八面金牌後，立刻奔上觀眾席，緊緊擁抱著媽媽，這個場景讓所有的觀眾都為之熱淚盈眶。

一位記者跑到菲爾普斯面前，問他有什麼感想，菲爾普斯含著眼淚說：「我原本是一個不被老師、朋友們看好的孩子，大家都說我是沒出息的，我的人生將是一片黑暗，我感謝媽媽，她為我點燃了一盞希望的燈，讓我的人生有了光，在光的指引下，我知道我該做什麼。」

的確，像菲爾普斯這種過動兒，如果任其發展，他長大以後，必然是處在黑暗世界之中，胡亂摸索，很可能便淪落到罪惡深淵，他的母親為他點燃了希望之光，為他掃除了黑暗，使他擁有一個燦爛的人生。

三、希望不是幻想

幾乎每個人都會有幻想，幻想是虛無的空想，是不能實現的畫餅，畫餅充飢只是心理上一種幻覺式的自我滿足，卻無助於真實情景的改變。

我從小身體不好，雖然沒有大病，但體弱無力乃是事實。到了中學時，我開始看武俠小說，常為武俠小說中男主角的高強武功著迷，我幻想著自己是那位男主角，能飛簷走壁，出手就能傷人，這種幻想是我體弱無力的心理補償，讓我得到一點只有我自己才感覺得到的滿足，其實，這種滿足是空飄飄的，是虛無的，是短暫的，當我離開了武俠小說，我還是體弱無力，毫無能耐，這是幻想。

希望不是幻想，希望是能實現的盼望，是能實現的夢想。所以，真正的希望不僅是存在腦海裡的藍圖，更是有步驟和行動的表現。前面提到的美國游泳名將菲爾普斯，如果他每天只是躺在沙發上看游泳比賽的電視影片，而不跳到游泳池中去接受嚴格的訓練，那麼他只是擁抱幻想，一定擁抱不了奧運金牌。

不要把希望變成幻想，希望要有永不放棄的精神。要把希望變成事實的路程常是很崎嶇、彎曲、有障礙的，一路上要用忍耐、毅力來克服一切的困難。《聖經・雅各書》第五章七節說：「看哪，農夫忍耐等候地裡寶貴的出產，直到得了秋雨春雨。」澳洲有個叫力克（Nick Vujicic）的人，生來就沒有手，沒有腳，只有頭和身子，真像一個怪物，沒手沒腳，在生活上當然十分困難，別說走路、吃飯、寫字，就是由躺著到坐起來都是困難萬分，但是力克努力不懈，他竟然真的克服萬難，學會了游泳、騎馬、打鼓、電腦打字等等，更獲得兩個大學學位，成為一家企業公司的總監。二〇〇五年力克獲得「傑出澳洲青年獎」。力克到過十幾個國家演講，聽眾有幾十萬人，他親身向大家說明自己的努力，力克的說明其實很簡單，他先舉起「希望」，希望自己能做到有手有腳的人所能做到的事，然後努力去一項一項實現，當然過程萬分辛苦，甚至是折磨的痛苦，但他在痛苦的過程中咬緊牙根撐到底，最後到達成功，所以他在演講中一直鼓勵大家要「永遠不放棄」。

人生的道路原本就不平坦，越大的希望，這道路就越難走，不要被困難打倒，不要被障礙削減了前進的勇氣，用堅持忍耐、永不放棄的精神才能把希望實現。

四、希望中沒有懼怕

一個人如果沒有了希望，他的內心就會充滿了恐懼、害怕，老年人常會變得孤僻、冷漠，甚至怪異，因為老年人自知來日無多，未來是一片空虛、渺茫、未可知，所以內心常會有恐懼感。如果一個人對未來有了希望，縱使是老年人，他的恐懼感就會降低。

在二十世紀初期，航空事業還不發達，大西洋兩岸來往的交通工具還是以輪船為主。有一艘客輪從英國開往美國，船上搭載了五六百名乘客。有一天，當船正航行在大西洋中，忽然遇到狂風暴雨，巨浪滔天，船在海浪中忽起忽落，全船的乘客無不東倒西歪，像是天旋地轉，乘客們深怕船會沉沒，驚叫連連，咒罵聲、呼求聲此起彼落，全船的人都籠罩在驚恐之中。

這時，唯獨一位老婦人與眾不同，她沒有大呼小叫，也沒有驚惶失措，她一個人安安靜靜坐在一個角落，雙手放在胸口，眼睛閉著，好像在禱告的樣子。

過了十幾個小時，風浪漸漸平息，船沒有受到損傷，看來危險是度過了。乘客們恢復了平靜。有一個船員一直在注意老婦人與眾不同的表現，他走到老婦人面前，好奇地問老婦人：「老太太，剛才風浪那麼大，船幾乎要翻了，大家都嚇得要命，妳卻很鎮定地坐在這裡，臉上也沒有恐懼的表情，難道妳不害怕嗎？」

老婦人看看船員，微微一笑說：「年輕人啊！我是基督徒，我一生都依靠上帝。我有兩個女兒，大女兒已經被上帝接到天國去了，小女兒現在美國。我這次到美國去，是希望和小女兒見面。剛才船遇到風浪，我就向上帝禱告，我說：『主啊！我希望到美國和小女兒見面，現在風浪大作，如果船翻了，主啊！我希望您引領我到天國和大女兒見面。主啊！我希望見到大女兒，也希望見到小女兒。哪一個希望能實現，我都會快樂地接受。我把我的希望告訴您，主啊！請您來決定，我仰賴您！奉主耶穌的名，阿門！』年輕人！我禱告後，心裡就很平靜，我的兩個希望總有一個可以達成，我又有什麼要恐懼害怕呢！」

五、希望點亮了生命

中國人說：「哀莫大於心死。」心死就是心裡沒有了希望，一個人沒有了希望這是最大的悲哀。因為一個人活著不是只有心臟跳動而已，活著要活得有意義，所謂有意義就是有希望，這希望不論大小，只要是希望，就會覺得生命是發亮的。一個女人在生孩子的過程中是十分痛苦的，但她一看到嬰兒紅紅的臉龐，所有的痛苦感覺都消失了，因為她看到了希望，這希望帶給她生命中做媽媽的新意義。

人要有希望，就像人要有光。有光，才能看清方向，看清周圍的環境，看清自己站立的位置，看清自己手裡要做的事。有希望，才能掌握人生的方向，發現自己站在人生道路上的位置，努力朝著人生目標前進。

麥克阿瑟將軍說：「有希望就年輕，絕望就年老。」使徒保羅說：「忘記背後，努力面前的，向著標竿直跑。」（《聖經‧腓立比書》第三章十三節）這標竿就是希望，希望能使一個人的生命發光發熱，使一個人的生命過得有意義。

願你常把希望帶在身邊，萬一你沒有任何希望，那麼，你趕快禱告，請上帝賜給你希望之光。

責任與希望

負責任是人生旅途中一個重要的課題，責任有大有小，有輕有重，有難有易，當一個人遇到又大又重又難的問題時，要他負起解決這個問題的責任時，無疑是一大考驗，他是否真能解決這個又大又重又難的問題，除了靠他的毅力、智慧之外，更重要的是他要有責任心。

下面我說一段自己親身經歷的見證。

我的祖籍是福建省武夷山市，父親是軍人，一九四八年來臺灣，他是文職軍人，在一個軍事機關擔任會計工作。我的母親是一個傳統舊式婦女，不認識字，只會在家做家務，照顧丈夫和子女。我有一個弟弟、一個妹妹，由於對日抗戰時期，父親到重慶工作，母親帶著我回到老家武夷山，父親和母親分開了八年，抗戰勝利，父親回南京，也就把母親和我接到南京，父親和母親重逢後，陸續生下了弟弟和妹妹，所以弟弟比我小十二歲，妹妹比我小十五歲。

一九五八年一月，在我的家裡發生了一件青天霹靂的意外，那是我父親突然逝世。

那時我是臺灣大學歷史系四年級的學生，父親逝世的那一天，正值我的學期末大考，還有一科「英國史」沒考。記得那天晚上，父親下班後沒回家吃晚飯，這是經常發生的事，因為父親歡喜打麻將，下班後幾個同事常會邀父親去打八圈麻將牌，所以晚餐桌上看不到父親是常有的事，母親常勸父親少上牌桌，父親總是敷衍應付，牌還是照舊打。那一天晚上九點多鐘，父親回家了，一進門就嚷著說：「胃痛，拿胃藥來。」母親立刻取來家中常備的胃藥給父親服用，我知道胃痛是父親的老毛病，所以也沒在意，繼續在我的小房間裡準備後天「英國史」的考試。

不久，我聽到父親在他的臥房內大叫「啊」的聲音，母親和我立刻趕了過去，只見父親在床上睜大眼睛，兩手緊抓棉被，嘴巴張開，像是在掙扎的樣子，母親拿了一根鐵湯匙，叫我放在父親的嘴裡，免得他咬到自己舌頭，她自己立刻去打電話給父親機關裡附屬醫院的黃院長。

大約過了十五分鐘，黃院長親自開車趕來，黃院長是心臟科醫生，也是父親的老朋友，他提了醫療手提箱快速走進父親的臥房，他要大家都出去，留下母親在房裡。

大約幾分鐘後，黃院長和母親走出房間，臉色沉重，我趕緊問黃院長：「怎麼樣？」黃院長搖搖頭，拉住我的手說：「心肌梗塞，來不及救了。」

母親終於忍不住，放聲大哭起來。我的心頭一震。腦袋像被重擊了一拳，眼前發黑，不自覺地向後倒下去。

不知過了多久，我的意識似乎開始恢復，耳邊聽到母親尖銳的哭叫聲：「壽南，你醒醒呀！壽南，壽南啊！」

我微微睜開眼睛，看到母親跪在我左邊，弟弟和妹妹在另一邊，都是眼淚汪汪，我正平躺在客廳的地上，我想我是昏倒了。突如其來的惡耗，給我太重的打擊，我早就知道家裡的經濟拮据，每當月底，母親常對父親說，家用不夠了。父親是一個中級文職軍官，待遇菲薄，加上歡喜打牌，還會輸點錢，母親雖然持家節儉，仍然不夠錢用，這種窮困的情形，從我考上大學就體會到了，所以大學四年，我努力爭取到學校的清寒優秀獎學金，為圖書館做工讀，每個月領一百元，學雜費全免。雖然我不向父母要錢，但我知道弟弟妹妹年紀很小，一定得依靠父母，我的母親又沒有外出工作的能力，整個家庭的經濟負擔還是很重的，這都由父親一人獨挑，現在父親突然離開我們走了，這副重擔豈不落在我這做長子的身上，一個大學還沒畢業的學生能挑得起這個重擔嗎？可怕呀！於是我昏倒了！

悲傷加上恐懼把我打昏了，當我微微睜開眼，就聽到黃院長的聲音：「別哭了，他醒過來了。」

母親緊緊地握著我的手，我感覺到母親的手在不停地顫抖，口裡發出急促的聲音：「壽南，你要好啊！你不好的話，我怎麼辦！」那焦急、求助、哀痛的語調讓我感到鼻酸，淚水不自覺地從眼角流出來，弟弟妹妹拿著手帕為我擦去淚水，口裡輕輕地喚著：「阿哥！阿哥！」他們竟然也是淚流滿面。

母親和弟弟妹妹把我扶起來，坐在客廳的藤椅上，這時，黃院長打電話叫來一輛中型吉普車，兩個士兵將父親的遺體抬上車，我全身無力，癱瘓在椅子上，目送父親離開，覺得這是一場夢。

這一晚真是人生最長的一夜，躺在床上完全不能闔眼，「我該怎麼辦？」這個問題一直在我的腦海裡打轉。

天亮了，母親起來做早餐，我走到弟弟妹妹的床前，兩個小孩睡得正熟，看著他們天真無邪的臉蛋，我的心底忽然出現一個念頭：「該好好地把他們扶養長大，爸爸雖然走了，他們卻是你的希望。」

對呀！希望！希望！這兩個正在茁長的小生命像一朵迎向陽光的小花，他們身上充滿了希望，我俯下身去，輕輕地親了一下他們的臉頰，我有了決定，我要堅強地站起來，我要培養他們長大成人，成為兩個發光發熱的人，這是我的希望。

有了新希望讓我振作起來，一夜之間我自己覺得像變了一人，我要重新看人生，重新安排我的人生道路，第一件要改變的事是放棄了申請到美國留學，我要留在臺灣，扶養母親和弟弟妹妹。

我的朋友對我放棄到美國留學的決定不以為然，我回答他們說：「我有了新希望，我要維持這個家，讓母親好好地活下去，培養弟弟妹妹長大成人。」

我的朋友說：「你到美國去，不也是新希望麼？」

我回答說：「我到美國去留學是一個新希望，但是留下沒有謀生能力的母親和十一歲的弟弟、八歲的妹妹，他們怎麼活下去？如果我去美國留學，我自己有了新希望，我的母親和弟弟、妹妹卻陷入了絕望，我的希望帶給家人絕望，這是我不願意看到的。」

父親突然去世的打擊，因著心中滋生了新希望，我沒有倒下去，責任感驅使我勇敢地站在家人的身旁，我要守護著他們。當出殯的前一天晚上，我徹夜守在父親的靈柩旁，夜深人靜，寒氣逼人，外面細雨霏霏，我獨自跪在靈前，細聲地說：「爸爸，我會好好侍奉媽媽，我會讓弟弟妹妹健康長大，唸到大學畢業。爸爸，你安心走吧！」

像做夢，卻又那麼真實，在父親靈前的誓言，成為我此後十幾年的希望。

父親去世以後，我的日子是很難過的，受過多少挫折，捱過許多煎熬，為的是讓全家有尊嚴地活下去，在別人面前，我表現出自信和堅強，在黑夜的棉被裡，卻不知流過多少眼淚。

日子一天一天過去，我們全家仍然團聚在一起，母親身體健康，弟弟妹妹由小學而中學而大學。當我的妹妹從東吳大學會計系畢業後，我拉著妹妹的手到父親的靈骨塔前，我輕聲地對父親說：「爸爸！妹妹已經大學畢業了，弟弟兩年前也已經從成功大學建築系畢業了，當年我在您靈前許的願，現在都完成了，特來向您稟告，請您安心吧！」

這時，我忽然體會到春秋時代那個趙氏孤兒的故事，程嬰接受扶養孤兒的任務，十五年間吃過千辛萬苦，受過無數的折磨，終於讓孤兒長大成人，當孤兒能夠展翅高飛的時候，程嬰的內心澎湃起伏，既高興得想狂笑，又悲哀得想大哭。我不正是如此嗎？朦朧間，兩頰早已濕成一片。

今天我把自己親身的經歷說出來，我要說的是希望常要責任心做支撐。不錯，責任是一個負擔，但是如果這個責任是有意義的，那麼這個負擔就是值得的。

在《聖經》裡記載著摩西的故事，摩西是以色列人，四十歲以前被埃及的公主收養在王宮裡，過著王子的生活，當時以色列人寄居在埃及，做了埃及的奴隸已經四百年了，埃及王和官吏對以色列奴隸不斷壓迫，讓以色列人做苦工，隨意鞭打責罵，摩西心中十分不忍，盼望有一天自己的同胞能脫離奴隸生活。當摩西四十歲那年，一天，摩西看到一個埃及監工對一個年老的以色列奴隸不斷鞭打，摩西覺得這樣對待奴隸太不人道，在義憤填膺之下便出手教訓監工，沒想到竟把埃及監工打死了，摩西打死了埃及人，這非可不小，摩西嚇得逃出了埃及，在北方的曠野住了四十年，以牧羊為生。當摩西八十歲那年，上帝耶和華召喚摩西回埃及去，領二百多萬的以色列人離開埃及，解脫以色列人四百多年的奴隸身分。這幾乎是不可能的艱難任務。摩西嚇得不敢接受，一再推辭，在上帝的堅持和應許支持下，最後摩西不得不答應，帶領以色列民族脫離被埃及人統治的奴隸生活，這是無比沉重的責任，難以想像的仟務，卻也是摩西一生中最大的希望。四十年前，摩西為了救一個以色列奴隸而犧牲了舒適享受的王子生活，時到今天，八十歲了，如果遇到相同的場景，摩西還是會義無反顧地揮出鐵掌。可是，現在不是要救一個奴隸，而是要救一個民族，多麼宏偉的希望啊！摩西心裡興奮得要發抖。

摩西的責任是重大的，任務是艱巨的，但歷經了許多困難，摩西終於實現了他的希望，帶領二百多萬以色列人走過紅海，脫離埃及的掌控，讓以色列成為一個自由的民族、創造了光輝的歷史紀錄。摩西終於將自己四十年前的希望實現了。

希望與貪心

一個剛滿一歲的小嬰兒左手握著一塊糖，卻又伸出右手去搶小哥哥手裡的糖，這是大家都會常見到的景象，這象徵什麼意義？這個小嬰兒的動作反應出他的不知足，也就是貪心。嬰兒還沒有接觸到社會的價值觀念，他不知道什麼是「本分」，不知道什麼是「規矩」，他的動作完全出於天生的本性，可見一個人的本性中就有「貪」的因素。

希望是一個人想要獲得某個事物或達到某個目標的心理，小嬰兒要搶哥哥的糖是貪心，也是希望，其實，貪心和希望是極為貼近的，中間只隔一層薄薄的紙，希望可以隨時戳破那層薄紙而進入貪心。所以一個具有強烈希望的人很容易變成一個貪心的人。

那麼，如何區別希望與貪心呢？可以用下面簡單的一句話來說明：

希望——是經過合理、合法的途徑，憑自己的努力而獲得的成就，這個成就不會因自己蒙利而損害到別人。

貪心——是不經過合理、合法的途徑，用投機取巧的手段而獲得成就，這個成就只圖利自己，不管會不會損害到別人甚至社會。

所以，希望對社會有正面的功能，貪心則對社會會造成傷害。

二〇一三年二月，臺灣發現有廠商在食品中添加「順丁烯二酸」，於是爆發了「毒澱粉」事件，許多廠商為了使食品更美味好吃，讓食物的口感更好，增加銷售量，便在麵粉、麥粉和各種粉內添加順丁烯二酸，依照食品衛生法的規定是不准添加順丁烯二酸這種化學製品的，因為順丁烯二酸會造成腎的傷害，甚至促成癌症的形成，但是商人為了牟利，不顧消費者的身體健康，於是在各種粉類食品中都添加順丁烯二酸，這使得許多麵條、饅頭、米粉、細粉、粉圓、年糕……等等粉類製成的食品都成為有毒食品，造成臺灣社會對食品的恐懼，臺灣的人民都不知道自己吃下多少毒，那些洗腎的病人中不知有多少是服毒太多而洗腎的。這是少數商人因著想多賺錢的貪心而犯下的大罪行。

一個人的貪心有時雖然不會為害到社會，但會害到自己，下面說一個貪心的故事。

台北市一條小街上有一個麵攤，放著四、五張桌子供客人吃麵。有一天上午，快到午餐時候，阿堅走到麵攤前，發現一個老婦人正在吃麵，一看老婦人的打扮就知道她是從鄉下來的。阿堅走到老婦人的桌前，在她對面坐下來，叫了一碗麵，然後對老婦人說：「阿媽，妳好，我叫阿堅，你從哪裡到台北來？」

老婦人望望阿堅，回答道：「我從花蓮來台北看我的女兒。」

阿堅又問：「妳女兒在哪裡？妳為什麼一個人吃麵？」

老婦人說：「我女兒就住在這巷子裡，她去工廠了。」

阿堅說：「阿媽，妳有拜拜嗎？」

老婦人說：「有啊！我們村子裡有一個廟，我常常會去廟裡燒香拜拜。」
阿堅說：「妳到台北，有沒有去廟裡拜拜？」
老婦人搖搖頭：「我才到台北兩天，還不知道哪裡有廟，我等女兒不上工，帶我去廟裡拜拜。」
阿堅說：「在前面不遠就有一個廟，我常去拜拜，靈得很，尤其是求財，每次都有求必應。」
老婦人睜大了眼睛說：「真的嗎?真的很靈嗎?」
阿堅說：「你可以試試看。」說著阿堅就從自己的大背包裡拿出一個白色信封，對老婦人說：「你可以放一百塊錢在信封裡，等我吃完麵，我帶妳去那廟裡，把信封放在供桌上，等你拜拜完了，你就會發覺錢變多了。」
老婦人半信半疑地從口袋裡掏出一張一百元鈔票，放進信封裡。阿堅很快就把麵吃完了，起身帶著老婦人離開麵攤。向前走了一百多公尺，在街道旁一排小店鋪中間出現了一個廟，這個廟原本應該也是一個店面，只是裡面放了許多木雕、泥塑的神像，又放了一張大供桌，幾個香爐，就成了廟。
踏進廟門，阿堅對老婦人說：「妳把信封放在供桌上，然後去點香、拜拜，妳要跪在菩薩面前磕十個頭才能起來，妳磕頭時要閉上眼睛，心裡要唸著請菩薩保佑。」
老婦人也不知道上面供的是什麼菩薩，就照著阿堅的話做了。等老婦人磕完十個頭後，阿堅叫老婦人拿回放在供桌上的信封，對老婦人說：「妳把信封拿回家去，在家裡點一支香，等香燒完後，再打開信封看看。」

老婦人收起信封，回到家裡，點了一根香，守在旁邊等香燒完了，急忙打開信封，不禁大叫一聲：「啊！」原來信封裡竟然出現兩張一百元鈔票，真是奇妙！

老婦人提了一個小袋子急急忙忙地跑到廟裡，看見阿堅還坐在廟門口的板凳上喝汽水，老婦人對阿堅說：「真靈啊！我的一百元變成兩百元了。」

阿堅笑笑說：「財神菩薩讓妳發財啦！」

老婦人說：「一百塊錢算什麼發財，我帶了十萬塊錢來，如果財神菩薩能變出二十萬塊錢來，我女兒就可以買一部機車了。」說著，老婦人從袋子裡取出用橡皮筋束住的一疊鈔票。

阿堅見狀，立刻從背包裡拿出一個大信封，交給老婦人道：「妳把這十萬元放進信封裡，照樣去燒香、拜拜，然後跪下閉著眼，慢慢磕十個頭，口裡要唸著請財神菩薩把信封裡的錢變成二十萬。」

老婦人就照阿堅的話去做，她磕完頭，站起來，阿堅把供桌上的大信封遞給老婦人，老婦人覺得信封裡面的鈔票似乎比剛才多，心中一陣喜悅。阿堅說：「妳趕快把信封抱回去，燒一炷香，等香燒完再打開信封，如果妳先打開信封就不靈了。」

老婦人連聲謝謝，飛快跑回家去，燒了香，再把信封打開，裡面竟裝了兩疊燒給死人用的冥幣，老婦人這才知道被騙了，急得跑到廟裡，阿堅早就不知去向。

這是無知又貪心造成對自己的傷害。

二〇一三年六月十三日臺灣最高法院宣判，曾任臺灣雲林地方檢察署檢察官徐維嶽依貪污罪判處有期徒刑二十年，併科罰金五百萬元，追繳犯罪所得，徐維嶽擔任檢察官，檢察官的職權是調查犯罪並決定是否起訴，他利用職權對犯罪人勒索敲詐，威脅如不給錢就起訴，如給了錢就不起訴，犯罪者想逃脫法律的制裁，幾乎無不給錢，徐維嶽便利用檢察官的職權不斷勒索敲詐，收取賄賂，用破壞法律公正性來達到歛財的目的。二〇一三年六月十四日曾任台南地方檢察署檢察官宋宗儀因貪污收受賄賂被判刑十二年，入獄被關，宋宗儀曾調任好幾個地方當檢察官，每到一個地方必定貪污，人稱宋宗儀「調到哪，貪到哪」。上面所舉兩個實例都反映出一個人由於貪心而「知法玩法」，以致害了社會，也害了自己。

從古到今，中國社會中的賭風都很盛行，為什麼人們那麼歡喜賭？賭是人性中的貪心引發出來的，賭的目的是贏，為了贏，各種各樣的欺騙、詐術都會用出來，充分暴露出人性中醜惡的一面，在賭場中經常發生的事是兇殺、販毒、色情、詐騙、暴力等等，這完全是魔鬼撒但的世界，人生活在賭的環境中就失去了生命的意義。

貪心最大的目標是錢財，因為有錢就能夠買到所想要的物質，有人說：「金錢是萬惡之源。」其實金錢本身不是罪惡，問題在於是否用合理、合法的方式取得金錢，以及擁有金錢以後如何運用金錢，人們在罪惡的本性驅使下，為了金錢會做出許多傷天害理的事，並且很容易把金錢用在作惡的事情上，這就讓人覺得金錢是罪惡的，其實罪惡的根源是人的貪心。所以《聖經》的教導是不要貪戀錢財，要知足，在《聖經・希伯來書》第十三章五節中說：「你們存心不可貪愛錢財，要以自己所有的為足。」在《聖經・傳道書》第五章十節也說：「貪愛銀子的，不因得銀子知足；貪愛豐富的，也不因得利益知足，這也是虛空。」都是告訴人們不要貪心。中國人說：「貪得無厭。」無厭就是沒有止境，這話是很有道理的，貪心像一個無底的黑洞，掉到這個黑洞裡會一直沉下去，最後到達的地方是地獄。

希望是帶有人生理想的盼望，貪心是滿足慾望的野心，一個人要懷抱希望，卻要戒除貪心，人生才會活得有意義。

希望之路上的絆腳石

人要常懷抱希望，不過，在希望的路上常會有絆腳石，這絆腳石會讓人跌倒，使希望破滅。在希望的路上的絆腳石大致有兩種，一種是外在的，一種是內在的。

外在的絆腳石指的是外界對這個希望的反制和破壞，包括環境、周遭的人和事。

軍武剛從大學企管系畢業，很幸運地進入一個工程公司，擔任業務企劃的工作。軍武初出茅廬，意氣風發，對未來充滿了希望，他努力去瞭解公司業務運作的情形，不時提出他的意見，在公司裡開會的時候，他幾乎每次都會發言，於是，讓軍武在公司裡顯得很突出。漸漸地，同事們對他有了批評。有人說：「軍武這個人愛出鋒頭，不管在什麼地方，他都要講話。」有人說：「軍武好驕傲，動不動就抬出書本上的理論，表示他有學問。」有人說：「軍武老是指點這、指點那，好像別人都是錯的，只有他是對的。」有人說：「軍武才進公司一年，總是指責公司的不對，他好像要做公司的救主。」

從同事們的批評中可以看出來，他們對軍武是不滿的，所以軍武提出的意見，極少有同事會表示支持，實際上，軍武在同事間的人緣並不好。

其實，同事們對軍武是誤解了，軍武不是驕傲，也不是想出鋒頭。軍武初入社會，第一次找到職業，他希望他的公司業務蒸蒸日上，營造出一個完美的工作環境，由於缺少人生經驗，他率直而言，說話尖銳，十分刺耳，雖然批評的是事，難免會傷害到人，於是，大家對軍武都保持距離，有時甚至會出現敵對的態度。

軍武在公司兩年後，有一天，他向總經理提出一份公司改革計畫書，改革計畫書洋洋灑灑寫了二十頁，從公司的組織、各部門的權責到業務運作、人事管理、獎懲福利等等應興應革之事都一一條列出來，詳詳細細，這計畫書充分呈現出軍武對公司的希望。

總經理看了軍武的計畫書，覺得有些部分是可以接受的，但這麼大的改革計畫，他不想一個人單獨裁定，便召集了公司各部門主管一起來開會討論。

公司各部門主管都拿到一份計畫書，在各部門內部先討論後，再來參加主管會議。會議中，各部門的主管都發表了意見，這些意見大致可以歸納為幾點：

（一）這計畫書要改造公司，範圍太大，應該是董事會或董事長才能做的事，軍武有什麼資格提這麼大的計畫，真是太狂妄自大了。

（二）計畫書中對人的錄用、晉升，完全以才能為依據，表面的理由很響亮，但不合本公司的傳統習慣，如果忽略人的品德、資歷和人際關係，將使本公司的工作倫理陷於混亂，軍武的計畫是不合實際的書呆子想法。

（三）工程材料的採購流程複雜，絕不是到便利商店去買一包糖、買一瓶飲料那樣簡單。軍武的計畫把工程材料的採購太過簡單化，那是坐井觀天的看法。

（四）施工管理是十分辛苦和困難的工作，除了工程技術之外，還要應付許多突然變生的事，例如天然災變、環境的阻撓等等，不是軍武所提的簡單工程理論就可以按圖施工的，軍武的計畫是完全沒有實際經驗的說法。

總經理聽了各單位主管幾乎一致的反對，又把軍武的計畫書再看一遍，覺得軍武計畫書中有許多地方講得很對，當然也有一些瑕疵，那些單位主管專挑有瑕疵的地方攻擊，甚至赤裸裸地攻擊軍武的人身，這反映出來各單位主管對軍武的不滿。

總經理抬起頭來，看看天花板，心裡想著，為什麼各單位主管都對軍武產生不滿呢？忽然，他悟出其中的道理，他和軍武有幾次接觸，軍武給他的印象是一個自信、自傲、自大的人，說話言詞剛硬而銳利，自負才華，隨時在指導別人，他悟出來軍武在公司裡人緣不好，難怪會受到大家的反對。

總經理端起杯子喝了一口茶，覺得這個計畫既然得不到各單位的支持，當然不能去執行了，於是，決定擱置軍武所提的計畫。

過了幾個月，軍武發覺到公司同仁對他似乎越來越不友善，於是提出了辭呈，離開了這公司。

軍武踏進社會的第一份工作遭到了挫折，原因是他的希望和所處的環境不相合，他的公司同仁成了他希望的絆腳石。然而，軍武的挫折，其基本因素是他自己內心的驕傲，如果軍武不把驕傲之心除去，那麼他未來人生的道路上將到處是絆腳石，讓他跌跌撞撞，永遠到不了希望的目的地。

除掉內心的驕傲並不是容易的事，要想改變這種心態最好的方法是虔誠地信仰上帝，效法耶穌的精神。你的智慧、能力能比上帝嗎？上帝是無所不知、無所不能的，在上帝面前謙卑是理所當然的事。耶穌的為人是極其謙卑的，耶穌教導他的門徒說，要做首領就先要做僕人，能服侍別人才能領導別人。所以，放下驕傲的身段是基督徒為人處事的基本態度。所以軍武除去驕傲的心態的最好方法就是信奉上帝，信仰耶穌基督，養成謙卑的心態，在別人面前就會成為一個受歡迎的人，而他面前的絆腳石也就少了。

再舉一個故事：

維昆才六十出頭，可是身體衰老得像八九十歲的人，他得了重感冒，延誤就醫，結果引發了肺炎，發起高燒來，不得不住進了醫院。

躺在病床上，維昆無神的雙眼盯住天花板，一陣空虛的感覺籠罩住全身，他不知道自己是否已經走到了人生的盡頭。回想六十年來，他有過多少夢想，懷抱過多少希望，結果卻是一事無成，至今仍是獨身一人，朋友很少，事業更是毫無表現。他想，自己這六十年的人生旅程，留下了什麼痕跡？他想不出來。這一生真像一片浮雲飄過天空，轉眼就無影無蹤了。他搖搖頭，嘆了口氣，閉上眼。

從小維昆就富於想像力，他的腦海總是不斷出現許多新希望，然而維昆的個性是個膽小、怯懦、畏縮的人，所以表現出來的是消極、遲緩、後退和沒有自信。

中學時代，維昆迷上了武俠小說，他羨慕那些武功高強的俠客，於是向媽媽要了錢，晚上去一間國術館，想練一身武功。但去了三天，維昆就放棄了，因為國術館每天晚上八點到十點上課，動作激烈，要大量消耗體力，維昆覺得太辛苦了，晚飯後坐在沙發上看電視，多麼愉快，何必去受那拳打腳踢的苦呢！於是，他放棄了成為俠客的希望，繼續沉醉在虛幻的小說世界裡。

到了大學，維昆發現一位同班的女同學書玉美麗活潑，十分可愛，維昆覺得自己是愛上書玉了。維昆看過很多愛情小說，可是從來沒有結交過一個女朋友，他很想學小說裡的方式去追書玉，但始終缺少勇氣付之實際，甚至不敢和書玉面對面談話。有一次，維昆在校園裡遠遠看見書玉一個人在走路，他很想快跑過去和書玉打招呼，但生性猶豫又羞澀的他，卻不敢加快步伐，眼看著幾個男女同學跑上去和書玉說說笑笑進了教室。

大學四年中，維昆有好幾次機會可以和書玉單獨談話，但維昆的猶豫、畏縮的心理，總是讓機會一次又一次錯失過去。當戴起方帽子參加畢業典禮以後，維昆就再也見不到書玉，只能在腦海中浮現書玉的影子了。

大學畢業後，維昆進入一家出版公司擔任編輯，維昆很喜歡這份工作。由於維昆是中文系出身，總編輯就要維昆做文史哲方面的書籍。

當時，似乎流行著道家思想，報紙、雜誌上經常出現討論老子、莊子和道家哲學的文章，維昆受到這種現象的影響，腦海裡會浮出一個幻影，在一個長長的書架上排列著一長排道家哲學的書，那是一套叢書，是他主編的。閉起眼睛，那幅幻象好可愛、好壯觀啊！這是他的成就，該可以傲人吧！讓書玉看一看，書玉也許會主動來找他，那有多美！維昆想著想著，臉上不覺浮出了微笑。

第二天，維昆去看總編輯，維昆說：「現在社會正是道家熱的時候，我想我們公司可以出版一套道家哲學叢書，出一百種道家的書，應該會受到大家的重視。」

總編輯點頭說道：「我同意你的看法，我支持你，維昆，你先擬一份道家叢書編輯計畫書，提到編輯部會議，大家討論、商量一下。」

回到辦公桌前，維昆望著窗外，心裡開始恐懼起來，對於編道家叢書，那只不過是一個朦朧的影像，怎麼才能把這希望來實現？他完全沒有頭緒，這個叢書的書單是什麼？作者在哪裡？他不知道從哪裡下手，越想越害怕，於是，他只好拖著，三個月過去了，他提不出計畫。幸好總編輯沒有指責他，但從此後總編輯不再要他負責編輯重要的圖書。維昆在公司裡表現平平，沒有升遷，他卻安於他的刻板工作，做了三十年，直到退休。

維昆懷有希望，但卻沒有努力執行的動力，於是希望永遠不能實現，只是幻想而已。維昆沒有動力是因為他膽怯、懦弱，這種內在的性格成了維昆希望之路上的絆腳石。其實，維昆最須要做的事是去讀聖經，信仰上帝和耶穌，因為聖經裡經常教人要「剛強壯膽」，當一個人軟弱的時候，趕緊禱告，求上帝賜給你智慧、能力和一顆剛強勇敢的心，除去自己內在的絆腳石，讓希望化為真實。

挫折中的希望

中國人常說：「人生不如意者十八九。」意思是說人生在世遇到的事情十分之八九是不如意的，不如意就是不符自己的心意，這就是一種挫折。挫折有大有小，小到學生考試成績不理想、搭火車誤了點沒趕上、和女朋友吃飯時把桌上的湯打翻了等等，大到像生了重病、事業失敗等等，無論是大是小，都是不愉快的事，甚至會為自己造成很大的創傷。

面對挫折，可能有兩種反應，一種反應是逃避，不願碰觸所遭遇的困難，甚至離開這困難點。這等於向挫折屈服，接受失敗，另一種反應是反省、思考挫折的原因，想法改變所遭遇的困難，重新應對。這等於向挫折挑戰，想要克服困難。人有這兩種相反的反應，主要的原因是他心中有沒有希望，如果沒有希望，他就會作消極退縮的反應，如果他心裡有希望，就會採取反省積極的反應。

在人生的道路上，挫折是必定會遇到的阻礙，面對挫折最好的態度是承認它、瞭解它、放下它，然後尋找它的背後是否有可以造就你的機會。喬瑟夫・蘇葛曼（Joseph Sugarman）說：「每個問題內部都隱藏著一個機會，這機會的能量有時大到讓問題看起來微不足道，能將問題轉化為機會的人便能創造出偉大成功的故事。」喬瑟夫・蘇葛曼的話是在鼓勵人們面對挫折要沉著，因挫折裡隱藏著機會，如果能找到這個機會，那個遭遇挫折的人就可能因禍得福，獲得更好的成果。

的確，不要畏懼挫折，挫折裡可能藏有大機會。二〇〇五年初，我的雙眼幾乎失明，除了略能感光之外，看不見外界任何事物，醫生伸出手指頭在我的眼前搖動，我都看不見。雙目失明是我人生中遭遇到最大的挫折，我內心的驚恐和徬徨，真是筆墨難以形容，然而我相信我的眼睛會重見光明。我的妻子涵碧為了醫治我的眼睛，帶著我遍訪名醫，尋求氣功師、通靈人，還帶我到泰國北部去找巫師，結果全無效果，於是涵碧又帶我去一個道教的廟拜拜，我們十分虔誠，每天都到廟裡燒香拜拜，去了一年，除了感受到鬼魔的恐怖之外，對我的眼睛一無幫助，於是我毅然決定離開那廟。不久，我們為了尋求醫治，我和涵碧進入上帝的信仰，使我的生命產生了極大的轉變，二〇〇七年年底我的左眼恢復視力，我的人生改變了方向，我找到了新的生命意義，更瞭解生命的真正價值。回想起來，我要感謝我眼睛的失明，由於那挫折讓我認識耶穌，信仰了上帝，獲得至為珍貴的收穫。

肯德基炸雞是和麥當勞一樣有名的美國餐飲店，在肯德基炸雞店的門口放著一個白鬍子老公公的像，這是肯德基炸雞的招牌，這位老公公美國人稱他為「上校」，他是肯德基炸雞的創辦人，名叫哈藍德・桑德斯（Harland Sanders），一八九〇年出生於美國印地安那州，童年生活非常艱苦，父親在他不到六歲時便去世了，母親外出工作，哈藍德要在家裡照顧三歲的弟弟和剛出生幾個月的妹妹，使哈藍德無法上學。哈藍德每天要為弟弟、妹妹洗衣服，為弟弟準備食物，替妹妹餵奶，好像一個小媽媽，不過，哈藍德並不抱怨，把洗衣和煮飯的事做得很好，七歲時，哈藍德已經能做出幾道當地食材的好菜了。

十歲時，哈藍德到附近農場工作，開始賺錢，雖然每個月的工資只有兩塊錢美金，但他為自己可以賺錢而高興。十二歲時，母親改嫁，於是他離開了印地安那州故鄉，到外地去工作，他做過農場工人、有軌電車駕駛員，十六歲從軍，到古巴去當了六個月兵，後來又做過鐵路消防隊員，他雖然工作不間斷，閒暇時卻肯努力自修，他很喜歡法律，曾以函授方式研習法律，所以在地方法院曾工作了一段時間，後來他又擔任售貨員工作，賣過保險、賣過輪胎，還做過河上蒸汽船的駕駛員，將近四十歲時，他在肯德基州柯賓市開了一家休息站，休息站在公路旁邊，供給開車過往的人下車休息一下，喝點茶水咖啡，也有一點麵包、火腿、小餅乾。休息站雖然簡陋，但客人很多，這讓他嗅出拓展事業的商機，他決定在休息站對面開設一家餐廳，正式供應餐點，為了開設餐廳，他到處向朋友借錢。

哈藍德的餐廳終於開張了，是一個可容納一百四十二位客人用餐的餐廳。哈藍德從小就會燒菜，所以親自主廚，並且僱了助理廚師和服務人員，不久，由於店裡燒的菜好吃，深受顧客好評，哈藍德的店名聲就傳開了，當地的飲食指南把這店列為當地的地標，一九三五年肯德基州州長魯比．拉鋒還頒獎表揚哈藍德，感謝他對美食的貢獻。

哈藍德的生意興旺，讓他賺了一些錢，然而，天有不測風雲，到他六十五歲那年，政府規劃了通過柯賓市的一條新道路，使當地的交通動線重新調整，所有的車子都走新路線，這條新路線離開哈藍德的店很遠，哈藍德的餐廳幾乎沒有客人進門，過了幾個月，哈藍德只好宣布關門，賣掉所有店裡的東西剛好還掉債務，落得分文不剩。

這時的哈藍德真是窮途潦倒，只能靠著一張一百零五元美金的社會保險支票過活，這個大挫折對一個六十五歲的老人來說真是極為可怕的打擊，然而，哈藍德並沒有被打倒，他沒有抱怨，沒有消沉，他要想辦法讓自己東山再起。

有一天，哈藍德在書桌上一堆紙片中找到一份食譜，記載了好幾種香料摻配而成的特殊調味料，用來炸雞。哈藍德把這幾種配方拿到大小餐廳，希望他們能購買他的配方，條件是餐廳每賣出一份他配方的炸雞便付給哈藍德五分錢美金。

哈藍德發現他配方的炸雞賣得很好，於是決定自己開店，主要賣的就是炸雞，結果反映熱烈，生意興隆。哈藍德接著開始擴充版圖，到一九六四年，肯德基炸雞在美國和加拿大開了六百家分店，到今天，全世界有超過八十個國家有肯德基炸雞分店，每年要賣出二十億份以上的餐點。哈藍德在一九八〇年逝世，但肯德基炸雞仍在全世界飄香。

在聖經裡記載了一段以色列的掃羅王和大衛的故事，掃羅是以色列的國王，大衛是掃羅的女婿，大衛為國家立了大功，受到百姓的稱頌，於是引起掃羅的妒忌，掃羅想要殺掉大衛，大衛得知掃羅的計謀便逃到荒山曠野去躲避，掃羅帶領軍隊也到荒山曠野去尋覓大衛。

這時的大衛面臨極大的危險，一個國王的女婿竟成為一個逃亡者，國王布下天羅地網要捕殺他，他天天置身於絕境。這是大衛人生的大挫折，大衛看不到未來的希望，於是大衛天天向上帝祈禱，請上帝救他。

大衛有兩次機會可以暗中殺死掃羅，但大衛想到，掃羅是上帝指定的以色列王，他敬重上帝的旨意，於是都放過了掃羅，大衛只祈求上帝為他解救危難。後來，掃羅率領以色列人和外族打仗，掃羅戰敗，自殺而死。以色列人失去了國王，便擁護大衛做了以色列王，於是大衛從挫折中得到新的人生。

從哈藍德和大衛的故事都給人們一個啟示，當一個人遭遇到重大挫折，而且這個挫折看起來會使他人生陷入黑暗的時候，卻很奇妙地出現轉機，讓他不但消除了挫折的創傷，而且會讓他得到更大的成就。這個轉機的出現有一個關鍵，那就是心存希望。中國人常說：「天無絕人之路。」基督徒也歡喜說：「上帝為你關了一扇門，一定為你開了一扇窗。」沒有希望的人看到門關了，只會閉起眼睛哭泣，心存希望的人就會睜大眼睛去尋找那扇上帝為他打開的窗。

在挫折中，如果覺得眼前一片黑暗，看不到一絲光線，就請學學大衛，多多禱告，祈求上帝幫助你，讓你得到希望，讓你找到那扇上帝賜給你的窗子。

恐懼是毀滅希望的毒箭

當一個人遇到危險、困難或威脅感的時候，都會產生恐懼，在恐懼心理的驅使下，人們表現出來的行為反應常是退縮、悲哀、慌亂、消極，這種反應會粉碎他自己原有的希望，讓人生走向失敗，甚至死亡。

我有兩個朋友都患了癌症，一個朋友聽到醫生告訴他有癌症之後，整個人都癱瘓了，像是被判了死刑，從那天起便垂頭喪氣，天天活在恐懼之中，精神狀態越來越差，結果不到六個月便去世了。另外一個朋友得知自己患了癌症以後，當天晚上大哭一場，第二天擦乾眼淚，勇敢面對現實，仍舊過他的正常生活，而且經常面帶笑容，精神奕奕，別人看不出他是有病之人，有人問他如何能做到，他回答說，聖經裡講過：喜樂的心是良藥，他憑著聖經這句話才能抗拒對病魔的恐懼，他從得知患了癌症到現在已經活了十幾年，生活狀況和健康與常人無異。

恐懼是摧毀希望的毒箭，當恐懼感籠罩住一個人的全身，他心裡原有的希望就會破滅，甚至消失無蹤。在美國一個小鎮，有一個火車站。有一天晚上，開來一列冷藏冷凍車廂，那是用來運送新鮮水果蔬菜的專用車輛，貨物搬運下車，車站站長叫來一個工人，要這工人去打掃清潔一下車廂。這時已是夜晚十一點鐘了，這個工人從來沒做過打掃冷凍車廂的工作，但這個工作原不需要專業技術，於是這工人拿了幾條抹布便進入一個車廂，拿起抹布到處擦拭，也還輕鬆愉快，大約過了十幾分鐘，車廂自動門忽然關起來了，接著車廂裡的電燈也熄了。原來車站站長忘記把叫工人去車廂打掃清潔的事告訴站務員，自己就回家去了，站務員知道在明天上午七點鐘以前，沒有任何火車會經過車站，於是按下電紐把停在鐵軌上冷凍車的車門關閉，同時把電燈也關了。

冷凍車內一片漆黑，這是沒有窗戶的車廂，車門用手拉不開，工人在車裡急得大叫，用力敲門，但這時已是深夜，冷凍車停在鐵軌上，離開有人的住屋相當遙遠，冷凍車旁也不可能有人行走，所以工人聲嘶力竭地大叫，拚命敲打車門，都沒有人發覺。工人心裡感到極端的恐懼，他覺得車廂好冷，這是冷凍車呀！他要被凍死了，越想越恐懼，不斷大叫、敲打，最後一點力氣都用盡了，他癱倒在地板上。

第二天早晨，站務員打開冷凍車的車門，發現工人躺在車子的地板上，趕緊叫救護車來，把工人送到醫院急救，卻已回天乏術。警察前來察看，發現昨天晚上冷凍車的冷氣是關掉的，那麼工人為什麼會死呢？醫生說：「他不是凍死的，他是因為恐懼，被嚇死的。」

恐懼能使一個人死亡，也會影響到國家大事的成敗，在中國歷史上就有一次事例。東晉初期，北方經過五胡亂華的擾亂之後，終於由氐族的苻堅統一了北方，國號秦，後人稱之為前秦，而南方則是由東晉政府掌控。苻堅統一了北方，洋洋自得，他希望消滅南方的東晉政權，進而統一全中國。西元三八三年苻堅下令攻打東晉，苻堅率領八十七萬大軍南下，由於軍隊人數太多，指揮系統凌亂，隊伍又拉得太長，隊伍中有漢人、匈奴人、鮮卑人、羯人、氐人、羌人，是一個北方各族混合組成的軍隊，他們對苻堅並沒有堅強的效忠心理，所以苻堅的軍隊表面上看來聲勢浩大，但實際上內部的組織是很鬆散的。

八十多萬大軍壓境，東晉的百姓人心惶惶，但東晉的宰相謝安卻毫不驚慌，十分鎮定，照常和人下棋。晉朝的軍隊前線指揮官是謝石。

秦軍的前隊到達淝水，和晉軍隔河對峙，秦軍中有一個叫朱序的將領，原是晉軍將領，向秦投降，苻堅召朱序來，對朱序說：「謝石是你的朋友，你悄悄到晉軍去，遊說謝石投降吧！」於是朱序連夜改換便裝，渡過淝水，到晉軍營中。朱序見到謝石不但沒勸謝石投降，反而將秦軍的內部軍情全告訴謝石，並且勸謝石趕快渡河，自己會在秦軍中為謝石做內應。

第二天，朱序回到秦軍營中，向苻堅報告說：「謝石不肯投降。」這時，晉軍方面派了一個使者渡河過來求見苻堅，苻堅立刻召見，使者說：「晉軍願意和秦決戰，請秦軍稍稍後退，讓晉軍渡過河，就可以決戰了。」

苻堅心想，晉軍提出的這個建議真是一個愚笨的戰術，等晉軍一部分上了岸，隊伍還未集結完成，秦軍就猛烈攻擊，晉軍被困河邊，不是被秦軍殺死，就是掉到河裡去淹死，晉軍必然慘敗。於是苻堅對使者說：「我答應了，等晉軍快渡到岸的時候，我會下令我的軍隊退後一點，讓晉軍登岸，然後決戰。」

於是謝石準備了幾百艘大船，滿載士兵，要渡淝水，當晉軍快到岸時，苻堅依約下令在最前線的軍隊向後退。

兩軍對峙，秦軍忽然接到命令要撤退，也不知什麼事，只好向後轉跑步，但第一線軍隊向後退就會擠到第二線的軍隊也要向後退，於是一線擠一線連續向後退，當時沒有擴音器、無線電廣播等設備，後面的軍隊不知道前面發生了什麼事要後退，正感到納悶，忽然朱序在隊伍中大聲呼叫：「晉軍過江了，前線打敗了，快逃啊！」大家聽到朱序在後面的隊伍中穿梭地呼叫，心裡大為恐懼，便沒命地向後跑。秦軍人數太多，密集在一起，恐懼的感覺是很容易傳染的，大家在恐懼心驅使下，拚命向後逃，形成人擠人、人踩人的大混亂局面。等晉軍過河登陸，看到秦軍的亂象，便奮勇追殺。最後，苻堅的八十幾萬大軍全軍覆沒，這是歷史上著名的淝水之戰。秦軍的大敗不是被晉軍打敗的，是敗在秦軍將士們自己的恐懼心。

聖經裡也記載了一個因恐懼而影響以色列全民族的故事；以色列人在上帝耶和華庇護之下，由摩西帶領渡過紅海，脫離了埃及的控制，從奴隸的身分枷鎖中獲得解放。上帝明白地告訴以色列人要賜給他們一片流奶與蜜之地，那地方叫迦南。當以色列人走到巴蘭的曠野時，上帝要摩西派十二個以色列人的族長去窺探迦南地。這些探子進入迦南地四十天，帶了葡萄、石榴和無花果，回到巴蘭的曠野，見摩西和以色列的全會眾，報告他們窺探的經過，他們說：「我們到了那地，果然是流奶與蜜之地，然而住在那地的人民強壯，城邑也堅固寬大，我們在那裡看到亞衲族人、亞瑪力人，還有其他民族。」十二個探子中有一個叫迦勒的人說：「我們立刻上去得那地吧，我們可以得勝。」但和他同去的其他探子立刻說：「我們不能去攻擊那民，因為他們比我們強壯。」其中一個探子更是強調：「那是吃人之地，我們看到那裡的亞衲族人就像巨人，我看自己在他們面前就像蚱蜢一樣，太微小了。」當時以色列全會眾聽到探子們的報告就大聲喧嚷，百姓大哭，對摩西說：「我們不如死在埃及或這曠野，耶和華為什麼要我們去那地方死在刀下，我們的妻子兒女也必被擄掠，我們回埃及去豈不更好麼！」上帝耶和華聽到以色列會眾的抱怨，大為生氣，決定不讓他們進入迦南美地，就使以色列人在曠野走了四十年。這是恐懼心讓以色列人付出可怕的代價。

聖經裡經常提醒人們要「剛強壯膽」，就是要人們不要恐懼，要有勇氣來實現希望。但是一個人自己的勇氣是有限的，要獲得大的勇氣只有依靠上帝。聖經裡記載了大衛殺歌利亞的故事，當掃羅做以色列王的時候，常和非利士人打戰。有一次，非利士人派了巨人歌利亞來到陣前，以色列人十分驚惶，極其害怕。這時在以色列人中，大衛出現了，大衛是一個牧羊少年，從沒上過戰場，他見以色列人恐懼害怕，面對巨人歌利亞就嚇得逃跑，不敢應戰，於是大衛自告奮勇，向掃羅王要求出戰。大衛沒穿軍裝，手裡拿著杖，身上掛著一個牧羊人帶的囊袋，袋裡裝了五塊光滑石頭，握著甩石的機弦，就走向陣前，歌利亞藐視和嘲笑大衛說：「你拿杖到我這裡來，我豈是狗呢！來吧！我將你的肉給飛鳥和走獸吃！」大衛對歌利亞說：「你來攻擊我是靠刀槍和銅戟，我來攻擊你是靠著萬軍之耶和華的名。今日耶和華必將你交在我手裡，我必殺你，將非利士軍兵的屍首給飛鳥和走獸吃，使人知道耶和華使人得勝不是用刀用槍，因為爭戰的勝敗全在乎耶和華。」非利士的巨人歌利亞起身迎向大衛，大衛也急忙迎向歌利亞。當兩人接近時，大衛用手從囊中掏出一塊石子，用機弦甩出去，正好擊中歌利亞的額頭，石子的力道很大，陷入了歌利亞的額頭內，歌利亞就向前仆倒在地。大衛手上沒有刀，便立刻跑到歌利亞身邊，拔出歌利亞的佩刀，將歌利亞的頭割下來。非利士軍兵站在遠遠的後面，看到他們上陣討戰的巨人歌利亞死了，就都恐懼萬分，嚇得趕快逃跑了，以色列人一見，就趕緊追趕，殺了許多非利士人，這場戰爭原應該敗的以色列獲勝，原應該勝的非利士人卻敗了，其勝敗關鍵在於恐懼與否。

恐懼使人喪膽，招致挫敗，免除恐懼使人壯膽，獲得成功。免除恐懼的最好方法是禱求上帝，中國人在害怕的時候總是求告說：「老天保佑。」中國人口裡的「老天爺」就是上帝，所以，當你祈求成功、勝利和免除恐懼的時候，要學學大衛，不要倚賴自己的智慧、能力，而是要依靠上帝。

反敗為勝

二〇一三年三月第三屆世界棒球經典賽在臺灣的台中市舉行，三月三日由中華隊出戰荷蘭隊，臺灣的各種體育運動代表隊一向都稱為中華隊。這場中荷之戰，荷蘭隊先聲奪人，前兩局便以三比〇領先，中華隊沉著應戰，最後以八比三擊敗荷蘭隊，反敗為勝，讓臺灣的球迷為之瘋狂。這種反敗為勝的事例在運動場上屢見不鮮，不過還是很扣人心弦的。

在中國歷史上最有名的反敗為勝的史實就是越王勾踐的故事了。當春秋時代，在江蘇的南部有吳國，在浙江北部有越國，吳國和越國經常打仗，有一次，吳越兩國又發生戰爭，越國大敗，越國大臣文種對越王勾踐說：「現在情勢不妙，吳國軍隊可能占領我們全國，我們要趕快向吳國求和，以免被滅亡的危險。」

越王勾踐說：「吳國節節勝利，他怎樣會接受和談？」

文種說：「吳國的太宰伯嚭是吳王身邊的紅人，伯嚭貪財又好色，我們送厚禮給伯嚭，請伯嚭幫幫忙，替我們多說好話。」

於是，越國悄悄地送了厚禮給伯嚭，伯嚭便在吳王夫差面前勸吳王夫差接受越國的求和。吳王夫差接受了伯嚭的建議，答應越國的求和，條件是越王勾踐和他的妻子要一起到吳國來，做夫差的僕人。這條件無異是要越國投降，可是情勢危急，越王勾踐不得不答應，於是，勾踐和妻子流著眼淚前往吳國。

臨行前，文種安慰勾踐說：「在夏朝末年，湯被關在夏台，在商朝末年，文王被關在羑里。後來，湯推翻了夏，建立了商朝，文王打倒了商，建立了周朝，齊桓公曾逃亡到莒國，晉文公曾逃到翟國，後來齊桓公、晉文公都成就了霸業。一個人不要怕失敗，怕的是失去了希望，失去了志向。你暫且忍耐，只要抱著希望，越國就會再站起來，你在吳國忍受一些羞辱，越國國內我會代你治理。」

勾踐到了吳國，上身打著赤膊，跪在吳國王宮前面的台階上，向吳王夫差討饒說：「臣子勾踐不自量力，得罪大王，罪該萬死，謝謝大王肯赦免我，使我有機會當大王的奴僕，萬分感激。」

吳王夫差眼看勾踐卑躬屈膝的樣子，十分得意，便命勾踐在王宮裡擔任養馬的工作，勾踐和妻子住在一間破舊的石頭房子裡，每天給他們很少又粗劣的食物。

勾踐換上馬夫穿的衣服，一天到晚割草、養馬。他的妻子也整天蓬頭垢面，做打水、除糞、清理垃圾等工作。他們的生活很苦，餓得只剩下皮包骨，但卻從不說一句抱怨的話，這讓吳王夫差感到很滿意。

夫差為了顯示自己的功業，每次乘車出去遊玩，總叫勾踐拿著馬鞭，在馬車前頭跑。沿路的老百姓看到這情景就會指指點點說：「大家快來看啊！這是越王，真是丟臉啊！」勾踐羞得恨不得有個地洞可以鑽下去。

有一天，吳王夫差生了病，跟隨勾踐到吳國來的越國臣子范蠡知道了這消息，立刻跑去見勾踐，對勾踐說：「這是個好機會，你去探望夫差的病，然後請求嘗他的大便，告訴他病馬上會好轉，這樣一來，夫差也許會放你回去。」

勾踐搖搖頭說：「我雖然窩囊，好歹也曾是一國之君，怎麼能去嘗人家的大便，這太不像話了。」

范蠡說：「從前商朝的紂王把周文王關在牢裡，殺掉文王的兒子，把文王的兒子熬成湯，要人送給文王吃，文王還不是勉強吃了！要做大事的人，不能計較小地方。」

勾踐聽范蠡說得有理，便去探望夫差。

夫差躺在床上，勾踐跪在床前，一邊哭一邊說：「聽說大王生了病，我難過得心肺都要爛了，所以特別來探望大王……」

不等勾踐說完，夫差手一揮說：「快點，我要大便。」

身邊的兩個侍衛趕快把便桶搬到床前，扶夫差坐上便桶。等夫差解完大便，侍衛正要把便桶搬出去，勾踐趕緊向前對夫差說：「我以前學過看病，只要一看糞便的顏色就知道病情如何。」說完就走到便桶前，掀起蓋子，用手抓起了一點夫差的大便，放到嘴裡嘗一嘗，侍衛們都掩住鼻，臭得想吐。

勾踐回到夫差的床前，跪下來叩頭說：「恭喜大王，賀喜大王，你的大便又苦又酸，表示跟春夏的氣味相調和，這是很好的徵候，大王的病很快就會痊癒。」

夫差很感動地說：「連親生兒子也不肯為父親嘗大便，而勾踐肯，可見勾踐對我的忠心。」

等夫差病好了，便下令釋放勾踐回越國去。

勾踐回到越國，不肯住進王宮，卻選擇了王宮旁的一間小茅屋，房內沒有床，只有地上鋪了一層茅草，勾踐就睡在茅草上，從茅屋頂上垂掛著一個豬膽，當勾踐每天醒來從茅草堆中坐起來，嘴巴剛好就碰到那個膽，苦澀的膽汁讓勾踐立刻清醒過來。

勾踐穿著破舊的衣服從茅屋裡出來，門口站了一個侍衛，侍衛大聲說：「你忘記亡國的恥辱嗎？」

勾踐立刻恭恭敬敬地回答：「不敢忘記，我要雪恥。」

勾踐每天和大臣們商討國事，關心越國百姓的生活，訓練越國的軍隊，自己每天的生活極為簡樸，全心全力投入治國的工作。經過二十年的努力，越國變得民富兵強，勾踐看時機成熟，便下令攻打吳國，越兵直攻進吳國都城，勾踐終於雪恥復國。

勾踐的反敗為勝靠的是忍耐和毅力，但是忍耐和毅力的動力來源是希望，他對越國的復興抱著強烈的希望，這個希望是他的不息的火苗，讓他面對任何困難和痛苦時，都是咬著牙撐下去，他要等的目標是最後的勝利。

在《聖經》記載著一段大衛逃避掃羅王殺害的故事，十分精彩。大衛是以色列王掃羅的女婿，大衛勇敢善戰，立下很大的戰功，當時以色列的婦女們唱著：「掃羅殺死千千，大衛殺死萬萬」，這表示大家認為大衛比掃羅更強，於是引起了掃羅的妒忌和疑懼，深怕大衛會奪取他的王位。這就像漢高祖劉邦要殺大功臣韓信一樣，有一天，漢高祖劉邦問韓信：「我能指揮多少軍隊？」韓信回答說：「陛下能指揮十萬。」劉邦又問道：「那你的能力能指揮多少軍隊呢？」韓信說：「多多益善。」這是韓信的自傲，表示自己指揮軍隊的能力超過劉邦。可是這「多多益善」四個字卻引起了劉邦的恐懼和疑慮，注定了後來韓信無罪而被殺的命運。

掃羅在妒忌和恐懼的心理下，決定要殺掉大衛，於是下令追殺大衛，大衛為了自保，只得逃亡出去。逃亡的生活是很驚險又痛苦的，不論大衛逃到哪裡，只要掃羅得到大衛藏匿地點的消息，掃羅立刻派人甚至親自去追殺，大衛每天東藏西躲，痛苦不堪。大衛每天都希望除去掃羅的威脅，平安快樂地過日子。

有一天，掃羅獲得情報說，大衛躲在隱基底的曠野，掃羅就選了三千精兵到曠野去搜尋大衛。在曠野中，掃羅忽然覺得肚子痛，想要解大便，看見有一個大洞，黑漆漆的，於是掃羅跑進洞裡大便，不料大衛這時正躲在這洞深處，看到掃羅進來，然後蹲下身大便，於是大衛悄悄走到掃羅身後，掃羅卻沒發覺身後有人。這時，大衛手拿短刀，輕輕地割下掃羅外衣的一角，並沒有傷害掃羅。

又有一次，掃羅帶領精兵去搜索大衛，在哈基拉山旁安營，夜晚，大衛和一個部下偷偷進了掃羅的軍營，這時全營的人都睡著了，掃羅也睡在營裡，他的槍插在頭邊的地上，大衛拿起掃羅的槍，悄悄地出了營。

大衛兩次放棄了殺掃羅的機會，他的部下很奇怪大衛為什麼輕輕地放過要害他命的仇人，大衛說：「掃羅是耶和華神所選立的以色列王，我絕不敢殺害耶和華神所命定的人。」

大衛既不敢殺掃羅，那豈不是一生都要遭掃羅追殺？這樣的話，大衛的人生豈不是絕望了？不！大衛是有希望的，大衛的希望是上帝耶和華來解決他的困難。在《聖經》〈詩篇〉中大衛不斷祈求上帝的保佑，大衛說：「耶和華我的力量啊！我愛您。耶和華是我的巖石，我的山寨，我的救主，我的神，我的磐石，我所投靠的。祂是我的盾牌，是拯救我的角，是我的高台。我要求告當讚美的耶和華，這樣我必從仇敵手中被救出來。」大衛告訴隨從他的人說：「掃羅是耶和華神所選立的，我不敢伸手害他，除非耶和華擊打他，或者他死期到了。」大衛是敬畏上帝耶和華的人，他認為殺掃羅便是違抗耶和華，所以他屢次放過掃羅，大衛既然不敢用自己的力量抗拒掃羅，自然把希望就放在上帝身上了。由於有希望，大衛雖處在困境中，卻沒有灰心喪志。最後的結局是掃羅被非利士人打敗而自殺，大衛做了以色列王。

有人說：「失敗為成功之母」，這話太過簡略，從失敗轉為成功不是能夠直接做到的事，由失敗轉為成功必須有一個強大的推力，這個強大的推力便是希望，懷抱希望才能從失敗的鐵籠裡走出來，運用智慧和毅力登上成功的台階，如果沒有擁抱希望，所有的智慧和毅力都不存在，成功的台階也就失去了蹤影。

天上降下來的希望

二〇一三年一月十三日臺灣的中國時報刊登了一篇訪問牧師孔漢釗的報導，孔牧師在臺灣南部的高雄燕巢利用一所廢棄的小學校舍建立起「匠愛共生家園」，所謂「共生」就是共同生活，這所共生家園中住了五十二個人，年齡從兩個月大的嬰兒到七十歲的老人都有，他們有的是棄嬰，有的是窮苦的癌症病患，有的是肢體殘缺的人，有的是精神狀態異常的人，有的是受暴無助的婦女，這些人得不到政府福利照顧，幾乎難以活下去。孔牧師卻收容了他們，用愛心把他們組成一個家，這個家沒有政府的支助，家裡的每個人除了年幼或生病，其他人都要勞動和工作，靠自己的努力賺錢，賺到的錢歸入公庫，所有生活費用都由公庫支付，管錢的人每個月要公布詳細的收支帳目。這個共生家園讓許多活不下去的人找到了一根救命的浮木。

有一天，共生家園中一個六十五歲的老人問孔牧師：「為什麼我現在這麼慘？」孔牧師看了看他，說：「我還有什麼可以幫助你？」老人說：「請你給我一個東西——希望。」孔牧師一聽就僵住了，一個六十五歲的老人向他要希望，這真是讓孔牧師感到一陣悲涼。

希望！希望！人活在世上最大的動力就是希望。中國人常說：「哀莫大於心死。」意思是這世界上最大的悲哀是心死，心死的意思是沒有了希望。一個人活著，如果沒有了希望，試想他會是怎樣的一個人？他一定活得很消極、頹廢、懶散、悲觀、消沉、萎縮、沒有競爭心、懦弱、毫無勇氣。這種人活著沒有意義，他自己會覺得人生是灰濛濛的，像籠罩在濃霧裡，看不清前後左右，也不知何去何從，很容易產生躺下去算了的感覺，他自己會覺得淒涼、悲哀、孤獨，最好的行動就是倒下去，雙眼一閉，睡了，永遠睡了！這是多麼可悲的場景啊！

志邦是一家電子公司的工程師，由於經濟不景氣，電子公司業務萎縮，不得不大量裁員，志邦也在被裁的名單中，中年失業，讓志邦心裡感到慌亂。更可怕的事是妻子發現患了骨癌，到了不能走路的地步，志邦要推著輪椅送妻子去醫院看病。

志邦有一個兒子，六歲，剛上小學，兩年前發現兒子純宇有自閉症，反應和應對都比較遲緩，注意力不能集中，常常答非所問，極少看到他的笑臉，這讓志邦夫婦憂心忡忡，醫生診斷是自閉症，無藥可治，要小心照顧他。

自己失業，妻子重病，兒子患了無藥可治之症，三記重拳，打得志邦幾乎承受不起，癱在沙發上，全身無力，昏昏沉沉，感覺到眼前一片漆黑。

家裡一片寂靜，時間不知過了多久，志邦還是癱在沙發上，似乎覺得自己處身在荒郊野外，四周瀰漫著濃霧，讓他看不清景色，忽然，他發現前面不遠處站著一個白衣人，霧太濃了，他看不見那白衣人的面貌。

「孩子，你在想什麼？」聲音似乎是從白衣人那裡發出來的。

志邦很吃力地從地上站起來，用虛弱的聲音說：「我失業了，我的妻子得了重病，我的兒子有自閉症，我好無助，我該怎麼辦？」

白衣人說：「孩子，你面對這許多困難，須要希望！」

「希望？」志邦搖搖頭：「我走進了死胡同，我還有什麼希望？」

白衣人說：「我給你希望。」

志邦抬起眼望著白衣人說：「你是誰？你能給我希望？」

白衣人說：「我是無所不能的，我能給你希望。」

白衣人說完，忽然化為一片強光，強光發出強大的力量，志邦覺得站立不住，便向後倒了下去……。

志邦猛然張開雙眼，發現自己正躺在沙發上，牆壁上的掛鐘正指著六點鐘，窗外透進一片曙光，莫非自己在沙發上睡了一夜？是不是自己在做夢，夢到白衣人？莫非那白衣人是上帝，在夢裡和他講話？志邦揉揉眼睛，從沙發上站了起來，輕輕地走進臥室，看見妻子惠玲睡在床上，屈著身子，抱著薄被，似乎正在沉睡。

志邦又走進兒子的房裡，兒子已經醒來，仍躺在床上，眼睛呆呆地看著天花板，沒有理會志邦。

志邦回到客廳，心裡有一陣淒涼，一家三口都有問題，都有難以解決的困難，白衣人說給予希望，希望在哪裡呢？志邦搖搖頭、嘆口氣，到廚房去準備早餐。

上午八點，一家三口吃完早餐，志邦對妻子惠玲和兒子純宇說：「今天是有太陽的好天氣，也不熱，你們願不願意到公園裡去走走？」

惠玲和純宇都贊成，於是志邦推著輪椅，帶著兒子，到附近一個公園去散步。

四月天的陽光暖暖的，微風拂面，給人一種清涼舒適的感覺。惠玲露出喜悅的笑容，對志邦說：「志邦，謝謝你對我這麼好，時時刻刻陪伴著我，讓我忘記生病的痛苦，反而感覺到時光倒流，又回復到我們婚前戀愛的日子。」

志邦在路旁的椅子上坐下來，握著妻子的手，細聲說：「惠玲，只要妳快樂就好了，聖經上說：『喜樂的心是良藥。』妳如果快樂起來，病就會好得更快。」

惠玲點頭道：「我會快樂，我會珍惜我們的感情。」

志邦說：「惠玲，我昨天晚上做了一個夢，夢見一個白衣人，似乎是上帝，他說要給我希望。我醒過來，想一想，我們一家三個人都掉到困難的坑洞裡，我實在看不到希望在哪裡？」

惠玲說：「志邦，如果那白衣人真是上帝，他的話一定應驗，你要相信，我們不是去年受了洗嗎？我們已經是上帝的兒女了，上帝阿爸父會關心我們的。雖然我們現在看不見希望在哪裡，但是他說給你希望，一定有希望的。」

志邦抬起頭來，叫了起來：「純宇呢？」

惠玲笑著說：「別緊張，純宇在那邊。」

志邦轉回頭，發現兒子正蹲在一片花圃前，志邦輕輕地走過去，看到純宇正專心地看著花圃中各種顏色的鮮花，臉上露出微笑，志邦很久沒看到純宇如此開心的笑容，於是在兒子身旁蹲了下來，輕聲地說：「純宇，你歡喜這些花嗎？」

純宇點點頭，眼中流露出喜悅的光彩，這種神情是志邦在純宇身上從來未曾發現的。

回家的路上，經過一家文具店，志邦對純宇說：「我買一點彩色顏料和筆，你把剛才看到的花圃畫出來，好不好？」

純宇點點頭，臉上有一絲笑容。

於是，志邦買了水彩、鉛筆、蠟筆和紙，交給純宇。

回到家，純宇立刻進到自己房間，開始畫畫，沒有老師教過他作畫，他完全憑著自己的想像，嘗試用筆、調色，一張又一張，把一疊紙都用完。

第二天上午，志邦送純宇去上學，順便挑了兩張純宇畫的花給老師看。老師看後大為讚賞，對志邦說：「純宇從來沒學過畫，能畫得這麼好，可見是有天分的，我知道很多自閉症的孩子其實在某方面是天才，你可以好好培養純宇，將來他在繪畫藝術上會有傑出的表現。」

老師的話讓志邦的腦海中閃過一絲電光：「難道純宇會成為傑出的畫家嗎？難道這就是上帝給我的希望嗎？」

志邦帶著興奮的心情回家，惠玲問志邦什麼事情讓他那麼興奮，志邦說：「純宇的老師看了純宇昨天畫的畫，十分稱讚，說純宇有繪畫天分，要好好培養他。」

惠玲笑著說：「太好了，我們要幫助純宇發揮他的繪畫天分。志邦，我要告訴你一個好消息，剛才醫院李醫師來電話，告訴我上星期做的檢查結果出來了，癌細胞沒有擴散，他想辦法也許可以把病情控制住，不會惡化。」

志邦上前把惠玲緊緊抱住，口中喃喃自語道：「上帝啊！阿爸父，謝謝祢的恩典，今天祢又給了我一個希望，祢的允許是不會落空的，謝謝祢！謝謝祢！」

放開了惠玲，志邦和惠玲的臉上都滿是淚水。

這時，門鈴響了，志邦跑去開門，發現是大哥站在門口，大哥輕快地走進客廳，和惠玲打了招呼，然後問志邦說：「你上個星期告訴我，你失業了，你現在找到新工作了嗎？」

志邦搖搖頭說：「沒有，我去應徵幾家公司都沒下文。」

大哥說：「我的公司裡一位電腦程式設計師生了重病，不能工作，我向總經理推薦你，你也做過程式設計的工作，我相信你有能力承擔任務，總經理答應了，志邦，你要不要試試？」

志邦站了起來，連聲說道：「願意！願意！」說完，全身俯伏在地上，嚎啕大哭起來。

大哥趕忙把志邦拉起來：「我是你大哥，幹嗎要這樣！」

志邦擦乾了淚水，身子仍不斷抖動說：「我不僅是謝你，也是在感謝上帝，祂說要給我希望，沒想到一天之內就給我三個希望，讓我重新看到光明，主啊！我感謝祢！」

的確，希望是生命的動力，失去希望，生命就失去動力，肉體雖然還活著，精神卻是死了，有了希望，生命才會發光發熱。有時你找不到希望，尤其處身在困境之中，覺得一絲希望都抓不到，這時，別害怕，祈求上帝，上帝會賜給你希望！

盼望神蹟

什麼是神蹟，神蹟就是憑著人的理性、知識來分析，認為那是不可能發生的事，竟然發生了，這就是神蹟，因為那是人所做不到的事，超越人的能力範圍的事，那只有神用超能力的方式來做成，這就是神蹟。

這世界上真的有神蹟嗎？受過科學教育的人往往會認為神蹟是不合科學的定律或規則，因此而否定神蹟的存在。我從小就接受科學教育，自然就受了科學教育的影響，當我第一次接觸到聖經，讀到《聖經新約・馬太福音》中記述了耶穌趕鬼，醫治好瞎子，使癱子能走路，讓啞巴能說話，讓死人復活，我都存著懷疑，認為那是傳教的一種誇大宣傳。然而，當二〇〇五年我雙眼失明，群醫束手無策的時候，我渴望神蹟出現，我天天禱告，祈求上帝賜給我神蹟，讓我能夠重見光明，到二〇〇七年年底我的左眼果然恢復視力，讓我感受到神蹟不是虛妄的事，是真真實實的事，關於我的眼睛由失明而復明的經過，我以前就講過，就不再重複了。

現在要講另一個真實的故事：

二〇一三年三月，一個星期二晚上，我去台北靈糧堂參加醫治禱告會，禱告會還沒開始，我靜靜地坐著等候，不久，我的旁邊來了一對母女，小女孩活潑可愛，坐在我左邊，她的媽媽手上拿著幾張紙，也不知道寫了什麼，一直在低頭閱讀。我很好奇地問小女孩：「妹妹，妳叫什麼名字？」

小女孩睜大了眼睛看著我，她紅紅的臉蛋像蘋果，一看就知道是個健康寶寶，她用嬌嫩的聲音回答說：「我叫以琳。」

我又問道：「妳幾歲了？」

以琳回答說：「七歲。」

我繼續問：「妳今天晚上到這裡來做什麼？」

以琳回答道：「我不知道，我跟媽媽來的。」

這時，台上的敬拜團開始唱詩歌，我們的談話就停止了。

禱告會進行了一個多小時，牧師宣布要請一位姐妹來做見證。坐在我旁邊的那位母親拉著以琳上了台，這下我才知道以琳和她的母親不是來求醫治的，是來做見證的，她母親叫晶華，晶華見證了一個不可思議的神蹟，令全場為之驚動，掌聲如雷。

晶華說，她生下以琳真像是一場災難，那是難產，生產過程十分可怕，產前就知道胎位不正，生產時發生肩難產，醫生勉強把嬰兒拉出來，卻傷了嬰兒的手，孩子抱過來到晶華面前，晶華第一眼看見的以琳，右手手臂是懸在外面不會動的。當時晶華疲乏無力，全身癱軟，看到孩子，心裡只感謝醫生把孩子救回來，一點都沒想到是否有醫療上的疏失。

回家以後，晶華發現以琳的右手臂不能舉起來，甚至手肘不能伸直，連舉平都不行，她去問醫生，醫生說由於胎位不正，導致不能順利生產，把嬰兒拉出來時，嬰兒的右手筋被扯斷，手臂神經受到損傷，因筋已經扭斷，所以不能開刀，開刀也沒用，只能靠復健，希望可以稍稍改善一點。在無法治療的情形下，以琳逐漸長大，到三、四歲，她的右手肘是曲的，手臂無法伸直，晶華帶以琳看了很多醫生，所有的醫生診斷都是一樣的，醫生們說以琳的右臂筋已經斷了，神經壞死了，無法復元了，所以以琳這一輩子右手只能曲著，不能伸直，也不能舉手向上，可憐的以琳才四歲，小小年紀就領了肢體殘障手冊。

以琳出生以後的一年，是晶華人生中極痛苦的一段時間，晶華的所有積蓄被朋友倒債，接著丈夫有了外遇，逼著晶華要離婚，而那時晶華又已經懷孕八個月了，這真是屋漏偏逢連夜雨，讓晶華感到心力交瘁，幾乎支撐不下去。

這時，晶華要面對兩個官司，一是債務官司，一是離婚官司，真是焦頭爛額，痛苦不堪，不久老二出生了，是個男孩，幸好身體是健康的。

離婚後，晶華獨自撫養兩個孩子，經濟拮据，生活壓力好大，然而讓晶華感到最痛苦的還是以琳的右手。以琳上幼稚園了，在幼稚園裡，以琳成為小朋友們取笑的對象，由於右手不能伸直，不能高舉，不能平伸，也不能直直地垂下，一看就知道和別人不一樣，尤其吃飯喝湯的時候，右手肘要彎曲著舉得高高地，才能把湯匙送入口中，樣子的確有些怪異，其實，只要是用右手做事，都會顯得與眾不同。所以，以琳的右手成為晶華心裡的糾結和最大的負擔，她覺得她對不起以琳。

有一天，一個保險經紀人看到晶華憂愁的樣子，便介紹了一位教會的姐妹給她，這位姐妹很熱心，對晶華說：「人是有罪的，向耶穌認罪，耶穌會救贖你。」

這位姐妹的話，晶華心裡不以為然，晶華心想：「我又沒有做錯什麼事，官司都是我贏了，我沒有被判罪呀！但為什麼我這一生這麼辛苦，倒楣的事都讓我遇上了，這世界有神嗎？如果真有神，就不該讓我受這麼多的苦。」

晶華心裡懷疑是否有神存在，口裡卻沒說出來，面對那位教會的姐妹只是默默聽著，維持表面的禮貌。然而，那位姐妹卻是非常熱心，常常來拜訪晶華，表示關心，並且為晶華和以琳禱告。終於有一天，晶華隨那位姐妹去參加小組聚會，小組裡每個人都為晶華和以琳禱告，那些禱告是那麼熱切，那麼真摯，讓晶華十分感動。有一次聚會完畢，一位姐妹來擁抱晶華，晶華在她懷裡，感受到一股暖流，通到全身，使得晶華極為詫異，怎麼如此溫暖，是什麼緣故？突然晶華腦海裡靈光一閃，莫非這就是神的愛？

從此，晶華學習禱告，一有時間就讀聖經，漸漸地晶華明白上帝、耶穌都是慈愛的神，尤其當牧師講到上帝是孤兒、寡婦的神，晶華心裡總有無限的感觸。

晶華懂得當遇到困難時，一定禱告，祈求神指引她如何解決困難，晶華發現神的確在垂聽她的禱告，因為神用各種方法來指示她處理事情的方法，甚至會有她意想不到的貴人出現，幫助她處理事情，讓晶華感受到上帝對她的情愛和照顧。

二〇一〇年五月三十日晶華帶著以琳和小兒子宇閎一起受洗。受洗後，晶華開始和兩個孩子每天一起禱告，每次禱告完了，以琳最後都會很虔誠地閉著眼睛、仰著臉說一句禱告：「求主耶穌醫治好我的右手。」聽到以琳的這句禱告，晶華心裡一陣酸疼，淚水不禁奪眶而出，晶華每天無數次的禱告，每次禱告都包含為以琳的右手祈求，然而一天一天過去，奇蹟並未發生，漸漸地晶華認為以琳的右手是不可能復元了。

晶華仍不死心地繼續帶以琳去看醫生，所得到的診斷都是一樣：以琳的右手不可能變成正常。

二〇一二年七月，有一個星期天，晶華去教會參加主日崇拜，聽牧師講道講到耶穌治好許多病人，晶華心裡感到一陣悲傷，閉起眼睛禱告：「神啊！祢不是萬能的嗎？祢不是有醫治的大能嗎？如果祢真的有醫治的大能，我不敢奢求以琳的手完全被醫治，只要求祢讓我找到對的醫生，可以讓以琳右手得以改善的醫生。」晶華在口裡沒有發出聲音的禱告，卻是內心深處全力的吶喊。

主日崇拜結束，晶華回家，打開從教會帶回來的週報，發現週報裡有星期二晚上醫治禱告會的消息，晶華決定帶以琳去參加。

星期二晚上，晶華和以琳到了教會，禱告會開始，晶華心想上帝對她這麼好，牽著她度過許多難關，上帝一定也愛以琳，一定會醫治以琳的，晶華充滿了信心。醫治禱告會中牧師提出疾病的名稱，有這樣病症的人就可以到前面去接受同工的代禱。牧師宣布一種又一種疾病的名稱，一批又一批的人上前去接受禱告，等到快要結束，都沒有提到有關手和關節的疾病，晶華心想完了，看來沒有機會了。一直到最後，牧師說若是有長短手的可以到前面來，晶華趕緊拉著以琳上去。

為以琳禱告的姐妹按了按以琳的右手手肘，忍不住說：「真的好緊，伸不直。」於是她和晶華一起按著以琳彎曲的手肘部位禱告。禱告完了，那位姐妹按了按以琳的手肘內側，叫了起來：「軟了，她的手軟了，可以伸直了。」晶華有些懷疑，心想：「怎麼可能。」趕緊伸手去摸，真的，以琳的手伸直了，太不可思議了。

晶華覺得像是在做夢一樣，突然降臨的神蹟讓晶華幾乎不能置信，但握著以琳的右手，舉手旋轉，順暢自然，這是真實的，醫生說不可能的事，一剎那之間，神就使它變為可能，晶華淚流滿面，跪倒在地上，喃喃地不斷喚著：「主啊！感謝祢的恩典！」

回家以後，以琳像表演一樣，把右手伸直、舉平、舉高、旋轉，興奮得不得了，晶華又是流淚滿面，她感謝神的醫治，今天早上，巡迴復健師才到幼稚園評鑑，在以琳的評鑑單上寫著：「右手無法伸直舉高，操作時身體重心容易傾向右側，要老師多加留意，以免跌倒，繼續做復健治療，但未必有效果。」可是，現在的以琳卻已完全康復，神為以琳治癒了終身殘障，也為可憐的母親解除了心頭重大的巨石，晶華抱住以琳，忍不住放聲大哭起來。

第二天上幼稚園，以琳逢人就舉起右手說：「主耶穌醫好了我的右手。」這事轟動了全園。

過了幾天，晶華突然發現，上帝不但醫好以琳的手，也改變了以琳的思想和性格，原本脾氣彆扭的以琳變得十分親和、溫馴、貼心和謙卑，好像一下子變成小大人，學校的老師說以琳好乖巧，讓晶華樂得不得了。

晶華心裡明白，以琳身上的神蹟顯示了上帝的愛，她從前常聽牧師講「神愛世人」，她沒有什麼感覺，認為那只是聖經裡的一句話，她現在深深地感受到這句話是那麼真實，她願意出來做見證，把上帝的愛傳揚開來。

以琳的康復是我親眼目睹的神蹟，神蹟不是人人可以求得，神蹟是上帝的恩典，是上帝愛人的具體顯現，能夠領受到神蹟，當然要感謝上帝，縱使沒有神蹟出現在你身上，也要心存感謝，因為人能平安地活在世上，能愉快地飲食，能順暢地活動，都不是理所當然的，都要感謝上帝賜給的恩典，所以基督徒會經常心存感謝，感謝上帝，感謝耶穌，也感謝別人。

人生的未知數

人生的未知數是什麼？就是人在生命歷程中不能預知和不能掌握的事，譬如說一個人出生以前在哪裡？一個從不抽菸的人去年得了肺癌，醫生也說不出其原因為何？但最多的未知數是未來，沒有人能對自己的未來作準確的預測和掌握，《聖經》裡記載耶穌說：「不要為明天憂慮，因為明天自有明天的憂慮，一天的難處一天當就夠了。」耶穌說的明天就是未來，未來對人來說是個未知數，耶穌勸人對於未知的未來不要提前憂慮。不過，中國人常說：「人無遠慮，必有近憂。」是不是和耶穌的話牴觸呢？不是的，「人無遠慮，必有近憂。」這句話是把慮和憂分開，一個人對未來要多慮，就是多思考，但不要多憂，就是滿腹憂愁。多慮就會對未來有計畫，計畫周密則未來的事情便會成功，聖經說：「計畫周詳的人富足，行為衝動的人貧苦。」所以人有計畫，能多慮是好事，耶穌是要人們別對未來擔憂，但不是反對要多慮。

人們習慣性對未來都會擬計畫，學校一開學，學生們就會趕快看這學年的行事曆，看看哪些日子考什麼考試，哪些日子有什麼活動，這行事曆就是學校的活動計畫。計畫是對未來作一個預先的規劃，這是好事，人們做事有計畫是成功的條件之一。然而計畫是否能按部就班做到，卻是一個未知數。譬如在臺灣常會發生的事，政府要修一條新馬路，照計畫是一年完成，但開工以後，卻遭到馬路沿線居民的反對，有人反對拆除他們的房屋，引起激烈的抗爭，工程進行不得不中斷，結果過了三年，這條新馬路還未完成。原來興建這條新馬路的計畫只得無限期拖延下去。

計畫只是對未來的一種理想，計畫是擬定計畫的人對未來的想法，這個想法能否實現，沒有人能保證。戰國時代末期，秦始皇消滅了東方六國，統一了中國，建立了大秦帝國，他自稱為始皇帝，他有一個理想，想要大秦帝國永不滅亡，他是第一個皇帝，叫始皇帝，以後子孫相傳，二世皇帝、三世皇帝……傳至萬世，然而，秦始皇死後，傳給他的兒子，二世皇帝，秦就滅亡了，秦始皇的計畫沒能實現，他的理想落了空。

未來既是一個未知數，但人們都很想知道自己的未來，由於人們普遍有這種心理，於是興起了一種行業——算命，算命是假借著神靈、八字、相貌等等來為人推測未來的命運，中國人一直很相信算命，在大小城市裡，常常可以看到算命攤子或算命小鋪，在古代，結婚之前先要算命，看看男女雙方八字是否相合，孩子出生要去算命，為孩子命名也要去找算命師。然而，人的命運真是算命師能算得出來嗎？算命師真的能預知未來嗎？當然不可能，算命師為你算的命，他說的話，都不負法律責任，他說你的未來如何如何，結果不應驗，你也不能到法院去控告他，只能說一句：「不靈。」我自己就有親身經歷，我父親在一九五七年夏天到台北一家著名的算命館去算命，這位算命師號稱極為靈驗，算命的價碼很高，算一次命的價錢是我父親一個月工資的三分之一，他宣稱一天只看兩個人，表示他的身價高貴。那天，我陪父親同去，算命師問了父親的生日時辰，又摸了摸父親的骨骼，仔細觀察父親的相貌，然後開口說：「你是軍人，是校級軍官。」不錯，父親是陸軍上校，這算命師第一句話說對了。他接著說：「你福氣大，在戰場打仗卻沒受過重傷。」我聽了直搖頭，我父親是文職軍官，管財務會計，他一輩子從沒有上過戰場，更沒打過仗。這位算命師又自言自語講了許多話，都是一些不關緊要的話，最後，算命師說：「你的壽命是七十六歲，可以活到九十三歲，因為腎臟病去世，如果你好好注意腎臟，維持健康，過了七十六歲這一關，你就可以活到九十三歲。」這位被人稱讚神準的算命師的鐵口直斷，不久就證明是錯誤的。過了半年，也就是一九五八年一月，父親因心臟病突發去世，差二十天才到五十歲生日。從此我不相信算命師能預知一個人的未來。

未來是未知數，人們對未知數有兩種反應：一是恐懼，一是盼望。

對於未知數產生恐懼是一種普遍心理，譬如一個人面臨一次重要的考試，像升大學的考試、求職的考試等等，心理上都會有點恐懼感，因為不知道自己能否通過這場考試，又如一個病人準備要動一次大手術，成功的話可以康復，失敗的話也許會死亡或者癱瘓，醫生說手術的成功機率是百分之五十，這個病人一定會有恐懼感，因為他不知道自己的未來在哪一邊。

恐懼感的連接反應多半是退縮，小孩子聽大人講鬼的故事，總是會嚇得大叫，躲到媽媽的懷裡，用手蒙住眼睛或耳朵，這就是一種退縮的動作。退縮是躲避恐懼，其導致的結果是失敗。

在《聖經》記載了一個故事，摩西在上帝耶和華的指引下，領以色列人離開埃及，走過紅海，當時以色列人有兩百多萬，準備到上帝賜給他們的迦南地。摩西率領以色列全族來到巴蘭曠野的加低斯，上帝告訴摩西，可以派人去窺探迦南地，於是摩西指派以色列的十二個支派的族長共十二個人一同去窺探迦南地。

當時以色列人都沒有去過迦南，摩西告訴他們迦南是一個流奶與蜜之地，也就是物產豐富的地方，以色列人聽了以後都很嚮往那地，只是大家都沒親眼見過那地，所以被派去的十二個人是以色列的探子，他們的任務是去試探迦南地，去瞭解迦南地究竟是怎麼樣的一個地方。

在兩百多萬以色列人的祝福下，這十二個探子出發了，進行一次探險之旅。十二個探子悄悄地走遍了迦南全地，四十天後，十二個探子回到了加低斯，他們帶回來一些葡萄、石榴和無花果。

十二個探子回來的消息立刻轟動了以色列人，以色列的全會眾都聚集到摩西的帳幕前，大家興奮得不得了。

十二個探子首先把從迦南帶回來的果子獻給摩西，摩西把果子一一舉高，給以色列會眾們觀看。接著由十二個探子中的一個出來向摩西和全會眾報告窺探迦南地的情形，這位探子代表說：「你打發我們去的那地果然是流奶與蜜之地，物產豐富，我們帶回來的就是那地出產的果子，然而，住在那地的人民身體強壯，城邑也堅固寬大，我們在那裡看到了好幾個不同族的人，有的住在山地，有的住在海邊，有的住在河邊。」

十二個探子中，一個名叫迦勒的站起來說：「我們立刻上去奪取那地吧！」

這時有十個探子立刻大聲反對，其中一人說：「我們不能去攻擊那地，那裡的人都體格強壯。」另一個人接著說：「我們看到那地的亞衲族人個個身材高大，像巨人一樣，我們在他們面前就像小蚱蜢。」

十二個探子中十個探子都在說迦南人民的厲害，讓以色列全會眾騷動起來，哭號之聲此起彼落，紛紛向摩西發怨說：「為什麼把我們領到那地，使我們倒在刀下呢？我們回埃及豈不好麼！」有人大聲叫道：「我們另立一個首領，回埃及去吧！」

十二個探子中只有迦勒和約書亞二人主張進攻迦南地，以色列人要拿石頭打死這兩個人。忽然上帝耶和華的榮光顯現，閃亮耀眼的大光讓所有以色列人都俯伏在地。

上帝耶和華憤怒以色列人膽怯，不信靠神，於是向摩西說，那十個報惡信的探子都要遭瘟疫而死，這些聚集喧嚷的以色列百姓必要全部死在這曠野裡，除了迦勒和約書亞兩人，其餘一個也不能進迦南地。這些百姓的兒女要在曠野飄流四十年，四十年後才能進迦南地。

於是，以色列人果然在曠野飄流四十年，等當年發怨言的一代全死光，新一代以色列人才跨過約旦河向西攻取迦南地。從加低斯到迦南其實步行只要十一天就可以到達，但由於膽怯和恐懼，以致走了四十年才到。

除了恐懼之外，人們對未知數也會有另一個反應——盼望，盼望未知數的背後是一個美好的景象，但盼望只是一個夢想，實現盼望仍要靠努力。我願意用自己再做一次見證。我是患有先天性近視眼症，從幼年開始視力就很差，小學畢業時，我的近視已達五百度，到我拿到博士學位時，近視加深到一千六百度，畢業後我在大學教書，為了教學和研究，每天要大量閱讀和寫作，到二〇〇〇年左右，我的近視度數已高達二千六百度，超過了一般測量視力機的極限。

一九九〇年左右我的兩眼發現有白內障，一九九七年我在台北一家著名眼科診所接受右眼白內障切除手術，這是一個很簡單的手術，在門診進行，二十分鐘完成。然而我的手術失敗了，切除白內障引起了視網膜大出血，導致視網膜剝落，右眼失明了。

我的左眼白內障越來越嚴重，到二〇〇五年初，我的左眼視力幾乎是零，醫生把手指放在我鼻子前，我都看不見，和盲人沒有什麼差別。

面對黑暗世界，我內心的感受是盼望多於恐懼，我希望我的左眼有一天會復明，為了讓希望成真，我自己要努力，我到處打聽眼科醫生，前後去看過八個名醫，他們聽了我的病史，都不肯為我的左眼開刀治療，後來我才知道醫生們都認為一個眼睛發生什麼狀況，另一個眼睛會同樣發生，我的右眼因開白內障而失明，左眼如果動手術也會出現相同的狀況，這是危險的手術，醫生們都不想碰觸。

除了看眼科醫生外，我還找過中醫師、氣功師、通靈人，結果全然無效，我的視力仍是看不見。

二〇〇六年，我信了耶穌基督，每天禱告，我祈求上帝能醫治我，或者為我找到一位可以醫治我的好醫生。上帝似乎聽到我的禱告，二〇〇七年底，我找到一位名醫，台北振興醫院院長劉榮宏教授，劉院長最初也不肯為我開刀，我一連去看了四次門診，劉院長終於答應為我動手術，他說，要我住院三天，全身麻醉。我立刻問他：「白內障手術不是局部麻醉，只要二十分鐘就成了嗎？」劉院長說：「那是超音波乳化術，你的右眼用這樣手術就引起視網膜大出血，左眼不能重蹈覆轍，我要用傳統手術，時間較長，同時手術後我要多觀察一下。」我又問道：「全身麻醉視網膜就不會出血了嗎？」劉院長搖搖頭說：「我沒保證不出血。」我有點擔心：「那怎樣辦？」劉院長說：「求上帝保佑呀！」

於是，我為左眼開刀的事不斷禱告，第三天做手術，結果順利除去白內障，視網膜沒有出血，我的視力恢復到〇・五，我重見光明了。

從我親身的經歷觀察，面對未知數的未來不要恐懼，要有希望，並且要努力，更要求神的幫助，最後定會獲得成功，中國人常說：「謀事在人，成事在天。」意思是說人要自己盡力，事情的成功是操在天的手裡，天就是上帝，所以事情成功不要自誇，要感謝上帝的恩典。

希望小學

東明是一家報社的記者，報社派他去採訪一間希望小學。東明開了車，在崎嶇的山路上跑了兩三小時，沿途很少有市鎮，只有零星的一些住屋，最後來到一個小山頂上，終於找到了要訪問的小學，這小學門口掛的牌子是「頂原國民小學」，東明心裡感到有點奇怪，報社總編輯告訴他來採訪希望小學，為什麼這校名不是「希望小學」？但他按著地圖的路線走來，沒有弄錯，校門口的標示地址也和他手上所拿的地址相同，應該沒錯。東明決定走進學校去瞧瞧。

一進校門是個操場，操場上有個簡陋的棒球場，一群學生正在打球，喚叫的聲音此起彼落，顯得很熱鬧。東明經過棒球場，一個戴著棒球手套的學生走過來，東明問他說：「你們打棒球為什麼大家都那麼高興？」

那學生回答說：「我們學校棒球隊上個禮拜六才拿到全縣國小棒球賽的第一名，現在準備要參加全國的國小棒球賽，大家都很興奮。」

東明問道：「你們會贏嗎？」

那學生用堅定的語氣說：「我們有希望。」

這是東明進校門後遇到的第一個人，就說「有希望」，讓東明心中一驚。

離開棒球場，東明看到一群學生在教室外聊天嘻笑，似乎很快樂，一個女孩左手撐著拐杖走了過來，微笑地對東明一鞠躬說：「伯伯，你要找誰？」

東明說：「我來拜訪校長。」

那女孩說：「我陪你到校長室。」

東明到了校長室，見到了鍾仁益校長。鍾校長約有六十歲，身材健壯，頭髮花白，態度和藹可親，鍾校長請東明坐下，笑著說：「昨天接到報社的電話，說有記者來訪問。」

東明喝了一口茶說：「總編輯要我來採訪希望小學，可是你們的校名並不叫希望小學呀！」

鍾校長解釋說：「是的，我們的學校叫頂原小學，希望小學是外面的人給我們的一個稱呼，因為我們學校會給每一個學生找到他的希望。」

東明好奇地問：「找到希望？怎麼做啊？」

鍾校長說：「我們的學校只有九十幾個學生，他們的家境幾乎都是不好的，孩子們很容易養成消極、偏激、抱怨和憤恨的心理，我要求每班的老師都要做學生家庭訪問，真正瞭解學生實際生活狀況以及學生的優點和缺點，給予他們有效的幫助，並且為學生找出一個努力的方向，鼓勵他往這方向努力，這就是給他們每個人的希望。」

東明點點頭道：「剛才帶我到校長室來的那個女孩，手裡扶著拐杖，看她笑嘻嘻的樣子，不知道校長給她什麼希望？」

鍾校長說：「她叫惠文，是五年級學生，她得了小兒麻痺症，一隻腳成為跛腿，她的父母準備放棄她，不讓她上學，我去做了家庭訪問，終於說服她的父母讓她來上學。惠文從一年級開始就歡喜看故事書，到三年級開始寫作文。她的作文很好，幾次都得到全校作文比賽的第一名，老師就鼓勵她多多寫作，於是她有一個希望，希望將來能成為一位作家。」

東明很感動地說：「校長，你在鑄造一個孩子的人生。」

鍾校長指著牆上掛著的一副對聯，對聯的上聯寫著「心中常懷希望」，下聯是「積極樂觀奮鬥」，寫得龍飛鳳舞，剛勁有力，鍾校長說：「這是本校畢業生楊彬寫的，送給母校。楊彬五歲的時候被一輛卡車輾斷了腿，由於山區醫療不足，楊彬的腳傷沒能做有效的醫治，結果變成雙腿不能站立，要坐輪椅代步，他的父母忙於農田的工作，沒有時間推楊彬來學校，所以到了八歲都還沒上學，那時我接任校長的職務不久，有人告訴我楊彬的事，我便去拜訪楊彬的父母，瞭解楊彬沒上學的原因，我問楊彬願不願意上學，楊彬用一種要哭的聲音說：『我願意，可是我不能走啊！』我和楊彬的父親商量，我會請住在附近的同學每天來推輪椅送楊彬上學放學，他的父親答應了。我回學校後，把住在楊彬附近的學生大約十幾個人找來，問他們願不願意每天推楊彬上下學，結果十幾個學生全都表示願意，於是我排了時間表，由他們輪流推楊彬上下學。楊彬非常努力，在學校六年，成績都是名列前茅。在畢業的那一天，楊彬含眼淚對我說：『校長，謝謝你讓我有求學的機會，我希望將來做一個老師，給學生希望。』後來，楊彬從師範大學畢業，做了中學老師，教國文和書法。他親手寫這副對聯給我，表示感謝。」

東明問道：「校長，你在這裡教了幾年？」

鍾校長想了一下，說：「三十二年了。」

東明說：「你為什麼留在這裡這麼久？」

鍾校長說：「這是我的家鄉，我在這裡出生，我愛這個山區。」

東明又問道：「你的教育理念是給孩子一個希望，你怎麼會有這個理念的？」

鍾校長說：「我講一段我自己的故事吧！我家住在這山區的一個小村子裡，父親種田，生活不算富裕，但還過得去。我有兩個哥哥，他們都很聰明，在學校功課成績很好，我的天分不高，對讀書沒興趣，又很好動，所以課業成績很差，爸爸媽媽常常誇獎兩個哥哥，卻常常責罵我，爸爸常說：『仁益這傢伙沒出息，只會玩耍，只會和別人打架，能做什麼事？跟我種田算了。』在爸媽的眼裡我是一個沒用的人，這讓我感到自卑，於是自暴自棄，不但功課很差，品行也越來越壞。到了初中二年級，我的學業成績是全班最後一名，而且常和一些不良少年混在一起，打架鬧事。在我的班上有個叫黃振宇的同學，他很小時骨骼發育就不正常，手腳無力，尤其提不動重物，醫生警告他不要摔跌，因為他的骨頭很容易折斷，我看他常常露出痛苦的表情，我起了同情心，願意每天陪他上下學，替他背書包，他家和我家距離不遠，送他對我來說沒多大困難，但他和他的爸爸媽媽卻一再表示感激，從初一到初二，我陪他兩年，我們變成好朋友。有一天放學回家，半路上幾個別班的同學來欺侮振宇，他們個個握著拳頭要打振宇，我知道振宇是挨不起打的，立刻挺身站到振宇的前面，左手架住正揮拳打過來的拳頭，右手對著他還擊過去，不料這傢伙沒閃躲，我的拳頭打中了他的鼻子，他的鼻子馬上流出血來，旁邊的同學高喚著：『出血了，出血了！』這時，我的級任老師陳老師突然出現，大聲叫道：『住手，快帶他到保健室止血。』幾個同學拉著受傷的同學往學校跑。陳老師把我叫到路旁，臉色凝重，振宇跟在我身後，用幾乎是哭的聲音說：『老師，仁益是為了救我才打人的。』陳老師點點頭道：『我都看到了，打人總是不對的。』我低下頭說：『老師，我怕他們打振宇，振宇的骨頭很脆弱的。』陳老師點點頭說：『我知道，我觀察了很久，你每天陪振宇上下學，幫他背書包，你是個有愛心的人，但是，仁益，你為什麼功課那麼差？不能用功一點嗎？』我幽幽地說：『我爸媽說我沒出息，沒有用，跟他到田裡種地算了。我既然只配到田裡做工，還要讀甚書！』陳老師說：『你爸爸媽媽弄錯了，你是有愛心的人，要把愛心發揮出來，幫助更多的人，為社會貢獻，仁益，不要自暴自棄，你將來要為社會多做點事，我不是說種田沒有用，而是說你可以做更大的事，影響更多的人。』我低聲說：『我功課那麼差，一定考不上高中的。』陳老師拍著我的肩膀說：『仁益，你知道我住在哪裡嗎？』我說：『我知道，老師的家離開我的家不遠。』陳老師說：『很好，你每天晚上八點鐘到我家來，我來教你功課。』我望著陳老師說：『老師，這樣……』陳老師不等我講完就說：『回去對你爸爸說，你每天晚上到我家，我教你功課，不收任何費用，我的目的只是要把你的成績拉上來，將來能考上高中。』我向陳老師深深一鞠躬說：『老師，謝謝你。』從第二天開始，我就每天晚上去陳老師家，陳老師教我每一科都從基礎學起，漸漸地我的課業成績在進步。到了初三畢業的時候我竟然名列第三，獲得校長頒發的獎狀。離開初中校門，陳老師對我說：『仁益，人生要有希望，你現在找到了希望，將來你也要給別人希望。』陳老師的話深深感動我，影響我的一生。後來我考上師範學校，從師範畢業後，我自願回到這個偏僻的山區，我要給這山區的孩子們尋找他們每個人的希望。」

聽完鍾校長的故事，東明很受感動，誠懇地說：「校長的這種教育理念令人可佩。」

鍾校長說：「我是基督徒，我最歡喜《聖經》裡使徒保羅說的一句話：『忘記背後，努力面前的，向著標竿直跑。』所謂向著標竿直跑，就是追求希望，現在的學生除了應付考試和吃喝玩樂之外，很少清楚知道自己的希望在哪裡，他們像失去眼睛的小鳥，到處亂飛，沒有方向，沒有目標，真是可憐的一群。學校教育的功能不應該只是灌輸知識而已，給學生希望，指引學生標竿在那裡，才是最重要的任務。」

走出小學校門，一群群學生正嘻嘻哈哈地集合，準備放學回家。東明眼前一亮，忽然覺得這是一群希望小天使，正向標竿飛去。

永遠的希望

一輛小汽車停在希望小學門口，記者東明下了車，這是東明第二次來到希望小學，上次訪問希望小學後，他寫了一篇報導，得到很好的反映，報社總編輯要東明再度訪問希望小學。

東明進了校門，發現學生都在教室裡上課，便朝校長室走去。在校長室門口，出現一位頭髮全白的老先生，問東明說：「你要找校長嗎？他去教育局開會了。」

東明有點失望，問老先生：「請問你是……」

老先生說：「我姓鄭，是這學校的老師。」

東明說：「是鄭老師，我叫胡東明，是報社的記者，今天是我第二次來拜訪貴校。」

「那就請到我的辦公室坐坐。」鄭老師殷勤地接待東明，請東明到一個擺了七、八張桌子的大辦公室，每張桌子上都堆著許多學生的作業簿。

東明喝了一口茶，問道：「鄭老師你今年高壽啦？」

鄭老師說：「七十三了，我在這裡教了十幾年，六十五歲退休，我自願留在這裡繼續教書，完全義務，不領一塊錢酬勞，校長答應了，但要我少上一點課。」

東明好奇地說：「鄭老師，你擔任義務老師快八年了吧！你真是為教育而奉獻自己，可欽可佩！」

鄭老師笑一笑，說：「我是師範學校畢業的，畢業後在一所小學教書，教了五年，覺得小學教師的待遇太微薄了，便辭職不幹，改到一家紡織公司工作，做了幾年，發現當時的臺灣經濟迅速發展，進出口貿易不斷增加，於是我決定自己開一家小型的進口貿易公司，進口日常生活用品，生意越做越大，業務興旺，員工人數到了一百多人，擁有三座倉庫，當然，我也賺了不少錢。不過，由於太投入工作，我始終沒有機會結交女朋友，所以一直都沒結婚。其間，也有人給我介紹過兩、三個女孩子，但每次和她們見面，都感覺到她們最在意的是錢，於是就沒有繼續交往下去，就這樣我一直過著單身的生活。到了五十五歲那年，我生了一場重病，在醫院裡足足躺了三個月，感謝天父的慈愛，感謝醫生們的盡心醫治，最後我算是死裡逃生，痊癒出院。這場重病，我在醫院的病床上想了很多，天天讀《聖經》，給我很大的啟示，讓我改變了對人生的看法。」

東明很感興趣地問道：「鄭老師，你有什麼改變？」

鄭老師看了看窗外，繼續說：「在生病以前，我只想到賺錢，躺在病床上的那三個月，我開始想我拚命賺錢為的是什麼？人生的意義難道只是賺錢麼？《聖經》告訴我，人活在這世界上只是旅居的短暫日子，就像到一個風景區去旅行，住在旅館裡，等你走完了這風景區，你就要離開旅館。於是我想離開旅館以後，我又要到哪裡去呢？我想《聖經》講得沒錯，人生到這世界來，每個人都會死亡，都會離開這世界，但是，離開這世界以後到哪裡去呢？《聖經》給我的答案是到天國去，就是天上的國，得到永生。」

東明問道：「什麼是天國？什麼是永生？」

鄭老師想了一想，回答說：「人們都以為人停止了呼吸，就是死了，也就是生命結束了，其實，人有肉體和靈魂兩個層面，這兩個層面是各自存在的，如果一個人肉體雖活著，靈魂卻死了，這個人每天雖在活動，但他的生活毫無意義。」

東明打斷了鄭老師的話，說：「那是不是行屍走肉？」

鄭老師點頭道：「你說得不錯，正是行屍走肉，中國人的這個成語實在太好了，太恰當了。另外也有一種人，他的肉體雖然死了，但卻永遠受到別人的懷念，中國人稱他是精神不死，永垂不朽。」

東明說：「永垂不朽是後人心裡對他的懷念，也有大奸大惡的人被人們千古咒罵，這是靈魂嗎？」

鄭老師說：「懷念和咒罵都是後人的評價，不是那人的靈魂。一個人在停止呼吸後，肉體死亡了，但靈魂仍然活著，依照《聖經》的說法，靈魂有兩個去處，一個是天上的國，一般稱為天國或天堂，另一個是無底的黑暗坑洞，一般稱為地獄。在天堂裡是光明的、歡樂的，在地獄裡是黑暗的、痛苦的。」

東明說：「天堂和地獄的說法我聽說過，但是哪些靈魂會上天堂，哪些靈魂會下地獄呢？」

鄭老師說：「那就要看這個人活在人世間的表現了，上帝曾頒布十誡，就是十條做人的基本原則，又曾經透過摩西和耶穌告誡世人應該遵守的做人原則，這些原則就是上帝的道，一個人的行為如果都合乎上帝的道，這個人的靈魂是可以上天堂的，相反地，如果一個人的行為都不合乎上帝的道，這個人的靈魂就會下地獄。」

東明又問道：「那什麼是永生呢？永生是不是不死的意思？誰能得永生呢？」

鄭老師拿出一本《聖經》，解釋道：「根據《聖經》的說法，遵守上帝的道之人，他的肉體死亡之後，上帝會給他一個新的身體，活在另一個世界，這個新身體不會生病，不會死亡，沒有痛苦，所以這個新身體的質料應該不是我們在人世間的肉體，因為我們的肉體是會生病、會朽壞、有痛苦的，這新的身體既然不會死亡，所以稱為永生。」

東明說：「好希奇啊！鄭老師，你到過天堂嗎？你見過永生的人嗎？」

鄭老師回答道：「我沒到過天堂，也沒看過那有新身體的人。」

東明說：「你沒有到過天堂，也沒有見過有新身體的人，那你怎麼會相信有天堂，有永生呢？」

鄭老師說：「許多人說要親眼得見的事才能相信，這話是不正確的，許多事情是人眼未曾見過，耳未曾聽過，心未曾想過的事，但卻是存在的。譬如這世界上有成千上萬種細菌，如果沒有顯微鏡，你看得到細菌嗎？現在的生物學家發現了千百種細菌，可是還有更多種類的細菌是人類還未發現的，而那些細菌實際上早就存在了。再看天花板上的電燈，開關一開，燈就亮了，全屋子通明，在五百年前的人有看過電燈嗎？恐怕想都未曾想到。你再看桌上的電腦，一個小小的玻璃框，可以看到各種外界的訊息，甚至還能和萬里之外的朋友做面對面的交談，這是兩百年前的人從未見過、未聽過，甚且未想過的事。所以，凡事要親眼見過才能相信，這話是不正確的。上帝創造宇宙時，在宇宙中放進了許多奧秘，科學家的工作在努力挖掘上帝放在宇宙中的奧秘，所以科學家不是發明者，只是發現者，近兩百年來，科學家尋找到許多上帝藏在宇宙中的奧秘，我們會感覺到人類的科學和文明在進步，但是還有更多的奧秘還沒有被人類發現，我們不能因為還沒看到那些還是隱藏的奧秘就認為那些奧秘不存在。就好像明朝人讀《封神榜》這部小說，看到書中有千里眼、順風耳，就會說那是神話，世上哪有真的千里眼、順風耳？這是明朝人不知道有電話、有電視、有智慧型手機，其實，電波、聲波是上帝從創造宇宙就藏在地球上的奧秘，一直到近代，人們才發現這個奧秘。所以，人們所未曾看過，未曾聽過，未曾想過的事並非是不存在的事，我雖然沒有看過天堂和有新身體的人，但我相信它是存在的。於是，追求天堂和永生成為我生病以後的希望。」

東明用讚嘆的語氣說：「追求天堂和永生，那真是永遠的希望！鄭老師，你怎麼去實現你的希望呢？」

鄭老師說：「天堂和永生都是肉體死亡後的事，在我的肉體還活在這世上的時候，我要走在上帝的道上。」

東明問：「上帝的道是什麼？」

鄭老師說：「上帝的道就是愛，我要把愛發揚出去，在我病好之後，我把公司做個結束，我發現我還有幾千萬元，我決定恢復我的小學老師身分，我申請到這個小學來教書，因為鍾校長的教育理念是讓每個學生都有希望，這和我的理念完全相合，其次這所學校在偏僻山區，居民都很窮困，他們須要幫助才能讓孩子上學。我到這所只有九十幾個學生的學校，立刻設了獎學金，凡是家境確實清寒，我做過家庭訪問後，就發給獎學金，獎學金按月發放，金額按實際需要，有的每月五千，有的每月八千，所以等於是學生生活補助。我對發獎學金毫不吝嗇，有時全校有二十幾名學生同時得到獎學金，我要在我還活在世上的時候，把我所有的錢財都花在孩子們身上，其中有兩個學生我一直培養他們到大學畢業，有將近二十個學生我培養他們到高中畢業。我六十五歲的時候退休，承蒙鍾校長答應我仍留在這裡當義務老師，我也繼續用獎學金方式幫助那些需要幫助的學生繼續學業。」

這時下課鐘聲響起，一個女生跑進辦公室，手上提了一個紙袋，到了鄭老師面前，把紙袋交給鄭老師：「老師，我媽媽要我把這些芭樂送給你，這是我們自己種的。」

鄭老師拍拍小女生的肩膀說：「揚恩，謝謝妳，你回去告訴媽媽，老師謝謝她，請她有空就到學校來走走。」

東明起身告辭，在走廊上，一群學生有禮貌地向他鞠躬，口裡說：「叔叔好！」

東明心裡感到一陣暖流遍布全身，這真是一個充滿希望的地方。

望子成龍

望子成龍是中國人的普遍心理，希望自己的子女長大後出人頭地，能有傑出表現，甚至光耀門庭。在中國古代，是農業社會，百分之九十的人口是農民，一個農夫守住幾畝地，整年辛苦工作，不斷插秧、灌溉、施肥、除草，風吹日曬，為的就是盼望田裡的農作物豐收。日子一天復一天，一年復一年，人生就這樣老去。當然有人會安於現狀，認為平安就是福，但是農家的日子未必平安，農人要擔心會不會發生水災、旱災、蝗災，擔心政府的苛捐雜稅，擔心官吏的欺壓，擔心土豪劣紳的凌辱，擔心地主的剝削，所以古代的農民的日子是非常辛苦的，農村是貧窮的，《擊壤歌》裡說：「日出而作，日落而息，帝力於我何有哉！」那是遠古時代的景象，從秦朝開始，皇帝的勢力就籠罩在農民的頭上，除了水災、旱災是天災之外，其他對農民的迫害，直接或間接都是來自政治的影響。在中國古代，政治是高於一切的，宗教權力、財富權力、教育權力、軍事權力都不及政治權力之強大。政治權力的頂端當然是皇帝，但皇帝不可能一個人行使政治權力，他必須找許多分身，在全國各地來行使政治權力，這些皇帝的分身就是政府官員，所以做了官就等於擁有政治權力，難怪古代中國人無不嚮往做官。

農民生活辛苦，自然會想到如何解脫這個困苦的環境，自己每天手握鋤頭，牽著老牛，除非起來造反，否則這一輩子只能留在田中，難以翻身了。對自己沒有指望，於是就把希望寄託在兒子身上，希望兒子能讓這個家脫離困苦之境。但是，兒子年紀還小，他該怎麼做才能使這個家得到拯救呢？最明顯的途徑就是做官，做了官就有了政治權力，可以遮蓋全家。所以在中國古代農村經常有一種現象，一個農夫生了三個兒子，他會選擇其中較聰明的一個孩子，送他去上私塾，跟老師讀書，其他兩個兒子就跟自己種田，養家活口。那個被送去唸書的兒子不必從事生產，父親希望他唸了書以後能夠考取功名而做官，要兒子做官才是父親的目的，這就是望子成龍。所以，一個父親把人生的希望放在兒子身上，望子成龍，他的出發點是「利」。

現代的中國社會已進入多元社會，政治不再是唯我獨尊，各行各業都各有表現，現代中國的父母仍然有望子成龍的心態，不過未必是希望兒子做官，而是在各行各業中做傑出的人物。這時，父母望子成龍的用心和古代農業社會的父母可能不一樣，但卻都是希望兒子出人頭地，擁有名譽、地位和財富，所以望子成龍的動機仍然在「利」上。

雖然望子成龍的直接動機是「利」，但這動機隱藏的核心卻是「愛」，父母對子女的愛，是想法要讓子女有美好的人生。如果父母對子女缺少了愛，這個父母對自己的子女就會漠不關心，不抱任何希望，管他將來是成龍還是成蟲。望子成龍的父母一定是關愛子女的，父母和子女的關係一定是密切的。

然而，做父母的望子成龍要注意到兩點：一是表達的方式，一是追求的目的。

在表達的方式上，父母為了達成自己的希望，往往容易給予子女過度的壓力，這會讓子女感覺到自己只是滿足父母希望的工具，於是子女的抱怨和反抗便會產生，甚至走到和父母對立的地步，這是做父母的人要小心避免的事，否則父母不但達不到望子成龍的希望，還會把父母子女關係弄僵了，那真是可惜的事。

在追求的目的方面，望子成龍究竟是什麼龍？不要把希望的龍認定是中國人心目中在天上能呼風喚雨的天龍，父母希望子女成就的龍是符合現實環境的龍，譬如兒子歡喜唱歌，嗓音嘹亮甜美，於是把兒子送到音樂補習班，希望兒子成為世界級歌王，名利雙收，父母這種希望似乎過高，對父母和兒子將來都會造成失望的創傷。如果父母能把希望的標的放低一點，讓希望在現實環境中可以達成，這對父母和兒子都是有利的。

望子成龍的核心是愛，有了愛，父母會願意為子女做任何事，只希望子女能成龍，有時這龍不一定要是社會的領袖，有時父母希望子女成為能夠自立自強、有能力維持美好生活的人就是龍了。

前幾天在臺灣的報紙上刊出了一個母親的故事，令我很感動，這故事是這樣的：

阿珠是個苦命的女子，幼年父母雙亡，由親戚收養，家在臺灣的一個偏僻鄉村，由於親戚家境貧寒，阿珠唸完小學就沒繼續升學，十八歲結了婚，丈夫是工人，結婚不久，阿珠隨丈夫搬到城裡居住。

結婚後十幾年，阿珠一連生了四個子女，生活過得還算平穩，丈夫在外工作，阿珠整天在家照顧四個孩子和丈夫，阿珠沒有什麼慾望，很滿足於這個家居生活。

忽然，有一天，丈夫告訴阿珠，他另外有女朋友，要和阿珠離婚，這真是青天霹靂，阿珠從沒問過丈夫在外面的情形，丈夫也絕口不提在外面交友的事，夫妻二人也沒有大吵大鬧過，在阿珠心裡覺得丈夫沉默寡言，又不喝酒賭博，對阿珠雖然冷冷的，但沒有辱罵打人，是個好丈夫，沒想到毫無預警，就要離婚。阿珠生性柔弱膽怯，不敢反抗，在哭哭啼啼之下，糊裡糊塗就簽下離婚同意書。按照這份離婚協議書，丈夫不必付給阿珠任何贍養費，四個子女都歸丈夫。

簽了離婚同意書後，丈夫給阿珠一萬塊錢，要阿珠收拾隨身的衣服，立刻離開這個家。

阿珠提了一個小布包，站在家門口，淚如雨下，她等於是被丈夫驅逐出家門，她舉目無親，不知道該到哪裡去，也不知道該怎麼活下去，還有讓她最擔心的事，是四個孩子怎麼辦，老大、老二在上初中，另外兩個女兒上小學，他們放學回來發現媽媽不見了，結果會怎麼樣，她不敢想像，一陣暈眩，讓她跌坐在地上。

這時，鄰居的徐太太正好走過來，見阿珠坐在地上，滿臉是淚，就問阿珠發生什麼事，阿珠臉色發白，說不出話來，徐太太見狀，把阿珠扶起來，到自己的家裡，給阿珠一杯開水，過了好一會兒，阿珠才算緩過氣來，便哭著把事情說了一遍。徐太太是個好心人，十分同情阿珠，便對阿珠說：「我們是十幾年的老鄰居了，我看妳也沒別的地方可去，我這裡有個小房間，是堆放雜物的，妳把房間整理一下，就暫時住在這裡吧！」

於是阿珠暫時找到棲身之所，徐太太又為阿珠介紹到附近一對老夫妻家中去幫忙料理家務和照顧兩個老人的生活，這樣就解決了阿珠的生活問題。

過了兩個月，阿珠聽說丈夫又結婚了，對方名叫玉蘭。阿珠不知道玉蘭是怎樣的人，她深怕玉蘭會虐待她的四個孩子，心裡總是記掛著孩子。

有一天，阿珠接到丈夫打來的電話，丈夫說，玉蘭在一家貿易公司做事，每天要上班，沒時間管家裡的事，尤其四個孩子都在和玉蘭鬧脾氣，玉蘭管不了他們，玉蘭要阿珠回來，為大家做家事，不知道阿珠願不願意。

阿珠聽說可以回去看孩子，立刻答應回去。

第二天，阿珠回到家裡，不過她的身分不是女主人，而是傭人，每天要把一切的家事做好，晚餐時她不能上桌和大家一起吃，要等大家吃完，她一個人在廚房吃。晚上，把所有的家事都做完以後，阿珠要回到徐太太家的小房間睡覺。

徐太太問阿珠：「妳這樣做不會覺得屈辱嗎？」

阿珠紅著眼眶說：「當然會。但是我能每天照顧我的孩子，讓他們健康長大，再屈辱我也要忍受。」

徐太太嘆口氣說：「妳為孩子受這種氣，這就是母愛吧！」

阿珠說：「常聽人說望子成龍，我沒敢望子成龍，但我希望孩子長大成人，健康幸福，好好做人。」

四個小孩看到母親在家成了傭人，受到不公平待遇，對父親產生了強烈的惡感。阿珠勸孩子們要忍耐，等到能自立賺錢，再離開這個家，目前要努力求學，將來才能找到好的工作，獨立生活。

徐太太覺得要紓解阿珠內心的壓力，就帶阿珠進了教會，阿珠識字不多，讀《聖經》有困難，但歡喜聽牧師講道，有時也向徐太太請教基督信仰的道理，漸漸地阿珠信了耶穌基督，也受了洗。

十幾年過去了，老大、老二都大學畢業而且找到很好的工作，他們合租了房子，把老三、老四接去住，當然母親阿珠也就和他們四個兄妹住在一起。

日子過得很平靜，又過了十年，四個兄妹都有很好的工作，而且都結婚成家了，他們對母親阿珠非常孝順，輪流接阿珠到自己的家住。

有一天，阿珠忽然發了高燒，送到醫院，醫生要阿珠立刻住院，仔細檢查，發現阿珠得了淋巴癌，而且是末期，至多只能維持三個月。四個子女都非常焦慮，反而是阿珠顯得十分鎮靜。

一個星期天上午，四個子女都圍在阿珠的病床邊，阿珠對老大說：「你打電話請你爸爸趕快來醫院，我要見他一面。」

老大心想這可能是母親最後的心願了，立刻打電話給父親，請父親儘快趕來醫院。

阿珠看到分別已久的丈夫慌慌張張進了病房，便用微弱的聲音慢慢地說：「我要見你最後一面，是想跟你說，我不恨你，我信耶穌，耶穌說要愛每一個人，連把他釘在十字架上的兇手，他都原諒了。我現在要回天家去了，我原諒你，謝謝你讓我擁有這四個孩子，他們是我人生中的天使，雖然我很苦，但是我很滿足，很滿足……」

阿珠的聲音越來越微弱，漸漸消失了。丈夫跪在病床邊痛哭。四個孩子，早就泣不成聲了。

阿珠的故事充滿了母親對兒女的愛，她也望子成龍，但這龍不是指大富大貴，而是做一個正直有用的人，阿珠的希望並不高，她達成了，阿珠一生過得很辛苦，但臨終時給自己打了分數：「我很滿足。」一個人在走完人生旅程的時候，回顧來時路，能感覺到「滿足」，這趟人生路縱使再辛苦也是值得的。

想家的孩子

每一個孩子出生以後，除非他是棄嬰，他都是在一個家裡成長，不論這個家是貧或是富，是文雅的或是粗暴的，孩子總是在家的遮蓋之下長大的。孩子長大成人以後，他受到童年時的家的影響，有的人會懷念那個家，有些人會畏懼那個家，有人甚至會痛恨那個家。但是，無論自己童年時的家是好或是壞，是想念或是痛恨，但是想要未來有一個溫暖、幸福的家則是人的共同希望。

對於某些遭遇不幸的孩子來說，他童年時擁有一個幸福的家，卻不幸遇到家變，使他失去了家，他內心的痛苦是別人難以想像的。下面我講一個小男孩胡業文的故事。

在一個小鎮的公園裡，黃昏時候，一個女警察在巡邏，她看到公園一個角落裡，一個小男孩正雙手掩面坐在長椅上低聲哭泣，她本能地走上前去，在小男孩身邊坐下來，輕聲地說：「孩子，你為什麼哭？」

小男孩停止了哭泣，抬頭看著女警：「妳是誰？」

女警溫和地說：「我是警察。」

小男孩瞪著眼說：「警察？我又沒做壞事。」

女警帶著微笑說：「警察是要抓壞人，也要保護好人，你是好人，我會保護你，告訴我，你叫什麼？幾歲？」

小男孩仔細望著女警，輕聲地回答：「我叫胡業文，九歲。」

女警又問：「為什麼哭？是不是找不到媽媽？」

小男孩點點頭，淚水充滿了眼眶。女警拿出一張面紙，為小男孩擦拭眼淚，安慰地說：「告訴我，媽媽到哪裡去了？我帶你去找她。」

小男孩又低下頭哭泣起來：「媽媽死了。」

「死了？」女警吃了一驚，握住小男孩的手，發現小男孩的手在顫抖：「告訴我，發生了什麼事，我幫助你。」

過了一會兒，小男孩止住哭泣，低著頭說：「我的家在這鎮上，爸爸做工，媽媽對我很好，去年一個晚上，發生大火，房子被燒光，爸爸媽媽也被燒死了。我的叔叔把我帶到他家，叔叔一個人住，歡喜喝酒，每天晚上都喝醉了回來，也沒給我帶飯，又沒給我錢，所以我常常挨餓，幸好隔壁的王阿姨常常給我食物。昨天晚上半夜，幾個人來叔叔家，對我說，叔叔車禍死了，這個房子他們要收回，就把我趕了出來，我沒地方去，就來這公園，一天都沒吃東西，好餓哦！我好想回家，我想媽媽！」小男孩說著又哭起來，女警在旁邊聽得鼻酸，眼淚掛在眼角。

女警輕輕按住小男孩的肩膀，說道：「業文，不要怕，我帶你去吃飯，我來幫你找到一個家。」

女警又拿出一包面紙遞給小男孩：「叫我陳阿姨，你自己擦乾眼淚，不要怕，我們去吃飯。」

女警買了兩個便當，帶小男孩到警察局內一間休息室，一起吃便當。吃完便當，女警告訴小男孩說：「業文，這裡有一張床，你可以在這裡睡一晚，陳阿姨今天晚上值夜班，我就在外面的辦公室裡，你有事可以來找我，我明天會幫你找一個新家。」

第二天，女警帶業文到鎮上的一個教堂，見到謝牧師，女警把業文的遭遇都告訴了謝牧師，謝牧師表示願意收養業文。到了傍晚，謝牧師帶業文回家。在謝牧師的家裡，業文見到謝師母和大他兩歲的沛霖。謝牧師問業文以前的生活情形，態度非常和藹，深深地表示同情，業文覺得謝牧師比自己的爸爸還要親切。

吃晚飯的時候，四個人各據餐桌一方，業文感覺到沛霖對他很友善，謝師母更是不斷替他挾菜，比自己的媽媽更愛護他，他不但感到菜飯的美味，那份家的溫暖是他生平從來沒有嘗過的，他不僅肚子飽了，心也灌滿了幸福。

飯後，師母帶業文到一個房間，那裡有兩張單人床，兩個小書桌和衣櫥，師母對業文說：「這是你和沛霖的房間，我們的房子不大，只能讓你們兩人睡一間，你有任何事情都可以來找我和牧師，也可以問沛霖，明天，牧師會帶你到學校去辦報到的手續，你和沛霖同一個學校，學校的事情你都可以問沛霖。至於你穿的衣服都放在衣櫥裡，明天晚上我會帶你上街去買你需要用的東西。」

師母說完，輕輕地拍了一下業文的肩膀就走了，望著師母的背影，業文的眼睛濕潤起來，他做夢也沒想到自己竟然會進入這麼溫暖的家。

不久，沛霖手裡抱了幾本書走進房間，把書放在書桌上，對業文說：「業文，你睡這張床，用這書桌，我睡那張床，用那書桌。」

業文看見書的封面上寫著「范沛霖」三個字，大為吃驚地道：「你姓范？你為什麼不姓謝？」

沛霖說：「我不是謝牧師的兒子，我的父親是海上捕魚的，兩年前我父親遇到海難死了，母親悲痛過度引起心臟病發，也死了，有人把我送到教會來，謝牧師收養了我，所以我和你一樣，都是孤兒。」

業文很同情地看著沛霖，說道：「真是不幸，那麼你在這裡兩年了，謝牧師和師母對你好嗎？」

沛霖點點頭道：「好，好，太好了，他們把我當親生的兒子照顧，感謝上帝讓我擁有一個甜蜜的家。」

業文說：「為什麼要感謝上帝，要感謝謝牧師才對。」

沛霖嚴肅地說：「以後我教你讀《聖經》，你就知道世界萬事萬物都是上帝造的，人的命運也是掌握在上帝手裡，你以為進入這個家是你自己決定的嗎？不！那是上帝的安排，所以要先感謝上帝，再感謝謝牧師。」

業文又問道：「常聽你們在說禱告，什麼是禱告啊？」

沛霖說：「禱告就是把你心裡想的事告訴上帝，請上帝指示你該怎麼辦，或者請上帝幫助你解決困難。」

業文點點頭說：「我願意讀《聖經》，你先教我禱告好嗎？」

兩個人越談越有興趣，一直到十點半，謝師母進房來，催促他們去睡覺。

業文躺在床上，蓋著柔軟的被子，一盞小夜燈亮著，房間裡安靜得沒有一點聲音，業文卻興奮得睡不著，這麼好的家，是他夢裡的幻覺，竟然成為真實的，業文想起剛才沛霖教他的禱告，他就閉上眼睛，雙手合在胸前，輕輕地禱告：「天父啊！感謝祢賜給我如此美好的家，我會永遠感恩，永遠跟隨著祢。」

在迷迷糊糊中，不知過了多久，業文忽然覺得有人進了房間，瞇著眼看去，原來是師母。師母走到業文床前，拉了一下被子，把業文伸在外面的腳蓋好，又去沛霖床邊站了一下，再輕輕地走出去。業文的眼睛熱熱的，眼角早已有一排淚水滴到枕頭上。

第二天，謝牧師帶業文到學校去辦妥了註冊手續，業文和沛霖同校，兩人一同上學，一同回家。

時間過了一年，沛霖六年級，業文也四年級了。有一天下午放學的時候，沛霖來找業文，沛霖說：「我今天放學後原準備留在學校練棒球，剛才老師要我去幫他做點事，我就不能練棒球了，所以今天你先回家，幫我把這球棒帶回家。我辦完老師的事再回家。」

業文扛著球棒步行回家，學校到家只有十分鐘的行程。到了家，業文發現大門沒關，踏進大門就聽到師母在客廳大叫：「救命啊！」業文一個箭步跑進客廳，只見一個粗壯的大漢把師母壓在地上，師母不斷在掙扎、哀叫，業文拿起手裡的球棒對著大漢的背揮過去，大漢大叫一聲，爬起身來，右手拿著一把閃亮的小刀，對業文撲過去，業文沒有後退，又揮起球棒猛力朝大漢的膝蓋揮去，球棒打中大漢的膝蓋，大漢痛得大吼一聲，人向前倒下，但是同時，大漢手裡的小刀也插進了業文的胸腔，鮮血噴了出來，業文顧不得自己，第三次揮棒對著倒下去大漢的頭打下去，大漢躺在地上昏了過去，業文也滿身是血倒了下去。

謝師母趕快從地上爬過來，跑到門口求救，這時正是下班、放學的時候，立刻有五、六個人跑來，看到客廳的情況，都嚇得站在門外，有人立刻報了警，三分鐘後，警車和救護車都趕到，把業文和那大漢送到醫院急救。

在醫院的手術室外，等候著許多人，大約過了兩個小時，醫生走出手術室，宣布說：「胡業文同學右胸挨了一刀，傷口很深，肋骨斷了一根，幸好沒有傷到肺部，沒有生命危險。那歹徒右膝蓋骨頭碎裂，背部撞傷，有腦震盪現象，還要繼續觀察。」

謝牧師、師母激動得全身發抖，不斷地禱告。

過了半個小時，醫護人員把業文推出手術室，直奔病房，謝牧師、師母和幾個記者一同到病房，圍繞在業文病床前，業文上身裹著厚厚的紗布，兩個手臂都插了點滴，業文的意識漸漸清醒，微微睜開眼，看見師母在他的面前，正不斷擦眼淚，業文用微弱的聲音說：「媽媽，我可以叫妳媽媽嗎？」

謝師母低下身去，貼住業文的臉，邊哭邊說：「業文，你是媽媽的乖兒子。」

全病房的人看到這個情景，個個都淚流滿面。

一個記者擠到床前，問業文說：「你是個勇敢的孩子，你看到歹徒拿刀，你不逃走，反而迎上去呢？」

業文說：「我愛這個家，誰要傷害我的家人，我都會去拚命。」

記者又說：「謝師母是我們鎮上受尊敬的人，你救了謝師母，大家都感謝你。」

業文說：「不要感謝我，要感謝上帝，是上帝差我及時趕回家，挽回我的家裡一場悲劇的發生，感謝上帝。」

聽了胡業文的故事，你有什麼感想？孩子們都希望有一個溫暖、幸福的家，家是他們的庇護所、安全堡壘，《聖經》一再強調不可以欺侮孤兒寡婦，孤兒是失去家的孩子，須要大家伸出援手，讓天下的孤兒都能擁有一個夢想中的家。

改變人生的火種

一個人出生到這世界上來，他生在什麼樣的家庭，他出生的環境如何，都不是自己能夠控制的，他成長以後的人生往往脫離不了出生時環境的束縛，但是有少數人卻不甘願受出生環境的綑綁，要努力掙脫綑綁，試圖改變那似乎注定的人生。今天要介紹一位中國近代史上的奇人王雲五先生，就是努力掙脫出生環境綑綁的人。

說王雲五是中國近代史上的奇人一點也不為過，他發明四角號碼檢字法，創作了中外圖書統一分類法，主編過上萬冊的圖書，撰寫了四十七本專書，翻譯了八部世界名著。他當過財政部長、經濟部長、考試院副院長、行政院副院長、大學教授、商務印書館總經理、董事長，他對近代中國的政治、經濟、文化、教育都有了不起的貢獻，其中最受到人們重視的是他擔任商務印書館總經理的表現。

一九三〇年王雲五被邀出任商務印書館總經理，首先王雲五提出實行科學管理計畫，要將一個傳統式的公司改造為一個有科學化管理的現代公司，又在商務印書館內成立研究所，自己兼任所長，邀請從歐美留學回國的七位年輕學者為研究員，研究員的工作是針對公司各種業務與問題從事研究、提出改進辦法，這事在當時的中國是一大創舉。

當時商務印書館總公司設在上海的寶山路，包括印刷廠、門市部、辦公處所、倉庫和附設的尚公小學，範圍很大，房舍很多，是全國知名度最高和最具有規模的出版公司。一九三二年一月二十八日晚上十一時，日本陸戰隊突然侵犯上海，爆發了「一二八事變」，第二天（二十九日）凌晨四時二十分開始，幾架日本飛機由黃埔江外航空母艦上起飛，向上海飛來，在上海閘北地區上空盤旋示威，十點多鐘，日本飛機開始投擲炸彈，其中六枚炸彈命中商務印書館，商務印書館的館舍全被炸燬，由於館舍中所藏的多為紙類，被炸以後，立刻引起大火，一時濃煙瀰漫，烈焰沖天，全館都在火海之中，最後燒成焦土。商務印書館遭此浩劫，損失慘重，而商務印書館藏有甚多宋代、明代刻印的善本書以及作者的手稿等珍貴的文化資產也全部燒光，這些文化資產是無價的，所以「一二八事變」使中華文化蒙受無法彌補的損失。

「一二八事變」讓商務印書館瀕臨破產倒閉的危機，王雲五鐵肩擔重任，負起重振商務印書館的重責大任，歷經無數阻撓，克服無數障礙，四十五歲的王雲五鬚髮全都變白。經過半年多的奮鬥，商務印書館宣布於八月一日復業。王雲五說他力排萬難使商務印書館復業，目的是在「為我們中國人爭一點點的氣」，宣布除教科書外，每日出版新書一種，商務印書館業務每天都在增長，至一九三六年，也就是「七七盧溝橋事變」抗日戰爭爆發的前一年，全中國當年新出版品總共九、四三八冊，而商務印書館一家的新出版品就有四、九三八冊，占全國總數的百分之五二，當時百分之九十以上的中小學校都是採用商務印書館編印的教科書，這些現象都可以看出當時商務印書館是全國最大的出版公司，能夠有如此可觀的成績，都是王雲五一人領導、計畫、執行的結果。

王雲五，原名王日祥，生於一八八八年，也就是清光緒十四年，祖籍廣東省中山縣（原稱香山縣）。但出生地是上海，這是因為王雲五的父親在上海工作，所以全家遷居上海。父親叫王光斌，在上海一家公司擔任倉庫管理的工作，屬於中級職員，工資並不多，一家七口，靠父親一人的工資過活，須要克勤克儉，才能維持生計。

王雲五幼年體弱多病，每天都要吃中藥，曾有算命先生為雲五算命，說雲五不能活過十四歲，這讓雲五的父母頗為憂慮。

由於體弱多病，雲五直到七歲才由他的大哥王日華教他認字讀書，先讀三字經，再讀千字文，接著讀孟子，雲五聰慧過人，記憶力特強，幾個月功夫，就認識一千多字，而且身體健康情形大有進步，擺脫了藥罐子的生活。

九歲的時候，雲五被送到附近蕭老師的私塾，蕭老師只教學生死背書，並不講解，讓雲五深感不滿，覺得他的大哥教得更好，因為大哥會講解文章的意義。但是，不幸的事發生了。一八九七年，清光緒二十三年，雲五十歲那一年，大哥王日華生病去世了，這事大大地影響了雲五未來的命運。大哥日華聰明又努力，書唸得很好，比雲五大九歲，大哥在十八歲的時候就考中香山縣學生員，俗稱秀才，家族鄉親都為之興奮不已，如此年輕就考中秀才，將來一定走上做官的路，前程似錦。

然而，大哥日華在考中秀才後幾個月，忽然得了腳腫的毛病，當時大哥在香山老家，而父親和雲五都在上海，香山只有中醫，請中醫醫治，卻無效果，大約過了一個月，大哥日華就在香山病逝了。

大哥日華的去世，讓雲五哀傷不已，因為不僅失去一位從小照顧他的哥哥，也失去了一位好老師。

到了十四歲，雲五的父親有一天突然把雲五叫到面前，很嚴肅地對雲五說：「日祥，你不要再去私塾了，我有一個同鄉在上海開五金店，你去他的店裡當學徒。」

雲五一聽，腦子像被雷擊了一下，當場呆住了，過了一會兒，雲五才張口說：「可是，我很歡喜讀書，為什麼不讓我繼續讀下去？」

父親望了望雲五，又回頭看了桌上放著的一張大哥的照片，然後回答說：「你大哥剛考中秀才就死了，我問一個有名的風水先生，風水先生說我們家的風水不適宜做官，你大哥考中秀才，是準備走上仕宦之路，違反了我們家的風水，所以這麼年輕就走了。」

雲五激動地打斷了父親的話：「我才不信什麼風水先生的話，何況……」

父親搖搖手，阻止了雲五的話，繼續說：「你是小孩子，懂什麼，風水注定了人的命運，沒有人能違背自己的命，命裡注定是什麼就是什麼，想要違抗命，吃虧的是他自己。你大哥身體素來健康，為什麼考中秀才以後就生了病，而且那麼快就走了，看來我們王家是沒有功名的命，沒有福分產生一個科第人物。日祥，你從小身體就不好，近兩年才脫離藥罐子，我不希望你走大哥的路子。同時，你看我從家鄉到上海來，學習商業，雖然沒有大成就，可是還能養活一家七口。你的二哥日輝，他大你五歲，早就學做生意了，你今年剛滿十四歲，進到十五歲，已經認識很多字，該是學習做生意的時候了，我當年就是十四歲開始學生意，你二哥是十五歲開始學生意，所以，你現在該是開始的時候了。你明天就不要去私塾了，我帶你去那家五金店。」

雲五默然不語，心裡是萬般不情願，然而看到父親已經做了決定，無法抗命，只能接受。

到五金店做學徒並不困難，主要的工作是招呼客人和結算貨品的價錢。雲五早就學會珠算和心算，所以算盤打得很快又正確，很受老闆的讚賞。但雲五愛看書，身邊總是帶一本書，當沒有客人上門的時候，雲五就在店中找一個小板凳，坐在角落裡看書，以致客人上門都沒有發覺，這事常引來老闆的不滿，幸虧雲五的珠算很好，所以老闆也就容忍了。

做學徒的工資不高，但雲五不肯浪費一分錢，而是拿去一間夜校學習英文。十六歲時，到上海一家美國教會辦的英文專修學校守真書館讀英文。雲五有強烈的求知慾，覺得讀書的機會難得，絕不浪費一分一秒，所以他的英文程度一日千里。十七歲進上海同文館讀書，上海同文館是英國人所創設，除英文外，還有歷史、地理、科學、經濟學等課程，其目的是幫助學生投考英國牛津、劍橋大學，只經過一年多，雲五就跳升到該校的最高班級——第一級。該校校長見雲五勤奮努力，便請雲五兼任助教，每月可領津貼，還可以自由使用校長的私人藏書，這使有讀書狂的雲五大喜過望，每天都泡在書中，也養成雲五快讀的習慣。

守真書館和上海同文館都不是正規學校，類似今天的補習學校，所以雲五實際上沒有上過學校，後來在他的身分證教育程度欄，他寫的是「識字」，因為他連小學也沒上過。但他卻努力不懈地自修，讀過中國的古典著作和英文的名著，甚至還把大英百科全書，一字一字讀一遍。所以雲五的中英文俱佳，知識更是豐富。

一九〇五年十月，雲五十八歲，雲五離開了上海同文館，結束了他不到三年不是學校的學習生活，受邀到上海一家英文專修學校益智書室擔任教師，開始了雲五的教學生涯，後來雲五教過中國新公學，學生中如胡適、朱經農等，都是中國教育界著名人物。以後，雲五又在好幾所大學任教。

一九五九年臺灣宣布各大學可招博士研究生，臺灣大學中文研究所和政治大學政治研究所首先成立博士班。當時雲五正在政治大學政治研究所兼任教授，到一九六五年，政大政治研究所共有博士研究生十三人，雲五一人便擔任九位博士研究生的論文指導教授，於是雲五博得了「博士之父」的尊稱。

如果雲五在幼年時遵照父親的安排，雲五一輩子將只是一個小商人，但他後來卻成為對國家社會有多方面貢獻的人，是什麼讓雲五改變了他的人生命運？那是希望，他希望不斷求知、不斷工作，希望的火種讓他不甘心困在小商店裡，他希望走進更廣闊的世界，創造一個新的人生。

從一百分到零分

一個經常考一百分的孩子有一天忽然考了零分，他是什麼感覺？這裡要講一個臺灣醫生的故事。

許超彥住在臺灣台中，父親是中醫師，對許超彥的管教十分嚴格，要求極高，從幼稚園開始，只要許超彥一個表現失常或犯錯，就會受到父親一陣毒打，為了避免打罵，許超彥逼自己用功，逐漸養成凡事都要拿一百分的完美傾向。從小學到大學，許超彥每學期都是第一名，表現得極為優秀。

大學時，許超彥唸的是臺灣人人羨慕的臺灣大學醫學系，以優異的成績畢業，順利地進入臺大醫院執業行醫，他是精神科醫生。

求學期間，許超彥全心投入，壓力很大，每天戰戰兢兢，總是處在緊張狀態，雖然換得了第一名的榮耀，但內心並不快樂，直到有一天他遇到了黃述忱，一個漂亮、能幹、有氣質又溫柔的女孩，許超彥才嘗到快樂、甜蜜的滋味。許超彥使出了唸書的本領，全力追求，終於如願以償，黃述忱成了他的妻子。

許超彥的人生真是太美滿了，他是大醫院的醫生，又有甜蜜的愛情，他的生活似乎一直都在一百分的世界裡，所有認識他的朋友無不表示羨慕。

然而，這世界有永遠讓人沉浸在一百分美滿境界的事嗎？撒旦的手往往會在一剎那之間摘去那盛開的花朵。

二〇〇九年一月一日是撒旦伸手打擊許超彥的日子，當時許超彥和妻子正在北京，他們到八達嶺滑雪場，看到一片銀白的世界，心裡好高興，因為臺灣是看不到如此壯觀的雪景的。他們在出發前，仔細看過滑雪課程的影片，到了滑雪場也請了教練，先在初級、中級雪道上練習了幾個小時，直到雪場關閉前最後半小時，許超彥決定挑戰頂層坡道。

許超彥在起滑點盤算著滑雪路線和如何控制速度，然後就開始，一切都在控制中，順利地通過幾個關口，滑到最陡的一段，這是山腰，腳下的速度快得他煞不住車，整個人向前撲倒，身子像飛彈般向右滑出雪道，在空中翻了一圈，重重地撞到一根大石柱。

一切靜止了，許超彥躺在雪地上，卻爬不起來，奇怪，也不疼痛，可是下半身卻失去感覺，似乎兩隻腳不屬於他的肢體。

在遠處一直在用相機拍攝丈夫滑雪英姿的黃迺忱，發現許超彥躺下不動了，她知道一定出了事，立刻大聲呼救。好不容易盼到救護車，由於雪地行走困難，加上司機道路不熟，救護車到達醫院已經深夜十點半了。

經過一道道的檢查，醫生對黃迺忱說：「妳先生脊椎嚴重斷裂，恐怕這一輩子不能再站起來了。」

醫生的話像一聲響雷擊中黃述忱，讓她幾乎昏倒，她不敢相信這是真實的事，她哭著、喊著：「這是假的吧！我在做惡夢，誰來打我一拳，讓我醒來吧！」

命運像一把鋒利的剪刀，無情地剪掉這對人人稱羨的金童玉女的美麗遠景，這一年她才三十歲，她的丈夫三十三歲，未來漫長的人生歲月要怎麼走下去？黃述忱嚎啕大哭，彷彿把一輩子的力氣都哭盡了。

黃述忱拿起電話向親友求救，北京的醫院立刻為許超彥開刀，他的第四節脊椎椎體斷裂，上下幾節脊椎也受損傷，醫生為他打下八根鈦合金材質的鋼釘，讓脊椎歸位。

從昏迷中醒來，許超彥得知自己的情況，他沒有怨天尤人，他第一個想到的是對上帝的盼望，他是虔誠的基督徒，常讀聖經，一幅耶穌醫治癱子起來走路的畫面立刻出現在他的腦海裡，他相信上帝，上帝救了他，如果他在滑雪場陡坡摔倒時，沒有在空中翻了一圈，他可能頭部直接撞到石柱上，那就必然當場死亡，那空中的一翻是上帝的手在幫助他，雖然脊椎受傷，命卻保住了。

醫療專機把許超彥送回臺灣，經過無數次的檢查，確定他的脊椎第四節嚴重斷裂錯位，造成胸腔以下完全喪失知覺，成了終身癱瘓的人，既不能翻身，更不能站立行走，甚至連大小便都不能自主，身體的下半身就像「果凍」一樣。

躺在病床上的許超彥發現，人竟是如此脆弱，過去成功的桂冠和勳章，對現在的他，發生不了助力，唯一可以抓住的繩索就是對上帝的盼望。

回臺以後，許超彥展開復健，復健之路是漫長而痛苦的，他說：「胸部以下完全沒有知覺，好像是空的。」

許多傷友開始接受復健時，總是抱著希望，有一天自己能痊癒，當他們聽醫生宣布醫學上已不可能治好他們時，他們就會放棄自己。許超彥則不然，他自己從醫學院畢業，他瞭解醫學是有極限的，但他心裡還有一位上帝，他對上帝的盼望超過醫學，這個希望，讓他的身體雖然動彈不得，但他的心靈卻得到更大的自由。表現出來的是，他在病床上常露出微笑。

照顧癱瘓病人是十分辛苦的工作，黃逑忱從小就在安逸的環境裡長大，父母都是臺灣大學的教授，她得到很好的教養和呵護，也畢業於臺灣大學，從來沒吃過苦，從來沒有處理過困難的事。結婚以後，她和丈夫感情極好，一直覺得浸泡在愛情的浴缸裡。現在，丈夫癱瘓了，她盡心盡力地學著那些想都不曾想過的事，譬如為丈夫擦澡、換尿布、處理大便、換床單被單、經常替丈夫翻身等等，這些事情又髒又臭，須要技巧，也要力氣，有時會讓她累得想哭，但是濃濃的愛情讓她收起了眼淚，盡心盡力地服侍丈夫。

由於許超彥大小便都不能控制，所以幾乎隨時都泡在屎尿之中，黃逑忱每天最大的工作是換床單、換尿布、換褲子、換衣服，每三、四個小時就得換一次，黃逑忱說：「他好像一棵植物，我就像水，如果我離開他，他可能就會死了。」

許超彥在醫院裡住了一百二十天後回家，黃逑忱照顧他，陪他去做復健，勞累得幾乎承受不住，精神壓力又大，她覺得要崩潰了，幸好醫院的同事和親戚朋友不斷給予她鼓勵，甚至有人還自動送錢給她，讓她去還掉北京的醫院的醫藥費，像泉湧而來的愛心，讓黃沭忱深受感動，激發起她對生命的美好希望，她對朋友說：「得到這麼多關心，我怎麼能把自己關在悲傷的籠子裡呢！」

躺在床上的許超彥不但全身疼痛（其實是上半身，因為下半身已經沒有知覺了），在心理上也遭受痛苦的打擊。他從小被訓練為強者，歡喜給予，現在癱瘓在床，成了弱者，處處須要別人幫助，這個轉變很難讓他接受，然而，事實就是事實，他必須面對。這讓他領悟到一個人只有願意承認自身的軟弱，才能靠近自己，才會去尋求上帝的扶持。

許超彥的上半身可以活動，他便努力訓練自己的手指、手臂，讓兩隻手更強壯有力。然後他靠著意志力，忍住疼痛，天天辛勤復健，漸漸地他可以自己穿襪子、褲子，可以從床上移到輪椅，進步是一點一滴地增加，後來他可以一天做一百下仰臥起坐，甚至拿助行器等輔助工具站立起來。

經過四年的努力，許超彥往返醫院復健次數超過五百次。他勇敢面對痛苦，也勇敢地走出去。他考取了身障駕照，他用手自己轉動輪椅，來到汽車旁，打開車門，用雙手把自己移位到駕駛座，接著，從副駕駛座拿起一條白色大毛巾，蓋在自己腿上，側身把車外超過十公斤的輪椅摺疊，拉上駕駛座，再滑過毛巾上面，輪椅就到了副駕駛座，然後，關上車門，車子就開動了。這個上車動作雖然花了三分鐘之久，但他要證明自己不是無用的廢物。

受傷一年三個月以後，台北市立聯合醫院松德院區邀請許超彥回醫院兼職看診，使許超彥重新回到他的專業領域，他自己的經歷使他面對病患時，更具有貼近的同理心。一個意外的災難，卻也讓世界多了一位良醫。

二〇一二年二月，許超彥接下台北市脊髓損傷社福基金會的執行長重擔，他積極籌募基金，八月十八日召集全臺百位脊髓受傷者走出戶外。許超彥的工作是成功的，也表示他受傷後的重生。

許超彥的人生從一百分跌到零分，現在重新站起來，他所依靠的是希望，希望上帝能給他一個新的人生，他是學醫的，他明知現在的醫學不可能讓他的創傷痊癒，但他深深地相信神的大能絕對超越人類的科學，他相信神能使癱子走路，這不是神話，是事實，只是人們還不能領受其中的奧秘而已。他歡喜《聖經》中使徒保羅所說的：「忘記背後，努力面前的，向著標竿直跑。」他要忘掉一百分的光彩，他要從現在的立足點努力向前跑。

有人問許超彥這場災難對他的人生有什麼意義？他回答道：「苦難有它正面的意涵，它會增加生命的深度，你會走過低潮，可是你也看得到盼望。」

從雲端跌到深谷的許超彥勇敢地面對現實，他說：「一個人不要總看著自己失去了什麼，要看自己還擁有什麼，承認自己的軟弱，謙卑地在神面前承認自己的渺小，神就會給他力量，他才能看到人生的希望。」

的確，在平坦的大道上，你可以靠自己的力氣努力奔跑，走在崎嶇狹窄的懸崖小路上，你除了自己的謹慎和勇氣之外，你還要求神扶你一把。

尼特族的徬徨

二〇一三年五月臺灣的聯合報一連幾天都在談論尼特族的問題，尼特族一詞起於英國，是指十六到二十九歲的年輕人中不上學、不工作的一群人，後來日本也注意到尼特族的危機，把尼特族稱為「繭居族」，意思是像蠶一樣把自己關在自己製造的蠶繭裡。

尼特族正值青春有力的年齡，卻不上學又不工作，實在是人力資源的浪費，近年來各國都在想辦法減少自己國內的尼特族，但成效並不理想，根據二〇一〇年的統計，尼特族占同年齡層的比率，英國是十五・九％，美國是十六・一％，西班牙是二十三・七％，義大利是二十三％，法國是十六・七％，德國是十二％，日本是九・九％，臺灣是十二％，到二〇一二年底，臺灣的尼特族仍占十％，人數是四十七萬三千人，換句話說，臺灣年輕人中每十個人就有一個尼特族。

聯合報的報導中舉了很多尼特族的實例，他們的故事有的是休學在家，不肯上學，有的是學校畢業後不肯找工作，不肯就業。他們絕大多數是躲在家裡，很少外出，沉迷在電腦網路之中，有時會在網上結交朋友，但因為缺乏社會經驗，常會在網上結交到壞朋友，被網上的朋友帶著去犯罪而不自知，竟遭法院判罪。所以尼特族不僅僅是不上學、不工作的沒用的人，而且還會為社會製造一些問題。

形成尼特族的原因各人不同，分析起來主要有下列幾類原因：

（一）從小受到同學、朋友或其他人欺侮，被欺侮後無處申訴，或者申訴後反被父母、老師或長輩責罵，這種受欺侮的創傷一直留在他的心裡，使他對別人都存有疑懼的心理，他會覺得「外面的世界好可怕」，最安全的生活方式是「關在自己的房間裡」，於是他選擇像蝸牛一樣，藏在殼裡，和外界隔絕。

（二）沉迷在電腦網路之中，近年來，全世界都瘋狂迷戀網路，連小學生（甚至幼稚園生）都要學電腦，學電腦並不是難事。小孩子一學電腦就會迷上電腦，主要的原因是電腦上的網路遊戲太好玩了，大家都迷網路，把時間都耗在網上，讀書的時間就少了，而且對讀書、工作都不感興趣，他覺得網路世界好快樂，沒有壓力，沒有約束，久而久之，上網就上了癮，在電腦桌前一坐就是幾個小時，對周圍的人和事全無感覺，這時如果要他去上學或工作，他會置之不理，甚至大發脾氣，於是，他成為尼特族了。

（三）退縮的性格，有些人的性格傾向於退縮型，他膽小怕事，見人害羞，缺少分辨能力，拙於與人應對，人際關係差，遇事反應不夠靈敏，害怕別人會欺侮他或責罵他，缺乏承擔責任的心理，這種人會很怕進入社會，甚至會拒絕去學校，他認為最安全、最安心的地方是自己的房間裡，在「一人世界」中他感到自由自在，於是他拒絕外出上學或工作，成了標準繭居的尼特族。

（四）有些尼特族是父母造成的。父母疼愛子女是天經地義的事，但有些父母對子女的疼愛過了分，讓兒女的懶惰性充分發揮出來，兒女不喜愛上學，父母就讓他們在家不上學，兒女不喜歡工作，父母就容許他們不要去工作，由於疼愛，一切都順著兒女，父母願意供應兒女生活費用。在生活無虞，父母疼愛之下，兒女就自自然然地留在父母的身邊，不必上學，不必工作，過著衣食娛樂都很滿足的生活，這種不必自己努力，全然依賴父母的年輕人，人們稱他們為「啃老族」，當然也就是尼特族了。

以上是成為尼特族的四個主要原因，當然還有其他原因，在這裡無法一一說明。

尼特族的年輕人會有不同的行為表現，有的人把自己關在房間裡，除了吃飯，都是足不出房，連父母兄弟姐妹都不想見；有的人整天泡在網咖裡，餓了吃點麵包，睏了就在網咖的沙發椅上睡一覺，他的天地就是網咖；有的人從早到晚在街上或廟門口逛來逛去，無所事事，像遊魂一樣。總之，不論他們的行為表現如何，他們都顯露出懶惰、散漫、無力、消極、逃避的姿態，總之，尼特族的年輕人有一個共同的特徵，他們不是智能障礙，他們是對人生沒有希望，對他們現實存在的社會一片茫然。

十六到二十九歲的年輕人正是推動社會向前行的新動力，是經濟生產力的生力軍，然而尼特族的年輕人卻放棄了求學和工作的機會，成為只享用資源卻不從事生產的「寄生蟲」。在中國古代的大家族中，尤其是富有的大家族中，不上學、不工作的年輕人很多，那些受祖母、母親疼愛的年輕人整天在家裡打混，什麼也不做，卻是有僕人侍奉，茶來伸手，飯來張口，像賈寶玉之流的年輕人，便是典型的尼特族。

尼特族不但是社會的負擔，對他自己也是不利的，他對人生沒有希望，辜負了上帝賜給他生命的美意，浪費了在世界上劃出一道彩虹的機會，真是可惜。所以，把尼特族拉出自己的小窩，走向社會，實在是很重要的事。

要拯救尼特族，重要的關鍵在他的父母，許多尼特族是在父母包庇之下形成的，父母捨不得兒女上學太辛苦，工作太辛苦，便允許兒女躺家裡，過舒服的生活。報上刊登一個新聞，可以看出來尼特族的父母多麼包庇兒女。

有一位張太太看到自己的兒子大學畢業後就待在家裡，不肯出去找工作，兒子的理由是：「薪水太少，工作太苦。」在家蝸居一年，張太太想替兒子去找一個工作，於是找到她的一個姓葉的朋友，葉先生在一家公司擔任高級主管，葉先生對張太太說：「我帶妳去見我們公司的董事長，他是個好人，心腸很軟，只要他答應就可以了。」

於是，葉先生帶張太太來見董事長，張太太把兒子的學歷和求職的意思告訴董事長，最後，張太太用強調的語氣說：「我的兒子要求工作時間短，待遇高，在冷氣房裡工作，不到室外做體力勞動的工作。」

董事長聽完張太太的話便說：「對不起，本公司沒有適合妳兒子的工作。」

這位張太太顯然太過分照顧兒子，她把兒子當成幼兒般地保護，沒有讓兒子自己走出來，她這種心態是沒法讓兒子脫離尼特族的。

另外一個事例，有位胡先生是一家企業的大老闆，他的兒子二十四歲，大學畢業後就留在家裡，每天在房間玩電腦，睡大覺。有一天，一位市政府的社工人員來拜訪胡先生，問胡先生：「你的兒子大學畢業兩三年了，為什麼不出去找工作？是不是找不到合適的工作？」胡先生回答說：「找工作又不是難事，到我的公司隨便給他一個職位就成了。我是覺得我的兒子唸了十幾年書，好不容易大學畢業了，該好好休息休息，我看他很乖，每天關在房間裡，不像別的年輕人在外面花天酒地，惹是生非。他既然歡喜安靜地待在房間裡，就讓他享受自己歡喜的生活吧！」社工人員又問：「長久下去，他沒有工作，生活怎麼辦？」胡先生說：「生活？生活一點問題都沒有，我有能力養他，他縱使一輩子不工作，我也養得起他。」

胡先生的兒子是尼特族，他所以會變成尼特族，無疑是父親縱容之下的結果。所以，想拯救尼特族，要從父母的心理建設做起。

日本從二〇〇四年起開始重視尼特族的問題，二〇〇五年出現為尼特族而設立的「年輕人自立塾」，這是類似一種訓練營的機構，透過團體住宿的方式讓那些尼特族年輕人生活在一起，從簡單的相互問候、打掃環境、娛樂表演等開始，逐漸改善他們的人際關係，強化他們的溝通能力，讓他們體驗群體生活的樂趣，消除他們對社會的畏懼、疏遠的心理，使他們能重新回到社會，尋找他們的工作機會。這種「年輕人自立塾」成效如何，尚無具體表現。

尼特族的最基本的癥結是對人生沒有希望，這是心靈的問題，期望從職業教育和生活教育來幫助尼特族，也許能產生一些功效，但基本上要做的事是改變尼特族的思想和觀念，換句話說就是要改變他們的人生觀。

其實，改變尼特族的人生觀最好的方法就是引他們進入教會，為什麼呢？因為進入教會後就要讀《聖經》，聽牧師講《聖經》，《聖經》教導的是積極的人生觀，指出有意義的人生是要有積極、進取、勇敢、奮鬥的精神，讀《聖經》會有不斷鼓舞人心的作用，讓尼特族原有的消極、退縮、畏懼、懶惰的心理逐漸消失，他們會重新去尋覓人生的方向。

信仰耶穌基督後往往會有奇異的感覺，就是有時會被聖靈感動，到過教堂的人都知道，在做集體崇拜的時候，無論是主日崇拜或禱告會或特會的時候，在唱讚美詩歌時，很多人會情不自禁淚流滿面，甚至哭泣起來，也許你自己就有這種經驗，這是受到聖靈感動的表現。所以教會是聖靈最常降臨的地方，在聖靈引領下，尼特族的年輕人會走上基督的道路，他會變成有愛心、樂於助人、樂於工作的人。尼特族的年輕人最大的徬徨是沒有希望，信奉上帝，上帝會把希望賜給他們，讓他們走出徬徨，成為有信心的人。

偏離目標

人生要有希望，有希望的人生是光明的，沒有希望的人生是黑暗的。有了希望，人活著才有意義，沒有希望，人活著如同死了。我教學生要常懷著希望，朝著希望的目標去努力。

志森大學畢業後一直沒有找到工作，失業一年多，心裡感到很沮喪。有一天，志森到學校來找我，我問他畢業後的情形，志森搖搖頭說：「老師，我畢業後就沒找到工作。」

「哦！」我好奇地盯著他：「你沒主動去找工作嗎？」

「有啊！」志森回答說：「我上網找工作機會，也看報紙上的徵才廣告，都不成功。」

「那是你應徵沒成功囉！」我說。

「不是他們不要我，是我不想去那些公司。」

我緊接著問：「你為什麼不去？」

志森望著我說：「老師不是教導我們說，人生要有希望，塑造一個理想，朝這理想的目標前進。」

我說：「沒錯，人生是該有希望，為希望而努力。」

志森喝了一口茶說：「我畢業後就有一個希望，希望找到一個工作，這工作要待遇高，有權力，壓力不要太大，工作地點要在本地市區內。我應徵的幾個公司給我的待遇都達不到我的希望，所以我都不想做，就這樣，我一年多都沒找到工作。」

我搖搖頭說：「志森，你弄錯了，你不知道什麼是希望，希望是一個追求的理想目標，這目標可大可小，譬如你希望能做政治領袖，做大企業家，或者做一名銀行經理，做一個工程師，希望得到職位以後，大展抱負。你現在所想的是有高待遇、有權力、沒有大壓力、工作要在市區內，這些都不能算是希望，只能說是達成希望後的顯現景象而已，如果你能為自己創造出一個合適的職位，你所說的希望就能實現，譬如你自己設立一個公司，你自己當董事長，聘請專業的總經理和員工，那麼你就可以達到待遇高、權力大、壓力小、工作在市區內的情境了。」

志森睜大眼睛看著我：「老師，你的意思是說我心裡的希望是錯了。」

我嚴肅地說：「你是偏離了目標。你應該把希望的目標定在工作上，當工作有了好的成績以後，你所想要的高待遇、有權力等等就會隨之而來。待遇、權力等等都是工作的附屬品，希望的目標要放在工作上。所以你現在要把目標放到找有理想、有發展潛力的工作上，找到合適的工作，全心投入，不要以待遇、權力等為重心。」

的確，志森所犯的錯誤正是一般年輕人的毛病，他們表面上看是滿懷希望，事實上他們的希望是偏離了目標，志森所想要的待遇、權力等是努力工作後的果實，沒有努力工作，就沒有豐盛的果實。不經過努力工作就得到豐盛的果實，那是夢想，不是希望。真正的希望是選定目標，努力前進，當到達目標時，就是希望實現的時候，果實的出現乃是達成希望後的報酬。

一個花農每天在自己的花圃中照料各式各樣的花卉，注意澆水、施肥、除蟲，他的希望是花圃裡百花齊放，爭奇鬥艷，這是他希望的目標。鮮花有人買，讓他賺了錢，那是他努力成果的報償。如果他忽略了希望的目標——花圃中的百花齊放，而只是想到賺錢，而不想如何澆水、施肥、除蟲，其結果必然是花圃凋零，滿園枯枝，這就是偏離目標的希望。

浩偉剛從學校畢業，向父親要了一筆錢，想開一間中餐店，他招募廚師，由於他捨不得付出高薪，許多有經驗的廚師聽到他給的待遇太低，都搖頭不幹。有一個年輕小伙子，原本沒當過廚師，只在幾家餐廳裡做過打雜跑腿的工作，不過他常常看廚師們炒菜、煮麵，覺得炒菜、煮麵不是什麼困難的事，他很想也來當廚師，於是也來應徵，不計較待遇高低。浩偉發現這小伙子肯接受低工資，大喜過望，也不問這小伙子有沒有廚師的經驗，就錄用了小伙子。接著，浩偉開始找人裝修店面，請設計師把店面布置得十分華麗，連餐桌椅都選用上等材質。新店開張以後，果然吸引了不少人的眼光，店裡也高朋滿座，浩偉心裡高興極了，坐在櫃檯裡笑嘻嘻地看著客人。

忽然，有一個客人大聲嚷嚷，叫住了服務小姐：「妳這兩盤菜是怎樣搞的？鹹得要命，怎麼吃啊？」

服務小姐趕緊道歉：「對不起，對不起，我請師傅重新炒兩盤來。」說完就把菜端走了。

不料，小姐剛拿起兩盤菜，隔壁桌子的客人叫起來：「小姐，你過來，我點的是開洋白菜，你怎麼給我一盤炒芥藍，而且沒有放鹽，淡而無味。」

服務小姐立刻彎腰道歉：「我想是師傅弄錯了，我去告訴他，再做一盤開洋白菜。」

浩偉也走到兩桌的客人前，陪著笑臉說：「我們的店新開張，廚師還不能適應，請多多包涵。」

浩偉正說著，另外一桌的客人又叫起來：「我的大滷麵為什麼還沒來？我等了四十分鐘了。」

浩偉趕快到那客人面前：「對不起，我去廚房催一下，不知道是不是師傅忘記了，請等一下。」

結帳時，客人紛紛對浩偉搖頭，有的客人說：「你們的菜一點味道都沒有。」有的客人說：「你們的韭黃牛肉絲完全咬不動。」有的客人說：「我點三個菜，來了兩個，另外一個菜等我們飯都吃完了才來，怎麼這樣上菜的？」

浩偉只得不斷地道歉。

打烊以後，浩偉找了廚師來談，廚師表示剛開張，一切還沒順手，往後一定改進。

第二天，情形似乎依舊，不斷出狀況，浩偉和服務小姐不斷道歉。

一個星期過去了，餐廳的客人顯著減少了，有時一天只有五、六桌客人。

浩偉的父親來到浩偉的餐廳，問浩偉經營的情形，浩偉苦著臉說：「生意好差，奇怪，我把店布置得這麼漂亮，為什麼客人都不來呢？」

浩偉父親向服務小姐問清楚了這幾天店裡的情形，便對浩偉說：「你花了很多錢來裝潢店面，但卻沒有雇用一個好廚師，你開的是餐廳，客人來主要是吃飯，欣賞店裡的裝潢那只是附帶的事，廚師沒把菜做好，客人為什麼要來？浩偉，你是把目標弄錯了，你的目標是要為客人提供美好的菜肴，客人進到餐廳是想滿足口腹之慾，不是尋求眼目的享受。所以，你該僱好廚師，把菜做好，這才能達到你生意興隆的希望。」

的確，浩偉希望自己的餐廳生意興隆，他用華麗的店面布置來吸引顧客，卻不肯雇用好廚師，這是浩偉偏離了目標，他的餐廳怎麼能維持下去。

阿財是一家貿易公司的董事長，有一天，他看到電視裡播放了一段高爾夫球賽的紀錄片，忽然對打高爾夫球發生興趣，於是在郊外找到一個高爾夫球場。他跑進去，參觀了球場的各種設施，他對接待人員批評這球場的缺點，阿財說：「你們的休息區太簡陋了，躺椅硬梆梆的，又沒人招呼茶水，還要自己泡咖啡，浴室的毛巾也不夠大，淋浴後擦不乾淨，拖鞋也不好，應該改用穿過就丟掉的拖鞋，免得傳染細菌。」

正當阿財對著接待人員高聲批評的時候，有一隻手拍了阿財的肩膀：「阿財，你怎麼來這裡？」

阿財回頭一看，驚喜地叫起來：「力勇，是你啊！我前幾天看電視，看高爾夫球賽，發現你也是參賽選手，好棒啊！就引起我學高爾夫球的興趣。」

原來阿財和力勇是小學同學，已經多年不見了。力勇說：「阿財，你想學打高爾夫球，這裡可以學。」

阿財搖搖頭說：「這球場休息室設備太簡陋了，我看沒什麼好。」

力勇說：「你的希望是學打球，要想學好，最重要的是有沒有好教練，如果有好教練，你很快就學會打球的技巧，如果沒有好教練，你的進步就會很慢。你又不是來這裡度假，你何必管休息室好不好。所以，休息室的設備不是你的目標，教練才是你達成希望的目標。」

阿財握住力勇的手說：「力勇，謝謝你指點我，我來學打球應該以找教練為主，但我平時過慣了舒適的生活，所以到了這裡就立刻想到是不是舒適，忘記了我來主要的希望是學打球，你說的不錯，我是偏離了目標。」

當一個人懷抱著一份希望，他就應該認清這希望的目標是什麼，他的努力要對準目標，不要把目光移到目標附近的景物，以免偏離目標，偏離目標的結果將會使希望落空。

卷下

品味成功

生命與生活

一、生命不等於生活

張虹是億萬富翁，他擁有五家公司和不少房地產，剛過六十歲就罹患了肝癌，在醫院裡做體檢時發現，醫生就宣布已到了末期，住進了安寧病房。過了幾個月，張虹身體越來越衰弱，醫生預測他只能支持一兩個星期，張虹堅持要回家，因為中國人說：「壽終正寢」，他死也要死在自己家裡。張虹回家以後，更加虛弱，常會昏迷幾個小時，他的妻子已先死了，三個兒子都成年了，在他的公司裡分任要職，三個兒子各自獨立成家，並沒有和張虹住在一起，他們偶而來探望一下，張虹身邊只有一個女傭人阿秀。

有一天下午，張虹從昏迷中醒來，睜眼看到忠心的阿秀正站在床邊，拿著手帕不斷地擦眼淚，張虹心裡出現一股感激的電流，他和阿秀無親無故，只是這幾個月自己生了病，才僱阿秀來做看護，阿秀為什麼要對一個病人有感情？這時，阿秀發現張虹醒過了來，立刻俯下身子，雙手輕按著張虹的肩膀，帶著興奮的口氣說：「張伯伯，你醒過來了，真是感謝上帝的恩典。」

張虹用微弱的聲音說：「阿秀，不要哭，我是快要走的人了，妳何必為我難過！」

阿秀說：「我雖然只侍候你幾個月，但你從來不發我的脾氣，不責備我，張伯伯你是個好人，我捨不得你。」

張虹的淚水不自覺地從眼角流出來，用軟弱的聲音說：「我的兒子呢？」

阿秀拿面紙擦拭張虹的眼角淚水，輕聲回答說：「醫生走了，你的三個公子也走了，我聽他們說要去找律師和會計師商量分配你的遺產。」

張虹閉上眼，輕輕地嘆口氣：「唉！遺產比爸爸的命重要，我賺這麼多錢有什麼意思？我這一生有什麼意義？」張虹說完又昏迷過去，他再也沒有醒來了。

張虹臨死之前終於想到：「我這一生有什麼意義?!」張虹生前錦衣玉食，滿手財富，但是人生的意義就是錦衣玉食、滿手財富嗎？

在一所高中裡，老師問全班學生一個問題：「人在這個世界上活著不過數十年，你想怎麼樣活著？」

一個學生回答：「我們家很窮，我要努力工作，多多賺錢，讓我們家的日子過得更好。」

另一個學生回答說：「我家隔壁的李伯伯當了議員，好威風，好神氣，我將來也要做一個出人頭地的人物。」

另一個學生說：「我歡喜旅行，我將來要走遍全世界，遊覽全世界的美景。」

老師聽了學生們的回答，便揮揮手說：「你們所講的是你們想過什麼樣的生活，你們卻不知道怎麼樣使你們幾十年的生命活得更有意義，你們要瞭解生活不等於生命。」

二、生活在追求富足

的確，生命不等於生活，一般人談到人生，其實是在講生活，生活的目標在追求富足，滿足慾望。中國人普遍最渴望的生活是福、祿、壽、喜、財全都擁有，所謂「妻財子祿，福壽延年」，乃是中國人最大的人生滿足，其實這些都是生活的滿足。

生活的目標是在追求富足和幸福，富足和幸福大致包含六個領域：

一是身體——身體是否健康，盼望無災無病。

二是財富——財富是否豐盛，盼望金錢和家產越多越好。

三是權力——權力是否強大，盼望控制和指揮別人的力量越大越好。

四是名聲——名聲是否遠颺，盼望名聲越大，傳得越遠，知道的人越多越好。

五是家庭——家庭是否溫暖，盼望妻賢子孝，兄友弟恭，和樂融融。

六是感官——感官是否滿足，盼望眼、耳、鼻、舌、身的感覺得到舒暢，盼望食慾、肉慾都得到滿足。

以上六項：身體、財富、權力、名聲、家庭、感官常是一個人一生所追求的目標，其實這六個領域可以合成一個共同的總目標，就是生活的美滿。

追求生活美滿並不是壞事，只要手段正當，合理合法，不損人害人，追求身體健康，追求更多財富，追求更多權力，追求更大名聲，追求家庭溫暖，追求感官享受，都是應該肯定的，這些「追求」實在是人類社會文化進步的大動力。一個人從小受教育不就是被教導要追求生活的美滿嗎？所以追求生活美滿並不是壞事，如果人人都做苦行僧，人人都做深山裡的隱士，那麼這個社會就永遠停留在原始階段了。

然而，生活就是整個人生嗎？其實，一個人的人生除了生活之外，還有生命。

三、生命著重在意義

最近在臺灣有一本暢銷書，王陽明先生寫的《窮得只剩下錢》，這本書在〈序〉裡講了一個故事：一個旅美的女企業家，事業相當成功，住在山邊風景優美的豪宅中，她有一個多年不見的高中同學要到美國開會，想和她見面，她立刻表示歡迎，並要求好友一定要在她家多住幾天。屆時這位女企業家開了一部非常高級的車子去接機，到達家門時，好友才發現這真是一棟氣派十足的豪華住宅，四周是一片翠綠寬廣的草坪，其間還有花園、網球場以及游泳池，車庫裡有兩部高級轎車，豪宅裡面有十幾間空著的房間，任由客人選擇，每個房間裡都有高價的名畫。安頓之後，這位好友問說家人呢？這女企業家臉色一沉，說：「我先生有外遇，很少回家。」

這位好友又問：「那孩子呢？」

女企業家嘆口氣道：「孩子大了，住在別的城市。你不知道，我現在是窮得只剩下錢。」

這本書的書名「窮得只剩下錢」是使這本書暢銷的重要原因，一般人都會直覺地認為窮和錢是兩個極端的名詞，越窮就越沒錢，越沒錢就越窮，何以有那麼多的錢還說窮呢？這是值得深思的問題。

一個人的人生分為兩大部分，一是生活，一是生命。一般人常把人生侷限在生活裡，認為生活就是人生，只要有錢，能滿足物質和慾望，就是人生的最高境界，在這種狹窄而錯誤的觀念引導之下，就會造成「窮就是沒錢」的錯誤想法。當然，有錢可以讓一個人脫離生活上「窮」的窘境，但在生命上，有錢並不能必然獲得充實。

一個人的人生除了盼望美滿，還要尋求「有意義」，這「有意義」就是生命深層的性質。什麼是「有意義的生命」？有意義的生命大致包含下面四個領域：

一是內心的平安——內心的平安和生活中的平安不同，生活中的平安指物質上的豐盛帶來的安全感，譬如擁有龐大的財富，一輩子不愁衣食享受。但是內心的平安不是由於物質的豐盛而得到的，這種內心的平安不是外力的影響造成的，乃是自己內心發出來的。二〇〇八年底發生世界性的金融風暴，全球經濟陷入衰退的深淵，在臺灣，有一家擁有一百多名員工的貿易公司將要宣告倒閉，員工們人心惶惶，極度不安，其中有位姓莊的會計卻與眾不同，每天到辦公室都是氣定神閒，毫無急躁不安的表情，有一天，公司總經理找了莊先生來問：「你知道公司快要倒閉了嗎？」莊先生回答說：「我是做會計的，最近這半年來，公司財務極端困難，維持不下去是我意料中的事。」總經理又問：「現在公司員工都人心惶惶，看你卻安如泰山，你已經找到新工作嗎？」莊先生回答說：「沒有找到新工作，我和內人都是基督徒，平時生活簡樸，我雖然失業，短時間內衣食還無虞，我們相信上帝會指引我們未來的道路，所以我心裡沒有什麼不安。」莊先生在外界紛擾中還有內心的平安，這是出自信仰的平安。

有意義的生命第二個領域是內心的喜樂——內心的喜樂不是由於外在環境造成的快樂，譬如一個人中了樂透彩券的大獎，得了上億的獎金，快樂得要發狂，那種快樂是很浮淺的，很快會消失、會變質的。當他放縱自己，用大把鈔票來吃喝玩樂之後，他的健康會亮起紅燈；當他一夜致富以後，黑道分子前來勒索，他的快樂立刻就會煙消雲散，換來的常是痛苦、徬徨和焦慮。內心的喜樂是出自內心的感覺，淡淡的，卻是深深的。我從二〇〇五年到二〇〇七年整整三年多，視力幾乎是零，與盲人無異，但每天晚餐後，內人涵碧總要拉著我到台北市東區熱鬧的地下街散步一個多小時，在地下街常會碰到我和涵碧的朋友，當然我看不見，我只能聽涵碧和他們講話的聲音，然後聞聲來判斷方向，向對方點頭微笑示意。有人問我：「你眼睛都看不見了，不會難過嗎？怎麼笑得出來？」我回答說：「眼睛看不見確實會痛苦，但我相信耶穌基督會醫治我，耶穌基督會帶我走出死亡的幽谷，讓我有新的生命，所以我不自覺地露出喜樂的笑容。」

有意義的生命第三個領域是對社會的貢獻——這種對社會的貢獻是指不求回報的幫助別人和社會。不要認為只有億萬富翁做慈善事業才是對社會的貢獻，其實只要看到別人有困難和需要的時候，你適時伸出援手，讓那人度過困難，你就在做對社會有貢獻的事。看到大醫院裡，有志工陪伴年老體弱的病人去診療室、去領藥，雖然都是小事，但這種不求回報的幫助就是貢獻。童子軍日行一善，童子軍行的善大概都是小善，但是誠如劉備在臨終前對他的兒子劉禪所說的：「勿以善小而不為」，不求回報的小善也是對社會的貢獻。當然如果你有能力做大慈善事業、大社會服務，那更是貢獻了。

有意義的生命第四個領域是對肉體與靈魂的認識——一個人在世間的歲月是有限的，人的肉體必定會死亡，死亡後靈魂是否還存在？靈魂歸向何處？這是許多人有興趣的問題，也是各種宗教都在探索的問題。各種宗教都認為人是有靈魂的，人的靈魂不會隨肉體的死亡而消失，於是，你會赫然發現，生活會隨肉體的死亡而停止，但生命則在另一個世界繼續存在，這就會讓你領悟到肉體是短暫的，靈魂則是長遠的，肉體貼近生活，靈魂貼近生命，那麼，一個人比較更須要重視的是肉體抑或靈魂？相信會思想的人一定很容易找到答案。

從上面所說可以知道生命的本質不在物質而在精神，《聖經．路加福音》中耶穌說：「人的生命不在乎家道豐富。」（十二章十五節）這表示「家道豐富」是物質的享受，而物質的享受會隨著肉體的死亡而消失，生命的重心是在精神。

宋朝的忠臣文天祥在他寫的一首詩裡說：「人生自古誰無死，留取丹心照汗青。」丹心就是對國家忠誠的心，汗青就是歷史紀錄，當時有人勸文天祥投降元朝，元朝皇帝答應給文天祥高官厚祿，但文天祥不願接受元朝的高官厚祿，他寧願為國家犧牲自己的性命，他的這兩句詩就是說，哪一個人的身體不會死亡，我要把我這一片忠誠的愛國心留在歷史的紀錄上，所以文天祥放棄了富足的生活，選擇了有意義的生命。

當然也有相反的例子，有人為了自己的富貴，可以出賣國家，自甘做「兒總統」，寧願把自己國家主權丟掉，做別國的殖民地，這種人只求生活，拋棄生命，可以說是「行屍走肉」了。一個肉身還活著，靈魂卻死了的「行屍走肉」，就是「活死人」，這種人是可悲的。

孟子曾說：「人之所以異於禽獸者幾希。」（《孟子・離婁下》）這話是說人和禽獸的差異是很少的，禽獸要吃喝玩樂，人也要吃喝玩樂，禽獸有慾望，人也有慾望，但人畢竟和禽獸不同，那就是禽獸的一生無所謂「有意義」，而人的一生常在尋求「有意義」。這「有意義」的一生便是人和禽獸最大的差異。「有意義」不是生活的表現，而是生命的本質。

四、生活和生命的關係

我們談了生活和生命不同，生活是表現在物質和慾望上的，生命是表現在內心精神上的；生活是顯性的，容易看出來的，生命是隱性的，容易被忽略掉的；生活的傾向是愛自己，多為自己的利益設想，生命的傾向是愛別人，多為別人的利益設想；生活的重點在爭取，生命的重點在給予。

瞭解了生活和生命不同，但不是說生活與生命是對立的，也不是說兩者是截然分開的，其實生活和生命是一個共同體，是一張紙的兩面，是不能分割的，只不過生活是在紙的正面，經常被看到，生命則在紙的背面，常被遺忘掉。

生活和生命是不可分的，但有些人只知道生活而忽略了生命，這種人拚命賺錢，生活奢侈，卻沒有真正的朋友，時常感到空虛、恐懼，他在午夜自省，常會懷疑活著有什麼意思，每天吃喝玩樂，但在吃飽喝足玩完樂夠之後，總覺得人生空空的，這是因為他只顧到生活而忽略了生命。我並不是鼓勵人不要生活只要生命，事實上當沒有生活時，生命是難以單獨存在的，所以生活是不能捨棄的，但不能為了追求生活的富足而放棄了生命的意義。

在《聖經》裡記載了一段耶穌被魔鬼引誘的故事：魔鬼帶耶穌到一座高山上，將世上的萬國和萬國的榮華指給耶穌看，魔鬼對耶穌說：「你若俯伏拜我，我就把這一切都賜給你。」耶穌說：「撒但，退去吧！因為經上記著說：『當拜主你的神，單要事奉他。』」於是魔鬼離開了耶穌。這個故事說明耶穌不貪戀萬國的榮華，也就是不貪戀生活的滿足，而寧願堅持敬拜唯一真神的耶和華，也就是忠於神的生命理想，這和文天祥不肯接受敵人給予的榮華富貴，卻選擇忠於自己國家的生命理想是一樣的。所以耶穌和文天祥都是把生命看得比生活重要；當魚與熊掌不可兼得的時候，他們寧可選生命而捨生活。

孔子說：「飯疏食，飲水，曲肱而枕之，樂亦在其中矣。不義而富且貴，於我如浮雲。」（《論語・述而篇》）孔子的意思是說，吃簡單的食物，喝點水，用自己的手彎曲起來枕住頭，就樂在其中了，如果由於不義而得到富貴的生活，我會不屑一顧，那種富貴的生活在我看來像浮雲一樣，風一吹就散了。孔子這段話顯示他對人生的看法，人生要重義而輕富貴，這義就是生命的意義，富貴就是生活的滿足，如果失去了生命的意義，只有生活的滿足，孔子是不會要這種生活的。所以孔子的思想和耶穌在高山上拒絕魔鬼的誘惑所表現出來的精神是完全一樣的。

我不反對一個人去努力追求美滿幸福的生活，但在追求美滿幸福的生活的同時，也要時時想到生命的意義，人之異於禽獸者幾希？你要活得美好，你更應該活得像人。

美國電視業鉅子鮑伯．班福德（**Bob Buford**）寫了一本書《人生下半場》（*Halftime*），鮑伯認為一個人的人生可以分為三個階段：上半場、中場、下半場，上半場追求成功，中場是個轉折站，下半場追求意義，鮑伯用自己的人生經歷來詮釋他的說法，他在上半場是一個極為成功的企業家，到了中年，他開始沉思，企業和工作上輝煌的成果對他自己有什麼意義，於是他進入人生的下半場，這下半場並不一定要放棄上半場的成果，他可以繼續追求成功，但是把重心移轉到有意義的事上。鮑伯的這本書就是在強調生活和生命的相異，追求工作的成功是生活，追求活得有意義是生命，一個人在工作上成功之後要回歸到有意義，也就是生活有保障之後，要回頭尋找人生的意義。

鮑伯的《人生下半場》是本好書，但有一個問題，什麼時候是下半場的開始？每個人活多久！誰也不知道。有人活到九十歲，有人三十歲就結束了，所謂下半場的界線在時間上是難以確定的。因此，我認為人無論在什麼年齡，既要追求成功，也要追求有意義。

生活和生命是一體的兩面，不要讓這兩面一面白一面黑，一面彩色一面灰暗，完美的人生應該是兩面同樣地光亮，同樣地鮮艷美麗。

快樂的人生

一、什麼是快樂

在臺灣，一所高中的國文老師問全班四十位同學一個問題：「你們在日常生活中快樂嗎？」全班四十位同學的回答是一致的：「不快樂。」

在臺灣，一所大學的心理學教授問全班六十位同學一個問題：「什麼是快樂？」同學們的答案五花八門，其中較多人的回答是：「吃高級牛排」、「吃一頓大餐」、「買一件漂亮的衣服」、「和女朋友看電影」、「中彩券特獎」等。

從同學們的反應可以看出兩個結果：一是他們覺得人生是不快樂的，二是他們認知的快樂傾向於物質慾望的滿足。同學們的反應和中國人對快樂的普遍看法是一致的。

中國人普遍認為一個人最滿足或最快樂的事是同時擁有福、祿、壽、喜、財。這福、祿、壽、喜、財是什麼呢？如果給他們一個簡單的註解就很容易懂了：

福是生活富裕，妻賢子孝

祿是官高爵顯，有權有勢
壽是無病無災，長命百歲
喜是多子多孫，光宗耀祖
財是有產有業，家財萬貫

這福、祿、壽、喜、財是中國人普遍追求的人生理想，如果能得到便是人生最快樂的事。然而，這五項人生最快樂的事分析起來，不過是物質、肉慾、名利的滿足而已。

中國傳統社會中最優秀分子是讀書人，也稱為士人，士人普遍認為人生最快樂的時候是：「洞房花燭夜，金榜題名時」，這兩個最快樂的時候一是肉慾的滿足，一是名利心的滿足。

在中國古代流傳著一個故事：

有一個人死了，他的鬼魂去見閻羅王，閻羅王對他說：「你在人世間活著的時候做了很多好事，我要獎賞你，你下一輩子再投胎做人，你要什麼東西？」

這人回答說：「百畝良田一溪水，一妻一妾不吵嘴，父為尚書子狀元，無病活到九十九。」

這個人回答閻羅王的話表示他追求人生的滿足是物質慾望、肉體慾望和名利慾望，也就是前面所說的福、祿、壽、喜、財的滿足。這可以反映出來中國人是一個非常現實的民族。

物質慾望、肉體慾望和名利慾望的滿足是真正的快樂嗎？有一個大貿易公司，董事長姓陳，陳董事長家財上億，又身兼三家公司的董事長，每天生活十分緊張，一點也快樂不起來，他公司裡有個三十幾歲的小職員叫朱志遠，每天上班都帶著微笑，表現得十分快樂。有一天，陳董事長把朱志遠叫到自己的辦公室，問朱志遠說：「你結婚了嗎？」

朱志遠搖搖頭說：「還沒，有個女朋友。」

陳董事長又問：「你有房子嗎？」

朱志遠又搖搖頭說：「沒有，我租房子住。」

陳董事長又問：「你爸爸是不是很有錢？」

朱志遠又搖搖頭說：「我爸爸是退伍軍人，沒錢。」

陳董事長疑惑地看著朱志遠說：「看來你什麼都沒有，卻是很快樂。我什麼都有，卻快樂不起來，志遠，你能幫我找出我快樂不起來的原因嗎？」

朱志遠沈思一下，對陳董事長說：「董事長，承蒙您看得起我，肯和我談心事，我也就斗膽向董事長問幾個問題，請董事長不要見怪。」

陳董事長點頭說：「你只管問，我不會責怪你。」

朱志遠於是問道：「您是三家公司的董事長，您的財富一定非常多，您對您的財富滿足嗎？」

陳董事長說：「錢財越多越好，怎麼會滿足？但是錢越多，做的生意越大，風險也就越高，我每天能賺幾百萬，也可能會虧幾百萬，這裡面壓力好大啊！」

朱志遠又問：「董事長，大家都知道董事長夫人又能幹又漂亮，董事長家庭生活一定很美滿吧？」

陳董事長說：「不錯，我的太太很漂亮又能幹，對我的生意幫忙很大，可是，正由於她善於交際，在商場中活躍得很，從早到晚都有應酬，以致沒顧到家庭，我的兒子現在讀高中，功課很糟，又很任性，我真擔心他將來會走什麼路子。」

朱志遠看陳董事長一臉憂愁的樣子，於是放慢聲調說：「董事長，您的財富很多，又有能幹而漂亮的妻子，又有讀高中的兒子，但您不快樂。我和您相反，我沒錢，沒妻子，更沒兒子，但我很快樂。一般人看來，您是有福氣的人，然而您的福氣，無論是財富、妻子、兒子，都是外來的，外來的東西會失去的，所以您會天天擔心、恐懼失去您的財富、妻子、兒子，您的福氣像牆上的壁紙，壁紙雖然花色漂亮，但一遇到潮濕或被水浸泡，壁紙就會從牆上脫落下來，這是您天天憂慮的原因，也是您快樂不起來的原因。我沒有財富，沒有妻子，沒有兒子，但我信仰耶穌基督，我相信耶穌基督會給我平安，會帶我走正確的人生道路，我心裡沒有憂慮，沒有恐懼，所以我很快樂。」

陳董事長邊聽朱志遠的話邊點頭，最後說：「你講得很有道理，我會仔細來想想，謝謝你！」

陳董事長太有錢，家庭太美滿，讓他每天憂心忡忡，唯恐失去已經得到的東西，這種憂心使他快樂不起來。

快樂究竟是什麼？對這個問題相信每個人都有不同的答案，但真正的快樂是發自內心的喜悅，覺得你所看到的人、事、物都是那麼可愛，都在發光。在《聖經》裡用到「快樂」兩個字不多，但經常出現「喜樂」，喜樂這個詞的意思是由內心的喜悅而表現出來的快樂，所以「喜樂」是有內心深層的意義，快樂是肉體感覺的表現，所以，「喜樂」是真正的快樂，但中國人少用喜樂，多用快樂一詞。

快樂是一種內心的輕鬆，內心沒有沉重的負擔，讀《聖經》看到使徒保羅經常被鞭打，關入監獄，保羅卻保持著喜樂，我當時覺得奇怪，活得這麼痛苦還快樂得起來嗎？但當我親身經歷了痛苦，才體會出保羅的心情。

二〇〇五年初，我的視力急速退步，到幾乎失明的地步，醫生在我的鼻子前伸出一根手指頭我都看不見，我的妻子涵碧為了怕我自己困在恐懼的圈子裡，每天都拉著我的手去散步，散步時涵碧和我有說有笑，在路上常會遇到熟人，我當然看不見，但聽涵碧和那人打招呼、講話，我也會聞聲向那人微笑、點頭，以至於對方都不知道我幾乎是個盲人。

後來，許多朋友都問我，當時我何以還能那麼自然的笑出來？我的回答是我信仰耶穌基督，我相信耶穌會讓我眼睛復明，我把內心的恐懼和憂慮都交給了耶穌，我內心是輕鬆的，於是我心裡有喜悅，我又有一個賢慧而愛我的妻子照顧我現實的生活，讓我在現實生活上沒遭遇到太大的困難，於是我表現在外表是快樂的，由於快樂，所以能笑得出來。我自己的這個經驗讓我領悟到使徒保羅何以在困苦的環境中還能常保喜樂。

以前我在做學生的時候，聽到老師對我們說：「人在遭遇逆境和困難的時候，要常保持快樂。」我覺得那是唱高調，怎麼做得到？現在我瞭解其中的奧秘，就可以找到快樂。

快樂的源泉不是物質的獲得、肉體的感受，當然物質和肉體的滿足也會讓人產生快樂的感覺，但那常是短暫的快樂，當快樂的感覺消失了，接著而來的常是不滿足、空虛、恐懼。一個小孩子吃了一份冰淇淋，快樂得不得了，第二天還想吃，卻沒有了，他就鬱鬱寡歡，好像失落了一切。一個窮人有一天忽然中了彩券特獎，成了億萬富翁，他快樂得不得了，到了晚上躺在床上，忽然恐懼起來，自己變成富人，黑道歹徒會不會來綁票，自己和妻子、兒女會不會遭到危險？弄得一個夜晚都睡不著，快樂的感覺好像失蹤了。

真正的快樂是內心輕鬆、沒有負擔的喜悅，那是存在自己心裡的，不是外力可以奪去的。

二、中國人不追求快樂

傳統的中國人是不追求快樂的，傳統中國人追求人生的目標是前面所講的福、祿、壽、喜、財，其中的「喜」不是快樂，而是家族的繁榮興盛，雖然福、祿、壽、喜、財也會給人帶來快樂，但快樂只是擁有福、祿、壽、喜、財以後的一種感覺，快樂不是人們所追求的標的，所以，一旦福祿壽喜財消失後，快樂也就煙消雲散了。

從孔子、孟子等先聖先哲的教訓裡幾乎找不到要人追求快樂的話語，孔子雖然提過「安貧樂道」，但中國人把「安貧樂道」當成一個人追求不到福祿壽喜財的目標時的自我安慰的話，從歷史上看，中國人從未肯安於貧，也很少有人知道樂什麼道。古代的隱士似乎是比較「安貧樂道」的人，但隱士人數極少極少，也不被人們尊敬，隱士對中國傳統社會發揮不了影響力，何況還有很多假隱士，想藉做隱士而沽名釣譽，希望政府徵召他們出來做官，這就是「終南捷徑」的故事，這些假隱士既不安貧，也未樂道。

為什麼古代的中國人不追求快樂呢？大致有幾個原因：

（一）古代中國人的人生理想在儒家思想指導下是：修身、齊家、治國、平天下，這「修齊治平」四大理想是十分嚴肅的、現實的、緊張的、沉重的，從這四個理想中會讓人感受到人生是一種責任，是一種重擔，是一種憂慮，很難從這裡面擠出一點快樂的果汁來。

（二）古代中國人太現實，人人心中想的都是爭名逐利，一個努力追求名利的人一定不會想到真正的快樂。

（三）古代中國是一個權威型架構的社會，政治上君主擁有絕對的權威，官吏也有相對的權威，家庭中父母對子女有極大的權威，在教育體制中老師對學生有極大的權威，所以在古代社會中權威幾乎無所不在，為了維持權威就要表現出嚴肅的態度，以示自己的權威不可侵犯，在人人戴上嚴肅的面具後，輕鬆的心情消失了，快樂也不見了。

（四）古代中國人受佛教影響太大，佛教追求的最高境界是「空」，也就是無苦亦無樂，認為所有的快樂都是空幻虛無，所以人生何必追求快樂。

三、快感與快樂

進入二十世紀以後，中國人接受了西方文明的表象，吸收了西方文化中劣質的部分，造成中國人更努力追求名和利，追求物質享受，追求肉慾的滿足，追求虛假的名聲，於是現代中國人看起來和傳統中國人不一樣了，現代中國人不再嚴肅而變成活潑，不再穩重而變成輕浮，打倒了權威的約束，而變成隨心所欲的放縱。這種社會心理的改變好像讓中國人變得輕鬆、快樂，其實不然，現代中國人是在追求快感而不是快樂。

快感和快樂不同，快感是感官上的興奮，是表層的、是浮淺的、是短暫的；快樂是心靈上的滿足，是內在的、是深刻的、是長遠的。

一個吃了迷幻藥的人會覺得精神興奮、血脈賁張，全身舒暢，在肉體的感覺上快樂得不得了，這是快感。當迷幻藥的藥效退去以後，他會全身懈怠，內臟和神經都受到傷害，短暫幾個小時的快感帶來的是終身存在的痛苦。

在臺灣，常有一群青少年深夜裡騎機車或開小轎車在馬路上飛奔，稱為飆車，飆車是危險的，但從危險中可以得到快感，不過，飆車的結局常是車毀人傷，剎那的快感換來的是無盡的悲哀。

千萬不要把快感當成快樂，快感不會增加你人生的豐富，快樂才能使你的人生發光發熱。

四、如何得到快樂

當然，每個人都想有一個快樂的人生，但要怎樣得到快樂呢？這確是不容易的事，因為快樂不是物品，不能用原料、模型、配方就製造出一個快樂來。快樂是一個人的內心狀況，快樂是摸不著、看不到的，快樂是一種自己和身邊的人都感受得到的氣氛。

沒有別人能用外在的物質來建造出你的快樂，馬戲團或舞台上的小丑表演會讓你開口大笑，但那是快感，不是快樂，真正的快樂出自你自己的內心。所以，想培養快樂就要從你自己的內心開始。

一個真正快樂的人內心裡充滿了愛。林老頭是一個水果園的主人，果園裡一年四季都有不同的水果，林老頭擔心水果被人偷採，除了僱的工人和買水果的商人外，不許任何人進入他的果園，林老頭經常手握木棍巡視果園，如臨大敵。

有一天傍晚，林老頭在果園門口發現一個小孩躺在地上，他認識那是村裡的阿桂，在唸小學五年級，林老頭跑過去蹲下來問道：「阿桂，你怎麼啦？哪裡不舒服？」

阿桂坐了起來，搖搖頭說：「林爺爺，我很好，剛才在學校裡打球，好熱啊，口渴又沒水喝，走到這裡我走不動了，只好躺下來休息一下。」

林老頭點頭說：「看你滿身大汗，嘴唇乾裂，進來吧，吃一個剛摘下來的水蜜桃。」

阿桂興奮地進了果園，吃著香甜多汁的水蜜桃，吃完了，拉著林老頭的手，仰著頭說：「好好吃啊！林爺爺，謝謝您！」

林老頭笑著摸摸阿桂的頭：「以後你可以常來。」

「真的啊！太棒了，謝謝林爺爺！」阿桂抱住林老頭，把頭埋進林老頭的懷裡，忽然像一股電流闖進林老頭的腦門，先是一個震動，接著全身都感到無比的順暢。

阿桂告別了林老頭，飛奔回家，林老頭在果園門口目送阿桂的身影，嘴角掛著濃濃的笑意。

這時果園的工人小周做完了工，準備回家，看到林老頭的模樣，就說：「老闆，我從沒見過你這樣快樂。」

林老頭點點頭說：「小周，我給阿桂一個水蜜桃，看他吃得那麼高興，我心裡忽然快樂起來，這比我賣出一箱水蜜桃讓我還要高興。」

小周說：「昨天我到教堂去，牧師說：『施比受有福』，老闆，你賣一箱水蜜桃賺的是錢，錢放在口袋裡，你送給阿桂的是愛，阿桂也付給你他的愛，你把阿桂的愛放在心裡，難怪你心裡會快樂。」

的確，愛是快樂的源泉，尤其像《聖經》〈哥林多前書〉所說「不求自己的益處」的愛更能讓人得到真正的快樂，從來沒有一個滿懷恨意的人會快樂的。所以，不要吝嗇付出你的愛，你的報酬是金錢買不到的快樂。

獲得快樂的另一個秘訣是謙卑，一個謙卑的人會隨時自我反省，隨時認錯。從沒有一個驕傲、自尊自大、自以為是的人是快樂的，相反的，謙虛、和善、退讓的人常是快樂的，因為謙虛的人心胸廣闊，快樂才能在心裡滋長。

知足是獲得快樂的法寶，中國人說：「知足常樂」，是有深刻哲理的，知足就是不貪心。一個窮苦鄉下的小孩吃到一根棒棒糖就會高興得不得了，一個富有的城市小孩拿了棒棒糖還想要冰淇淋，還想要巧克力蛋糕，他不會快樂的，一個貪得無厭的人的心裡是不能長出快樂的。

盼望是快樂的路燈，有盼望的人才會有快樂。前面講到我曾經幾乎失明，成了瞎子，但我仍感到快樂，因為我心中有盼望，我相信耶穌基督會醫治我，會指引我找到一位好醫生，我的信心堅定我的盼望，在盼望中我不自艾自怨、我不恐懼、我不消極、我不發脾氣，於是快樂就自自然然地在我身上散發出來。失去盼望的人一定和快樂絕緣，盼望愈多、愈堅定，就愈容易得到快樂。

消除負面思想是快樂的防火牆，人生常會有困難、挫折、打擊，不要老想到壞的結果，要想正面的、積極的、好的方法和結果，如果遇到事情都去想壞的一面，快樂就會被燒得精光，你要築起一片防火牆，把負面思想的火隔絕在你的心外，你只有正面的想法，你會積極、有盼望、有愛心、能謙虛自我反省，你一定能克服所有的困難和挫折，而快樂的種子仍在你心裡。

人生在世不過數十寒暑，你要憂憂愁愁地過一生？還是快快樂樂地走人生的旅程？請你靜下心來思考一下。

人生的選擇

一、選擇先於努力

一個人活在世上，隨時都會面對選擇，譬如你每天習慣早晨騎腳踏車去上班，今天變天了，外面大風大雨，你還是騎車呢？或是改乘公共巴士呢？這是小小的選擇。放假的日子，你想放鬆一下自己，去看一場電影吧，打開報紙的電影廣告，有十幾部片子在放映，你選看那一部電影呢？看完電影，想吃晚餐了，站在街頭舉目觀望，各式各樣的餐廳，你選那一家呢？你隨時隨地都在面對選擇，只是大多數的選擇不會對一個人的生活產生重大的影響，所以人們會不在意自己選擇了什麼。今天晚上選擇吃碗牛肉麵或選擇吃雞腿飯，有什麼關係？禮拜天，你選擇在家裡睡懶覺或者到公園裡去散步，都隨你的意。由於不影響生活重大改變的選擇太多了，於是，人們漸漸忽略了選擇的重要性。

國昌是一所高中的學生，高一的時候，體育老師對國昌說：「你身體強壯，肌肉有力，你可以練賽跑，你一定會成為徑賽好手。」

國昌自己對體育十分有興趣，便聽從老師的話，每天清晨上課以前和下午放學以後，都在操場跑道上跑步，老師要他不斷跑一百公尺、二百公尺的短跑。如此不斷練習將近一年，國昌參加了全校運動會，報名了一百公尺和二百公尺，結果都只得了第六名，這個成績讓國昌大大氣餒。

國昌上了高二，換了體育老師，老師對國昌說：「不錯，你適合練跑，但不是短跑，因為短跑需要爆發力，你這方面不足，但你有耐久力，適合長跑。」在新老師的指導下，國昌改練五千公尺。到了校運會，國昌報名參加五千公尺和一萬公尺賽跑，結果，拿到了兩個冠軍。

國昌跑一百和二百公尺失敗，不是由於他不努力，而是他選擇錯了項目，跑五千和一萬公尺成功，是由於選擇了他適合的項目。所以選擇項目是很重要的，選擇錯誤，縱使拚命努力也未必會成功。

在學校裡，常常看到老師教訓學生要努力讀書，但卻很少看到老師指導學生如何選擇可閱讀的書；常常看到老師鼓勵學生追求成功，卻很少看到老師教學生如何選擇走到成功的道路。其實，在鼓勵學生努力之前，先要告訴學生選擇的重要性，草率和錯誤的選擇，會讓所有的努力成為浪費和虛耗。

在人生的旅途上，在重要分岔道路口的選擇常會影響整個人生的方向，在《聖經．路得記》裡記載了路得的故事，可以說明選擇是何等重要。

在猶大伯利恆有一個名叫以利米勒的以色列人，娶妻拿俄米，生了兩個兒子，名叫瑪倫和基連。以利米勒帶著妻兒離開伯利恆，移居到摩押，摩押在死海以東，摩押人並非以色列人的十二支派，摩押人有自己崇拜的神。

以利米勒在摩押病死，瑪倫和基連分別娶了妻子，她們的名字叫俄珥巴和路得，兩個媳婦都是摩押人，他們在摩押住了約十年，瑪倫和基連都相繼去世，這家只剩下拿俄米和俄珥巴、路得婆媳三人，實際上是三個寡婦，生活越來越困苦。

有一天，拿俄米聽到一個消息，伯利恆糧食豐收，於是拿俄米興起了返鄉的念頭，她和兩個媳婦素來感情和睦，便對兩個媳婦說：「我現在要離開這裡，返回我的故鄉去，你們也各自回自己的娘家吧！願上帝恩待你們，願耶和華使你們各在新的夫家中得到平安！」

兩個媳婦聽說婆婆要她們各回自己娘家去，就上來抱住婆婆大哭，表示願意跟隨婆婆一同回伯利恆。

拿俄米摟著兩個媳婦，十分感動，但很理性地說：「我的女兒們哪，你們回自己的娘家吧。我已經年紀老邁，不能再有丈夫，即或說我還有指望結婚生子，就在今天晚上有了丈夫可以生子，你們豈能等著他們長大呢？你們又何必等著他們而不嫁人呢？女兒們哪！不要這樣，回你們的娘家去吧！」

兩個媳婦聽了婆婆的話，又放聲大哭，大媳婦俄珥巴順從了婆婆的意思，和拿俄米擁抱親嘴後告別離開了，但二媳婦路得捨不得拿俄米，不肯離去。

拿俄米對路得說：「看哪，你嫂子已經回她的娘家和她所拜的神那裡去了，你也跟嫂子一樣，回你的娘家和你所拜的神那裡去吧！」

路得搖搖頭，堅定地說：「不要催我回去不跟隨你，你往哪裡去，我也往那裡去，你在哪裡住宿，我也在那裡住宿，你的國就是我的國，你的神就是我的神，你在哪裡死，我也在那裡死，也葬在那裡，除非死能使你我相離，不然，願耶和華重重地降罰予我。」

拿俄米見路得定意要跟隨自己去，就不再勸她了。於是，二人起程，回到故鄉伯利恆。

拿俄米回到伯利恆，合城的人都驚訝，大家看到拿俄米還帶了外邦女子路得回來，發現路得是個極為賢德的女人，便大大地稱讚路得。

當拿俄米回到伯利恆時，正是收割大麥的時候，路得便要求到城外田間去拾取一些麥穗回來當糧食，拿俄米答應路得一人前去。於是路得到城外一塊麥田裡，跟在收割的人身後，拾取遺落在地上的麥穗。這塊田的主人是大財主波阿斯，波阿斯是路得的公公以利米勒的親戚，但路得不認得他。波阿斯已聽到路得十分賢慧的名聲，便命令收割的工人儘量留些麥穗在地上，讓路得拾取，並且告訴路得渴了可以去喝僕人準備好的水，餓了可以吃僕人烘烤好的餅，這讓路得既驚喜又感激。

天快黑了，路得帶了很多拾得的麥穗和一些未吃完的餅回家，把今天的奇遇告訴拿俄米，拿俄米說：「波阿斯是我們至近的親屬，願上帝耶和華賜福給他，因為他不斷恩待活人死人。」

在拿俄米的巧妙策畫下，波阿斯終於娶路得為妻。路得結婚以後仍和拿俄米住在一起，奉養拿俄米。不久，路得懷孕生了一個兒子，取名俄備得。路得把孩子俄備得交在拿俄米的手裡，拿俄米這時真是快樂極了，一個失去丈夫又失去兒子的寡婦原是沒有指望的人，現在卻有了天倫之樂，伯利恆城裡的婦人們對拿俄米說：「耶和華是應當稱頌的，因為耶和華沒有撇下你，願這孩子在以色列中得名聲，他必提起你的精神，奉養你的老，因為這孩子是愛慕你的那兒媳婦生的，有這樣的兒媳婦比有七個兒子還好。」

路得的人生下半場活得美滿幸福，更重要的是她的曾孫是大衛王，玄孫是所羅門王，路得以一個外邦女子竟成為以色列著名君王的老祖母，在歷史上留下美名，路得的成功最主要的關鍵是她在摩押時選擇跟隨拿俄米，如果她和俄珥巴一樣選擇離開拿俄米而回娘家去，那麼她一定在以色列歷史上留不下一絲痕跡。可見正確的選擇是多麼重要。

二、選擇人生的道路

每一個人活著都走在人生的道路上，人生的道路不是實體的馬路，所以不容易看清楚路旁的景物，也不容易看清楚路面是否平坦，路線是否平直，要選擇走哪一條人生的道路往往是很困難的，但是，你必須選擇。

選擇人生的道路其實就是認定你要努力的目標，沒有目標就是隨意浮沉，結果將一無所成。小學的時候上作文課，老師常歡喜出的作文題目是「我的志願」，讓學生去想，長大以後要做什麼事。到了大學，大學生自以為自己很聰明，可以隨機應變，便會認為要立什麼志願，小學老師出的作文題目真是可笑。可是當年齡漸長，人生的經驗豐富，發現立定志願還是一件很重要的事。

宏元是我的同學，中學、大學都在一起，宏元十分聰明，反應敏捷，我們同學們在一起談到畢業後未來的志願要做什麼，宏元總是笑我們太呆板，宏元說：「一個人要隨機應變，這叫順應潮流，立什麼志願，那是把自己限死了，人生就沒有發展了。」

大學畢業後，宏元到一所中學教書，當時臺灣的補習班蓬勃發展，補習班老師待遇優厚，宏元便辭去中學的教職，改到補習班教書。在補習班教了將近十年，雖然賺了些錢，但是教補習班實在太累，宏元感到體力不勝負荷。這時臺灣的出版事業興盛起來，宏元見出版業有利可圖，便離開了補習班，自己開了一家出版社。然而宏元對出版事業實在很外行，既不善於選稿、邀稿，又不懂銷售、宣傳的技巧，做了幾年，賠了不少錢，這時臺灣的股票市場正熱，連家庭主婦提著菜籃出了菜市場都要到證券公司去轉一圈，買一兩張股票，宏元是個歡喜跟著風潮跑的人，於是結束了出版社，每天到證券公司玩股票，買進賣出，玩得不亦樂乎。不料二〇〇八年一場國際金融風暴，股市慘跌，宏元所有的財產都泡了湯。年近七十，落得兩手空空，一事無成，回顧這幾十年，走過的人生道路，什麼痕跡都沒留下。原來自己的人生道路就像在大街小巷中盲目亂走，沒有目標，也沒有任何成就。

選擇人生的道路是十分重要的課題，《聖經・雅各書》一章八節說：「心懷二意的人在他一切所行的路上都沒有定見。」所謂「沒有定見」就是隨機應變，處處隨機應變的人等於放棄選擇方向，將永遠追不到目標。

三、錯誤的選擇要付代價

人生的選擇要正確，但人往往會選擇錯誤的道路，就像學校考試有選擇題，三選一，三個選項中有一個是正確的，兩個是錯誤的，如果考生選了錯誤的選項，當然就得不到分數。人生的選擇亦復如此，如果選錯了道路，就達不到成功的目標，一切努力都是白費，還要付出代價。

在隋朝末年，隋煬帝在位，政治敗壞，民不聊生，楊玄感首先在河南起兵反隋，李密做楊玄感的參謀，李密建議楊玄感領兵去奪取首都長安，當時煬帝不在長安，可以乘虛奪下，以長安地區為根據地來擴張勢力，這是很好的策略，可惜楊玄感沒有接納。幾個月後，楊玄感被隋軍打敗，這場短暫的反隋事件很快就結束了。但是楊玄感事件像一根火柴，把全國的民怨都燒了起來，造成群雄並起，全國各地紛紛出現反隋的團體，李密也領導一支軍隊在河南起來反隋。

李密很有號召能力，他的勢力越來越大，成為群雄中最強者之一，不過李密似乎忘記了他對楊玄感的建議，沒有領兵去奪取長安，卻領兵去奪取了洛陽，李密的考慮是洛陽有豐富的存糧，可以養大批軍隊。但以洛陽為根據地的做法是錯誤的選擇，因為洛陽地處平原，無險可守，而洛陽的糧食正是群雄們垂涎之物，所以群雄們紛紛進攻洛陽，使李密窮於應付群雄們來自四面八方的挑戰，這讓李密為了保衛洛陽地區而精疲力盡，沒有能力向外擴展勢力，在長期應付群雄的挑戰之後，李密終告失敗。

李密是有能力可能成功的人，只因他選擇了錯誤的戰略，最後達不到成功的目標。

第一次世界大戰後，德國民族意識高張，德國人選擇了希特勒作為領袖，希特勒帶領德國走向軍國主義，展開對外的侵略戰爭，導致第二次世界大戰，結果使德國慘敗投降，德國人錯誤的選擇，使整個國家崩潰，這個錯誤選擇的代價是十分悽慘的。

在第二次世界大戰中，帶領英國強力抵抗德國侵略的人是首相邱吉爾，當二次大戰結束，英國獲得勝利，英國人恐懼強人政治，便用選舉迫使邱吉爾下台，選舉是表達民意的方法，邱吉爾只能黯然離開政府，但是英國從此國勢便走下坡，失去了國際舞台上叱吒風雲的光彩，英國人的錯誤選擇代價是國家的命運。

以色列人是上帝耶和華的選民，耶和華理應讓以色列國家強盛，人口眾多，然而翻開《聖經》的舊約，記載的是以色列的歷史，卻發現以色列除了所羅門王在位的四十年，都不是強大的國家，縱使所羅門王統治時的領土也不過比今日的以色列國略大而已，絕對無法和巴比倫王國、亞述帝國、波斯帝國、羅馬帝國等擁有廣土眾民來相比。其實，以色列經常受到四周鄰國的侵略和迫害，甚至長期處於亡國狀態，受巴比倫、亞述、波斯、羅馬的統治。讀了以色列歷史，會讓人產生一個疑問，上帝耶和華既然揀選了以色列，為何不使以色列強盛成為比羅馬帝國還強的大國？再三細讀《聖經》舊約，發現以色列人對上帝耶和華的忠貞程度是不夠的，上帝透過摩西頒布了「十誡」，也就是要以色列遵守的十條戒律，十誡中的第一誡就是「除了我以外，你不可有別的神」。又說：「不可為自己雕刻偶像，也不可做什麼形象，彷彿上天、下地和地底下、水中的百物。不可跪拜那些像，也不可事奉他，因為我耶和華你的神是忌邪的神。」這些誡命，以色列人經常違犯，縱使摩西在西乃山聽耶和華訓示的時候，以色列人竟在山下鑄造金牛犢，在牛犢面前築壇獻祭，這使得剛剛頒布十誡的上帝耶和華大為憤怒，聲稱要「將他們滅絕」，摩西為以色列百姓求情，耶和華才「不把所說的禍降予他的百姓。」（《聖經．出埃及記》二十章三～五節、三十二章一～十四節）所羅門王是以色列歷史上最偉大的君主，他寫了《聖經》裡的〈箴言〉，在〈箴言〉裡一再強調人人都要敬畏耶和華，在《聖經．列王紀上》八章五十七到六十節中，記載所羅門王在耶和華的壇前為以色列全會眾祝福，所羅門王說：「願耶和華我們的神與我們同在，像與我們列祖同在一樣，不撇下我們，不丟棄我們，使我們的心歸向他，遵行他的道，謹守他吩咐我們列祖的誡命、律例、典章。……使地上的萬民都知道唯獨耶和華是神，並無別神。」所羅門王對耶和華是如此誠心，並為耶和華建造聖殿，耶和華對所羅門王顯現，並對所羅門王說：「你若效法你父大衛，存誠實正直的心行在我面前，遵行我一切所吩咐你的，謹守我的律例典章，我就必堅固你的國位在以色列中，直到永遠，正如我應許你父大衛說，你的子孫必不斷人坐以色列的國位。倘若你們和你們的子孫轉去不跟從我，不守我指示你們的誡命律例，去事奉敬拜別神，我就必將以色列人從我賜給他們的地上剪除，並且我為己名所分別為聖的殿也必捨棄不顧，使以色列人在萬民中作笑談，被譏誚。」（《聖經．列王紀上》九章四至七節）所以，所羅門王專一地選擇敬拜耶和華，就蒙耶和華賜福。然而，到了所羅門王晚年，所羅門王改變了，他選擇了敬拜西頓人的女神亞斯他錄、亞捫人的神米勒公、亞捫人的神摩洛、摩押人的神基抹，大大地觸怒了耶和華，所以在所羅門王死後，以色列就分裂而走向衰敗。

其實不止所羅門王，以色列人民也常常會去拜別神，他們選擇離開耶和華。在這種情形下，無怪乎耶和華不會讓以色列成為古代世界的強國。所以，以色列國勢不振，常被他國滅亡，以色列人流浪外邦，常受迫害，都是以色列人自己選擇的結果。

四、選擇要正確

人生的選擇有時會對，有時也會錯，如何選擇對的，捨棄錯的？須要注意幾點：

（一）知識：所謂知識是對你準備選擇的人、事、物的正確認識，有了正確的認識可以增加你對所要選擇的人、事、物的判斷，有助於你做正確的選擇。如果你對要選擇的人、事、物沒有正確認識，那麼你的選擇只是瞎猜，是很容易選了錯的路子。

（二）眼光：知識是對當前已有的人、事、物的認識，眼光是對未來發展的預測，預測會影響選擇的正確與否，有眼光的人選擇較易正確。秦朝末年，全國大亂，各地紛紛起來反秦，韓信是一位善於領兵作戰的人，他投靠到全國反秦團體中勢力最大的項羽麾下，在項羽營中，韓信發現項羽用人不明，賞罰不公，不是一個領袖人才，便悄悄離開，投奔到勢力並不強大的劉邦麾下，為劉邦東征西討，擴張勢力，成為漢朝開國的大功臣。韓信的選擇劉邦，是有眼光的表現。

（三）智慧：有知識和眼光之外，還要有智慧。知識是靜態的認識，眼光是敏銳的判斷，智慧則是靈活的運用。一個人往往很難靈活運用自己的選擇，最好求神幫助，《聖經・箴言》二章六節說：「因為耶和華賜人智慧。」一個人有了智慧，他更能靈活而正確地運用他的選擇。

上帝造人，除了賜給他生命，同時也賜給他自由意志。然而，人們常常濫用自由意志，作了人生的錯誤選擇，亞當和夏娃吃伊甸園中分別善惡樹的果子，實在是人類第一次錯誤的選擇，這第一次錯誤的選擇竟加害到世世代代的後人。

不要濫用個人的自由意志，要慎重而正確地作選擇，人生才不致虛度，人生才有意義。

人生的角色

一、角色的意義

瑞元是臺灣的一所大學的學生，品學兼優，是老師眼中的好學生。瑞元參加了學校裡的話劇社，每年演出一次。有一天，瑞元的媽媽和瑞元聊天，媽媽說：「瑞元，你們話劇社又快演出了吧？」

瑞元回答說：「下個月底，現在正加緊排練。」

媽媽說：「你去年的演出很成功，今年你飾什麼角色？」

瑞元說：「我飾一個流氓，兇暴、打架、做壞事。」

媽媽吃驚地望著瑞元：「瑞元，你是標準的好學生，演這個流氓角色恐怕不對吧？」

瑞元笑著說：「我們的指導老師對我說，要嘗試演不同的角色，不要定型在一個固定的角色上。」

角色是什麼？角色是一個人身分、地位和生活特質的表現。每個人在這世界上有他自己的身分、地位和生活特質，所以每個人都在扮演不同的角色。

其實每個人不是固定扮演一種角色，他會隨著環境而改變角色。譬如一個人娶了妻、生了子，他在家裡便要扮演兩個角色：丈夫和父親兩個角色，他是一家公司的經理，他在公司裡的角色是高級主管，他又是一個社會公益基金會的董事長，於是他又有一個角色：慈善家。所以一個人往往有多種身分、多種生活特質，便要扮演多種角色。

二、注意角色的轉換

一個人在不同環境中要扮演不同的角色，就應該隨時隨地注意到自己角色的轉變而改變態度。如果不注意角色的轉變而改變態度，就會造成生活上許多困難。

人們常會發現到新婚夫妻在度完蜜月後，常會發生衝突，常會吵架、爭執，主要的原因是新婚夫妻還沒注意到角色的改變，在結婚之前，他們是兩個自由、獨立的個體，是父母的寶貝兒子和女兒，結婚之後，他們不再是自由、獨立的個體，而是喜怒哀樂相通的連體嬰，他們不再是可以完全依賴父母的兒子、女兒，而是要照顧對方、要負起家庭生活擔子的丈夫和妻子。新婚夫妻不能把兒子、女兒的角色迅速轉換成丈夫、妻子的角色，於是衝突便容易發生。

仲凱畢業於軍校，一直在軍中工作，常常打勝仗，四十幾歲就升為將軍。仲凱有兩個兒子，仲凱把他們當軍人，每次仲凱回家，兩個兒子要向仲凱立正行禮，仲凱說話時，兩個兒子要立正恭聽，弄得家庭像軍營一樣，一片嚴肅，失去了溫馨的感覺，這是仲凱回家後沒有把將軍的角色轉換成父親的角色，這必然會影響到兒子的人格成長。

每個人在轉換角色時，同時也要轉換態度。我有一個朋友從臺灣遷居美國二十多年，最近返臺，到台北市管理戶籍的戶政事務所，準備辦理恢復國民身分證，他發現戶政事務所的人態度和善，大感驚奇地問我：「二十幾年前我離開臺灣的時候也曾到這裡辦理一些手續，我記得這裡的人兇得很，為什麼現在變了？」我回答說：「臺灣解嚴以後，步入了真正的民主時代，戶政事務所的性質就改變了，以前戶政事務所是管理機關，管理戶籍，辦事的人員像守門的監督者，態度是冷酷又嚴厲的，現在戶政事務所是服務單位，辦事人員的角色由監督者轉為服務者，他們的態度也就由冷酷、嚴厲改變為熱情、和善了。」

二〇一〇年三月上旬，臺灣政壇發生了一個波動，法務部部長王清峰宣布在她任內不執行死刑，當時被判決死刑確定的四十四名囚犯，王部長宣布「免除」一死。王部長的決定引起政壇和社會各界激烈的反映，有人認為王部長有人道精神，但大多數人民表示反對，認為王部長此舉無異宣示殺人者「不死」，被害者「該死」，這個社會的正義何在？這豈不是鼓勵「勇於殺人」？社會的亂象會越來越嚴重。在輿論的壓力之下，王清峰於三月十一日辭去法務部長職務。

王清峰部長宣布不執行死刑的事件是典型的「角色錯亂」的事例。王清峰在任法務部長之前是執業律師，經常為被害人和兇手擔任辯護工作，號稱人權律師，許多人稱她為人道主義者。王清峰認為死刑是最慘酷的刑罰，應該廢止。所以，她擔任法務部長一年八個月中，從未簽署死刑執行令。王清峰在未擔任部長以前，她的角色是律師，律師可以為被告辯護，當被告被判死刑後，她可以大聲反對，還可以不斷為死刑犯上訴。但是，當王清峰擔任法務部長後，她的角色就是政府官員，政府官員必須堅守「依法行政」的原則，如果政府官員可以不依法行政，這個政府必然是專制、無法無天、私利超越公義的政府，在民主國家中，官員要「依法行政」乃是普遍的鐵律。死刑的判決是由法官裁決，法務部乃是執行機關，法務部長簽署死刑執行令是一種行政法的程序，是一種例行的「手續」，部長沒有「權力」來阻攔這項法律程序的進行，如果部長不肯執行，其實乃是違法的，而且改變了法院的判決，豈不成了法院的「太上皇」？那不是破壞司法獨立的精神嗎？因此，王清峰事件突顯了王清峰角色轉變的失敗。

在《聖經．撒母耳記上》第十三章，記載掃羅王要去攻擊非利士人，先知撒母耳要掃羅王在吉甲等候，等撒母耳到吉甲來向上帝耶和華獻祭後，掃羅王才可出兵和非利士人打仗。掃羅按照撒母耳所定的日期到了吉甲，在吉甲等了七天，撒母耳還沒來，跟隨掃羅來吉甲的以色列人逐漸散去了，掃羅便命人把燔祭和平安祭的祭物拿來，掃羅就獻上燔祭。剛獻完燔祭，撒母耳就到了，撒母耳對掃羅說：「你做的是什麼事呢？」

掃羅回答道：「因為我看見我的百姓逐漸散去，你又沒有照你預定的日期來到，我看非利士人聚集在不遠的對面，我怕非利士人來攻擊我們，我就勉強獻上燔祭。」

撒母耳對掃羅說：「你做了糊塗事了，沒有遵守耶和華你的神所吩咐你的命令，現在你的王位必不長久，耶和華已經尋著一個合他心意的人立他作以色列的君王。」

掃羅只是獻了燔祭，為什麼會受到失去王位這麼重大的處罰？原來從摩西時代開始，上帝就為以色列立下制度，設立了祭司的職位，向上帝獻祭是祭司的專職，任何人要想向上帝獻祭，都要請祭司來做，自己是不能獻祭的，掃羅縱使是以色列的君王，也不能自己獻祭，君王的角色是政治領袖，統率軍民，祭司的角色是宗教領袖，負責宗教事務，掃羅的獻祭是角色的錯亂，一次角色的錯亂得到的結果竟然是失去王位，這處罰的確是很重的。

三、認清自己的角色

在社會上，每個人擔任的角色各有不同，每個角色是依照他本身的才能、所處的環境和上帝的安排而決定的，有些角色是可以由自己的努力而得到的，有些卻不是自己所能掌握的。

張典是一家大公司的總經理，他在公司工作二十幾年，由業務員做起，調了好幾個部門，他對每個工作都十分認真努力，所以對公司各部門工作都很熟悉，於是被董事長提拔為總經理。張典由一個小角色轉變為一個大角色是經由自己的努力而得來的。

我曾在大學裡擔任學生京劇社的輔導老師，有一年社團準備公演，我負責安排角色，有個姓楊的同學來找我，他對我抱怨說：「為什麼不安排我當主角而讓我唱配角？」我平靜地對他說：「我安排劉同學唱主角，是因為他的余派老生韻味很足，又有一副很好的嗓子，你雖然也能把戲正確地唱出來，但韻味不夠，嗓音也不夠圓潤，你要再加努力，將來一定可以唱主角。」

楊同學聽完我的話，默默地走開了。過了十幾年，我接到一張一個著名票房演出海報，赫然發現楊同學擔任壓軸戲的主角，那一晚我去聽戲，楊同學果然唱得極好，結束之後，我到後台去看楊同學，向他道賀，楊同學拉著我的手說：「老師，謝謝你十幾年前的話，我畢業後一直在努力學習、研究，得到大家的肯定，今天才能擔綱演出。」的確，楊同學因自己的努力由配角轉變成主角。

但是有些角色不是自己所能決定的，譬如有人出生在富豪之家，他一出生，就扮演「少爺」的角色，另外有人出生在貧窮之家，他一出生，就扮演「僕人」的角色，這種角色是上帝的安排，人沒辦法自由選擇的。再譬如有的人生來就身體健壯、聰明伶俐，處處表現傑出，常常得獎，他扮演著「天才」的角色，但有的人生來就肢體殘缺，或智力低下，處處表現遲鈍，常被譏笑，他扮演著「殘障」的角色，這「天才」或「殘障」都不是自己選擇的角色。

當然，有人會抱怨這種天生就決定的角色不公平，的確，天生的角色會讓人有不舒服的感覺，但那是造物主的安排，人只能接受。在《聖經・羅馬書》第九章二十至二十一節中，使徒保羅說了一段話：「受造之物豈能對造他的說，你為什麼這樣造我呢？窰匠難道沒有權柄從一團泥裡拿一塊作成貴重的器皿，又拿一塊作成卑賤的器皿麼？」保羅講的「器皿」就是人的角色，由天生而來的角色你只能接受，也許經由後天的努力可以改變先天的角色。

其實，在每一個社會裡，每一個人扮演不同的角色，這些角色無論大小、明暗，都是重要的。

在一所小學六年級的班上，同學們正熱烈談論著離學校不遠的一幢摩天大樓，這是這個城市的新地標，大家在談是誰把這摩天大樓蓋起來的。這時，有一個同學站起來說：「我爸爸參加蓋這大樓的工作，他每天都要爬到好高好高的地方，把鋼筋連接起來，我覺得我爸爸很了不起。可是，有一天媽媽對我說，你爸爸只是一個建築工人，每天到工地做工，日曬雨淋，汗流浹背，好辛苦喲，可是他賺錢很少，不像那些建築師，在紙上畫來畫去，並不辛苦，卻能賺大錢，我媽媽要我將來不要像爸爸做個小人物，要做像建築師那樣的大人物。老師，我媽媽說得對嗎？」

老師回答說：「你媽媽所說的小人物、大人物是以賺錢多少為標準，賺錢少的是小人物，賺錢多的是大人物，其實，小人物、大人物應該以貢獻多少來決定。然而，貢獻多少又很難衡量，所以不要以大人物、小人物來評論人，只要一個人盡心盡力去做一件事，他就是重要的。你爸爸雖然只是焊接鋼筋的工人，但他也為這摩天大樓的建築貢獻了力量，他也是重要的角色。」

老師說得沒錯，如果沒有工人，建築師的設計只是空中樓閣，在樓房建築中，水泥工人、鋼筋工人、水電工人雖然渺小，但都是不可缺少的，他們的角色也是重要的。

二〇〇七年八月，一架中華航空公司的飛機在琉球那霸機場降落時發生大火，成為國際新聞，事後調查起火原因，乃是飛機油箱旁的一個螺絲鬆脫而造成，小螺絲釀成大災難，人們只想到發動機是飛機的重要裝備，一場災難讓人們領悟到一顆小螺絲也是那麼重要。

有位著名的京劇演員接受記者的訪問，他是唱旦角的，記者問他：「你唱得這麼好，台下觀眾不斷喝采，這當然是你唱得動聽，但我覺得替你伴奏的胡琴拉得好也有關係，你認為對不對？」

演員點點頭說：「對，伴奏是十分重要的，替我伴奏的主樂器是京胡，輔樂器是二胡，一般聽眾感覺到的是京胡的聲音，因為京胡的聲音高而尖，二胡的聲音低沉，很容易被忽略了，但二胡十分重要，因為二胡的低音可以把演員和京胡的高亢尖銳的聲音調和一下，讓演員唱出來的聲音變得柔和潤滑，表現出女性溫柔平和的特性，所以，京劇裡旦角演唱時，一定要二胡伴奏，免得太過剛硬。不過二胡並不好拉，拉二胡的琴師對戲的熟悉度絕不比京胡琴師少，但京劇裡京胡是主要樂器，二胡是京胡的輔助，所以二胡一定要跟隨京胡，二胡琴師不可以表現他特別的技巧，不可以拉京胡琴師所沒拉的花腔，這就讓二胡琴師沒有機會表演他獨特的技藝，所以在演唱時，出鋒頭的是京胡琴師，大家都不會注意到二胡琴師。但是我演唱的時候會找好的二胡琴師，其實拉得好的京胡琴師很多，而拉得好的二胡琴師比較難求。」

這位京劇演員強調二胡的重要，二胡琴師在一般京劇觀眾看來不是一個重要的角色，但內行人看來卻是樂隊裡的重要角色，所以角色的認定不是外行人浮淺的評價，而是內行人深刻的體會。

四、忠於角色與改換角色

一個成功的人都是忠於自己角色的人，中國人十分重視忠於自己角色，在《論語》裡，曾子說明孔子之道「忠恕而已」（《論語・里仁》），孔子自己也說，一個人從政做官要「行之以忠」（《論語・顏淵》），在古代中國，凡能堅守自己職責的官員都被稱為「忠臣」。孔子強調「君君，臣臣，父父，子子」（《論語・顏淵》），就是說君要像君，臣要像臣，父要像父，子要像子，各自扮好自己的角色。在《聖經》裡，使徒保羅也說，丈夫和妻子、兒女和父母、僕人和主人都要有正確的相互對待的態度（《聖經・歌羅西書》三章十八至二十五節，四章一節），所以《論語》和《聖經》都同樣主張一個人要忠心地扮演好自己的角色。

當然，每個人都會變更角色，像一個女孩在家裡有爸爸、媽媽，她的角色是女兒，結了婚她的角色是妻子，生了小孩她的角色是母親。又譬如一個人可以變更職業，他的角色也跟著變更。不過，要注意的事是在變更角色之前，必須對新的角色多多瞭解，如果對新的角色沒有認識就去變更，其結果常會造成不適應，甚至傷害了別人也傷害到自己。

一個著名的歌星，他的唱片銷售得很好，他想自己來開唱片公司，自己製作，自己發行，這樣錢賺得更多，於是他用自己的積蓄，又邀幾個朋友投資，開了一家唱片公司，然而，他在自己公司出的唱片賣得極差，大出他的意料，原來他不會管理公司，又不會做宣傳，以致成本很高而銷售很差，導致虧損累累，連老本都賠光了，不到一年，他的公司就關門了。這是因為他本是歌星的角色，對經營商業的角色全不瞭解，就造成失敗的結局。

法國著名作家莫泊桑從小聰明伶俐，到了十八歲，莫泊桑遇到了當時已成名的作家福樓拜。莫泊桑自恃聰明，驕傲地問福樓拜：「你每天做什麼事？」

福樓拜看了這自命不凡的年輕人一眼，反問說：「那你說說看，你每天做什麼？」

莫泊桑仰著頭，驕傲地說：「我每天上午用兩個小時來讀書寫作，我要做個文學家，然後彈兩小時鋼琴，我想成為一個鋼琴家，下午我踢兩小時足球，我希望成為足球明星，再用兩小時學習修車，我將來要開一間大修車廠，晚上我要學烹飪，我要做一個烹飪專家。你看我每天的生活多豐富，我將來的希望多偉大！」

福樓拜微笑著看莫泊桑，緩緩地說：「你未來的希望真不少，你想成為文學家、鋼琴家、足球明星、企業家和烹飪專家，你要扮那麼多不同的角色，做得好嗎？」

莫泊桑心裡一驚，反問道：「那你呢？」

福樓拜說：「我上午用四小時讀書寫作，下午用四小時讀書寫作，晚上再用四小時讀書寫作。」

莫泊桑驚奇地說：「你的生活就這麼單純嗎？」

福樓拜用穩重的語調說：「在人生的旅途上，我只想扮演一個角色：文學家，如果我想扮許多不同的角色，我恐怕自己沒有足夠的時間和精力，我會把每個角色都扮得不成功，所以我專心全力扮演一個角色。」

莫泊桑是絕頂聰明的人，聽了福樓拜的話像是當頭棒喝，立刻心境清朗，便拜福樓拜為師，放棄了鋼琴家、足球明星、企業家、烹飪專家的幻想，專心於讀書寫作，最後他成功地扮演好文學家的角色，成為世界知名的文豪。

中國人常說：「做一行，怨一行。」這是不忠於自己的角色，人是可以改換自己角色的，但在沒有改換之前，還是要好好地扮演自己的角色。「怨」就是不滿意自己的角色，這是沒有自信的表現，其實，任何角色都有它存在的意義和價值，《聖經・羅馬書》中，使徒保羅說：「正如我們一個身子上有好些肢體，肢體也不都是一樣的用處。」（十二章四節）把使徒保羅的話引申到社會，一個社會有許許多多的角色，這些角色的表現推動了社會的運轉，每個角色各有不同的功能，每個角色的努力會使社會進步，每個角色的懈怠同樣會使社會倒退。角色與角色之間雖有大有小，有明亮有幽暗，但每個角色都是重要的，每個人不要輕視自己的角色，而是要將自己的角色扮演得盡善盡美。

一台戲的成功不是單單靠男女主角的努力演出，還得靠配角、樂隊、燈光、布景、音響、化妝的完美配合才能得到好的評價。主角是大角色，但配角、樂隊、燈光……等小角色的失誤一定會使這齣戲的評價降低，所以，人生如果像一齣戲，你無論扮什麼角色，都要盡心盡力，因為你表現的好壞會影響到這齣戲的成敗。

人性中的善與惡

一、人性本善？人性本惡？

我在讀高一時，班上有個同學是基督徒，他勸我信基督教，我問他一個問題：「我在街上看到一群基督徒在向路人傳教，有個基督徒身上穿個白背心，上面印著四個紅色大字：『我是罪人』，請問你，基督徒如果自認為是罪人，我是一個品行優等的學生，從沒犯過校規，更沒犯過法，我為什麼要因為信基督教而變成罪人呢？」我的同學回答不出來，當然我也就沒有去信基督教了。

其實，要解答這個問題，必須先從人性中的善與惡來剖析。

人的本性究竟是善是惡？在中國歷史上是爭論不休的問題，遠在東周的戰國時代，孟子就提出人性本善的說法，但荀子卻提出人性本惡的理論，從此以後，人性本善和人性本惡的兩種學說成為中國學者經常討論的熱門話題，兩千多年來，討論人性本善或本惡的文章多得不可勝數，至今都沒有定論。

孟子主張人性本善，他舉例子說，有人突然看到一個小孩子將要掉到井裡去，就會有驚嚇惻隱之心，這種驚嚇惻隱之心不是想要討好那小孩的父母，也不是要討好親戚朋友，而是出自天生的善良本性。

荀子認為人性本惡，試看小嬰兒歡喜搶東西，搶不到就哭，搶到就抓得緊緊，不肯放手，這顯示人的生性是貪婪、爭奪的，這也表示了惡的本性。

什麼是善？什麼是惡？所謂善是指美德，如仁慈、博愛、憐憫、孝順、忠心、寬恕、同情、助人……等等，所謂惡是指敗德，如貪婪、妒忌、暴虐、仇恨、不孝、不忠、姦淫、欺弱、詐騙、謊言……等等。其實，這些善與惡的因子往往同時存在同一個人身上，所以，這世界上幾乎找不到只有善性而沒有惡性的完人，同樣，也難有只有惡性而沒有善性的壞人。在一個人的本性中兼有善的性和惡的性，只是善、惡的分量各有多少而已。如果善性多，惡性少，這人便被視為善人、好人、君子；反之，如果惡性多，善性少，這人便被視為惡人、壞人、小人。

二、人性本善說

主張性善的人認為人的本性是善良的，就是人人都有良心，人長大以後，受到世俗的污染，像自私、貪慾、色慾、虛名……等的誘惑，讓骯髒的塵土把善的本性遮蓋住，所以，要盡量把這些塵土除去，讓善的本性露出來。

一個黑道分子，作惡多端，有一天，他在路上和人打架，把對方打死了。警察立刻逮捕這黑道分子，但黑道分子一臉兇狠的樣子，堅決不肯承認殺人。這時，一個七、八歲的小男孩從遠處飛奔而來，到了躺在地上的死者身邊，大聲一喊：「爸爸！」接著伏在屍體上嚎啕大哭。

這個舉動，讓黑道分子全身顫抖，臉色慘白，淚水充滿眼眶，雙腿一軟，跪在地上痛哭起來。

警察好奇地問黑道分子：「你這是承認殺人嗎？」

黑道分子邊哭邊點頭：「是我殺的。」

警察更覺好奇：「你剛才不是否認殺人，現在為什麼又承認了？」

黑道分子用發抖的聲音說：「我八歲的那年母親已經去世，父親被人殺死，我見到爸爸的屍體，也就是像他一樣大哭，失去父母以後，我就加入不良少年幫派，後來進入黑道組織，我覺得這社會那麼黑暗，到處不公平，我就開始用暴力來對付社會。可是，這孩子一聲慘叫：『爸爸！』立刻讓我腦海裡重現我父親被殺的那一幕。我忽然發現我的心好痛，那地上的血像是從我心裡滴出來的，我這是在作孽，我自己已經毀了自己，難道我又要去毀一個孩子嗎？」

黑道分子哭著爬到孩子面前，跪著對孩子說：「請原諒我！你爸爸雖死了，你要爭氣做好人，不能像我走到壞的路子上去。」說完不斷磕頭。

這故事中的兇手被孩子的哭號喚回了被塵土淹沒已久的良心，可見一個惡人他深藏的本性還是善的。

三、人性本惡說

另一方面，主張性惡說的人認為人性本惡，要經過不斷教育，把惡的本性遮蓋起來，才能顯現出善的行為，教育的內容就是強調道德，要培養自己良好的德行，把原本藏在內心的惡性壓制下去。這可以舉周處的故事來說明。

周處是西晉時期義興人，從小父母雙亡，沒人管教，每天吃喝玩樂，隨心所欲，他身強力壯，性情粗暴，不知禮法，橫行鄉里，到了二十幾歲，被當地百姓看成比虎豹還可怕的大流氓、大惡霸。有一天，周處在街上走，看到一個白頭髮白鬍子的老頭在路邊坐著，獨自搖頭嘆氣，周處好奇地走到老頭的面前問道：「老頭，你有什麼困難嗎？為什麼一個人在搖頭嘆氣？」

老頭子站起來，對周處說：「我自己沒有什麼困難，我是為這地方的百姓可憐而難過。」

「哦，這地方百姓有什麼可憐呢？」周處問。

「這地方出了三大害，讓百姓難以安身。」老頭說。

「是哪三大害呢？」周處又問道。

「第一害是南山出了一隻猛虎，經過南山的路人常會被猛虎吃掉。」老頭指著南方的一座山說。

「那第二害呢？」周處又問。

老頭用手指著遠處的一座橋說：「那座橋下出了一條兇惡的蛟龍，每天晚上會浮出水面，把橋上的行人吞死掉，真是可怕。」
「嗯，」周處點點頭：「猛虎、蛟龍都是大害，這第三害呢？」
老頭用沉重的語氣說：「這第三害比那猛虎、蛟龍還可怕，更可恨。」
周處瞇著眼，好奇地問：「那是什麼可怕的動物？」
「不是動物，是一個雄糾糾氣昂昂的人。」
「是人？他做了什麼事，竟成一大害？」
「他仗著身強力壯、武藝高強，在地方上欺壓善良，是一個人人見了都害怕的惡棍。」
「有這種人？」周處瞪大雙眼，盯住老頭說：「他叫什麼名字，我去把他殺了。」
「我不敢說，」老頭搖著雙手，向後退縮：「如果我說了，被他聽到，我老命就活不成了。」
周處一把抓住老頭，大聲道：「你怕什麼，我保證你的生命安全，快說，他是誰？」
老頭用微弱的聲音說：「他叫周處。」
「哎呀！」老頭的微弱聲音卻像萬斤鐵錘打在周處頭上，讓周處感到天搖地動。
老頭看到周處的表情，向前關注地問周處：「壯士，你是不是也害怕了？壯士，請問壯士你的大名。」
周處搖搖腦袋，好不容易定過神來，有氣無力地回答道：「周處就是我。」
老頭一聽，嚇得立刻跪下去：「壯士饒命呀！」
周處用手扶起老頭，並向老頭抱拳作揖道：「老頭，不要害怕，我從小就沒有父母，沒人管教我，讓我變成任性，我以為別人怕我，我就是英雄，沒想到被人指為大害。也罷，待我去殺了猛虎和巨蛟，為民除害。」

周處說完，便回家拿了弓箭和鋼刀，直奔南山。在南山上等到傍晚，猛虎出現了，周處拿起弓，遠遠瞄準老虎，一箭射去，射中了老虎的額頭，老虎倒地死亡。周處拖著死老虎，放到街道上。

接著，周處手持鋼刀，從長橋跳下去，到河裡和巨蛟搏鬥起來，水花四濺，好像起浪，打了很久，河水逐漸變成紅色，水面也平靜下來，原來周處把巨蛟殺了。周處悄悄在一個安靜無人的地方上岸，他忽然聽到長橋上聚集了很多人，他們在大叫：「猛虎、巨蛟和周處都死了，三害已除，百姓安樂，哈哈……」

周處頹然坐在石頭上，兩眼發直。不知過了多久，那老頭子又出現在周處身邊，老頭子溫柔地對周處說：「你雖然拚了命除去了猛虎和巨蛟，但還是得不到百姓們的原諒，但你不要傷心，你離開這裡吧！去找老師，多讀點書，你就懂做人的道理了。」

周處仰起頭，兩眼含著淚水，抱拳對老頭說：「你是我的第一個老師，我會改過向善，我離開這裡，該去多學點做人的道理。」

於是，周處到別的州郡去，遍訪名師，潛心讀書，思考人生的道理，後來成為著名的學者，受許多年輕人敬仰。晉朝政府慕周處之名，任命周處為新平太守，又轉任廣漢太守，再陞任御史中丞，他鐵面無私，敢於彈劾朝廷中的權貴。有一年，盜賊作亂，朝廷命周處去討伐，在戰場上周處不幸陣亡，成了真正為國盡忠的英雄。

周處的故事說明人是要受教育的，教育可以把天性中的惡遮蓋掉。

以上是中國傳統思想對人性善與惡的看法，基督教對人性善惡的看法和中國傳統思想相當接近，只不過把性善和性惡結合在一起，基督教認為人性中有善也有惡。

四、基督教的人性觀

根據《聖經・創世紀》的敘述，上帝創造宇宙萬事萬物，又「照著他（上帝）的形像造男造女」。所謂「形像」不僅是外表的模樣，而且包含了內在的精神。如果上帝只造了人的外表模樣而不給予人有內在的精神，那麼人和牛、馬、雞、鴨等動物有何差異？正因為上帝給人以內在的精神，所以，在《聖經・創世紀》中說：上帝「使他們（人）管理海裡的魚、空中的鳥、地上的牲畜和全地，並地上所爬的一切昆蟲。」

人的內在精神是什麼呢？人的內在精神包含了本性和智慧。上帝的本性當然是善的，他既然按照自己的形像造人，自然也將善的本性給了人，所以，上帝最初創造出來的兩個人：亞當和夏娃，其本性是善的。

亞當和夏娃在伊甸園裡過著無憂無慮的生活，上帝告訴他們，園中各樣樹上的果子都可以隨意吃，只有分別善惡樹上的果子不可吃。在園中，有一條極為狡猾的蛇對夏娃說：「神不許你們吃園中所有樹上的果子麼？」夏娃對蛇說：「園中樹上的果子我們可以吃，唯有園當中那棵樹上的果子，神警告我們說：『你們不可吃，也不可摸，免得你們死。』」蛇對夏娃說：「你們不一定死，因為神知道你們吃了以後，眼睛就明亮了，你們便和神一樣，能知道善和惡了。」夏娃受了蛇的誘惑，便摘下分別善惡樹的果子吃了，也給她的丈夫亞當吃了。

亞當和夏娃偷吃分別善惡樹果子的事立刻被上帝察覺，上帝便把亞當和夏娃逐出伊甸園。為什麼亞當和夏娃偷吃分別善惡樹禁果的事會造成嚴重的後果？原來上帝在初造亞當和夏娃之時，曾把善的本性給了亞當、夏娃，偷吃禁果不但違反了上帝的命令，而且使人脫離了上帝而自行其是。

這世界上本來就有善與惡，亞當、夏娃在偷吃禁果以前，都是以上帝的標準來判斷善與惡，上帝以為善的事，亞當、夏娃也以為善，上帝以為惡的事，亞當、夏娃也以為惡。然而，亞當、夏娃偷吃禁果後，他們便不以上帝的標準來判斷善惡，而用自己的想法來判斷善惡。於是，在自己的想法中，許多惡的因子，如自私、妒忌、殘暴、仇恨……等等，便滲透到亞當、夏娃的身體內，而這些惡的因子會代代相傳，這就是基督教所稱的「原罪」。所以，一個人出生時就背負了「原罪」，這就是基督教認為人人都有「罪性」。試看每一個人從嬰兒時期開始就會搶奪，這是人類「罪性」最基層的表現，也是人性中「惡」的最淺顯的浮面。

我在剛開始的時候講到在街上看到基督徒在宣教，穿著白背心，上面印著「我是罪人」四個字，令人觸目驚心。其實，這「我是罪人」四個字是說：「我是有罪性的人」，這罪性是先天傳下來，會犯罪的惡的本性，而不是說已經在行為上犯了罪。基督徒既然認清自己有罪性，有惡的本性，就會努力自我克制，把惡的本性清除掉，就不會在行為上去犯罪了。

五、人難分辨善惡

亞當、夏娃吃了分別善惡樹的果子後，便用自己的想法來分別善惡，事實上，善惡是很難分別的，每個人有自己的立場、自己的利害關係、自己的知識侷限和自己的性格，於是同一件事，甲指為善，乙卻指為惡。甚至許多作惡的人還會指自己的作惡是行善，殺人的兇手會自己辯護說自己殺人是在執行正義，強盜小偷會自我辯護說自己搶劫或偷取別人的財物是劫富濟貧。

在《水滸傳》書中，講梁山泊的故事，梁山泊是一個山寨，在山寨內有一百零八個十分強悍、勇猛的壯士，他們平常打家劫舍，搶奪財物，政府官員和老百姓把他們看成強盜土匪，他們自己卻說自己是「替天行道」的英雄好漢。

下面舉兩個歷史的實例來說明善惡難以分辨。

唐德宗是唐朝中期的皇帝，任用盧杞為宰相，盧杞貪贓枉法，做了許多壞事，造成民怨沸騰，人人痛恨，終於造成京城附近軍隊的叛變，唐德宗倉皇逃離京城長安。

許多官員上奏章給皇帝，指責因盧杞的罪惡才造成這次大動亂，唐德宗卻說：「你們都說盧杞奸惡，但盧杞在我面前表現得恭謹溫和，是個善良的人，他處處替我設想，對我好得很，他是個大善人呀！」

這故事反映出官員和皇帝因為觀點、角度、立場的不同而對盧杞產生善惡不同的評價。

秦檜是中國人耳熟能詳的人物，杭州岳王廟前還有一秦檜跪著的石雕像，是被大家咒罵的惡人。

當北宋最後一位皇帝宋欽宗時，金兵攻破首都汴梁，擄欽宗到東北去，宋朝群臣在南京擁立了康王趙構做皇帝，是為宋高宗，這是南宋的開始。

岳飛是南宋的將領，勇敢善戰，屢次打敗金兵，岳飛立志要打到金人的老家東北地區，把欽宗救回來，以雪國恥。

宋高宗站在自己利益的立場，反對把欽宗救回來，因為如果欽宗真的回來了，自己豈不是要把皇位讓還給欽宗嗎？所以，當宰相秦檜建議召回岳飛，不許北伐時，宋高宗欣然同意。秦檜用十二道金牌召岳飛回杭州，並把岳飛處死。

岳飛無罪冤死，當時文武朝臣紛紛痛罵秦檜，只宋高宗十分高興，他覺得秦檜才是愛護他的人，秦檜真是個大好人。

從盧杞和秦檜的例子可以看出，評論一個人或一件事是善或是惡，常和評論者的立場、觀察角度有關。

在宋朝，有一個女人嫁給一個做官的男人，結婚後，發現丈夫貪贓枉法，這女人向官府告發，她的丈夫因此入獄，兩人也就離婚了。

這件事當時引起軒然大波，有些人認為這女人違反夫妻倫理，丈夫縱使犯法，妻子也要包庇，豈可去告發，這女人實在是一個不守倫理的壞女人；另外有些人則認為這女人堅持公理，犯法的事是傷害了國家和社會，貪贓枉法的官吏是人民的公敵，這女人是「大義滅親」，是個可敬可佩的人。

指責這女人的人多半是她丈夫的親友和那些死守個人道德規律的人，而稱讚這女人的人則多是不認識他們夫妻的人和以國家社會利益重於個人倫理道德的人。這兩方面的人由於他們立場不同，出發的觀點不同，於是對這女人產生了惡與善不同的評價。

人用自己的想法來分辨善惡，往往會使善惡混淆不清，會使一個人的惡性不斷膨脹，善性受到壓縮，這個世界會變成一個可怕的世界，所以基督教認為亞當、夏娃偷吃禁果是一件貽害後代的大罪過。

六、去惡存善

孟子主張性善，荀子主張性惡，基督教認為人原本有神的善性，也有原罪帶來的惡性。不論是那一種主張，都希望人要去惡存善，只是去惡存善的方法不同。孟子認為人要隨時保持「赤子之心」，就是保存那原始的善心；荀子認為人要接受教育，使人認識什麼是善，再以善來掩蓋本性的惡；基督教則認為人要認識自己的原罪，直接向耶穌基督和上帝懺悔，請求神的赦免，使自己的罪性得以消滅，便能一心向善。所以，從表面上看，孟子、荀子和基督教對人性善惡的看法不同，但實質上，三者期望人性去惡存善的最終目標則是相同的。

人們常說，每一個人身上都有劣根性，像貪婪、懶惰、粗暴、說謊、攻擊、妒忌……等等，這些劣根性平時也許不會暴露出來，但在某些環境之下，劣根性便會不自覺地顯現出來。人類試圖用道德、法律、教育等方法來壓制這些劣根性，但道德、法律、教育都是外來的力量，只能使人「不敢」顯露劣根性。基督教用向神懺悔自己罪性的方法，乃是一種使人內心自發自省的積極作為，使人「不願」顯露劣根性，達到去惡向善的目的，使人類走向真善美的境界。

總而言之，無論主張人性本善或人性本惡，或人性中兼有善與惡，其目的都是要人們去惡存善，所以，孟子、荀子和基督教是殊途同歸，並無牴觸的。基督教的教人承認自己的罪性，是要人隨時謙卑地自我反省，隨時隨地自我警惕不要犯罪，要遠離罪惡，更不可以犯下罪行，所以基督徒自己承認是罪人，正是掛在心中一盞離惡向善的明燈。

福與禍

一、求福避禍是人類共同的想法

過年的時候，中國人常歡喜在大門上貼上一張寫著大大的「福」字的紅紙；京劇團新年開鑼第一齣戲總是「天官賜福」；老先生生日，拜壽的人最常說的賀詞是「福如東海，壽比南山」。可見中國人心目中最想得到的是福。

在《聖經》中，祝福是極重要的事，在〈創世紀〉中記載了一段故事，以撒有兩個兒子，長子叫以掃，次子叫雅各。以撒晚年眼睛昏花，不能看見，有一天，他要為長子以掃祝福，不料次子雅各假裝成以掃的模樣，前來哄騙父親，謊稱自己是以掃，以撒由於眼睛看不見，就被雅各所騙，為他祝福。雅各接受父親祝福完畢，剛從父親身邊離開，以掃就來了，以撒才知道剛才被他祝福的是雅各。以撒告訴以掃，他把祝福都給了雅各，以掃聽了就放聲大哭，就怨恨雅各，想要殺雅各，嚇得雅各離家逃亡，從此再也沒見母親。一次的祝福竟然影響到以色列人的歷史發展。

中西方對「福」都非常重視，什麼是福呢？

中國最早的字典《說文解字》中對福字的解釋是「福，備也。」備就是完備的意思，也就是凡事無不擁有。在《韓非子》一書中說：「全壽富貴之謂福。」這話是說：長壽、財富、尊貴全都可稱為福。

再看一看《聖經》裡以撒為雅各祝福說：「願神賜你天上的甘露、地上的肥土、並許多五穀新酒，願多民事奉你，多國跪拜你，願你作你弟兄的主，你母親的兒子向你跪拜，凡咒詛你的，願他受咒詛，為你祝福的，願他蒙福。」（〈創世紀〉二十七章二八～二十九節）以撒的祝福內容可以分為三部分，一是物質的富足，二是擁有權力和尊貴，三是沒有敵人。這三部分就是富、貴和平安，合起來就是以撒心目中的福。

其實中西方對福的認知沒有什麼差異，舉凡長壽、健康、平安、權力、榮耀、豐富、子嗣等等都是福，凡使人在物質、肉體、精神上得到快樂滿足的就是福。

禍是福的反面字，《說文解字》對禍的解釋是：「禍，害也。」凡對人有害的就是禍，凡使人在物質、肉體、精神上造成傷害、痛苦的都是禍。

求福避禍是人性，為了求福，人類努力創新發明，來改善生活，人類設計法律、政府，來安定生活，人類提倡道德、宗教，來提升生命，這是求福。人類宣揚和平，來阻止戰爭，人類研究醫藥，來對抗疾病，這是避禍。

人類有求福避禍的共同想法，人類的文明和社會才會不斷地進步。

二、由福轉禍

雖然人都在求福避禍，但人們在不自覺中卻經常發生由福轉禍的事。

從中國歷史來看，在中國古代，一個英雄豪傑之士開創了一個朝代，他希望他的子孫世世代代保有皇位，享受全國最尊貴、最有福氣的帝王生活，然而，事實上這個朝代少則數年，多則三、四百年終將敗亡。從歷史過程來分析，一個政府的崩潰幾乎都經過幾個狀況：君主過度追求享樂、政治腐敗、經濟蕭條、社會秩序破壞、民不聊生、戰亂紛起、政權瓦解。可見一個政府垮台的第一個火苗是君主過度追求享樂。這和《聖經》所說的是相同的：「耶和華必審問他民中的長老和首領說，吃盡葡萄園果子的就是你們，向貧窮人所奪的都在你們家中。主曰萬軍之耶和華說：你們為何壓制我的百姓、搓磨貧窮人的臉呢？」（〈以賽亞書〉三章十四～十五節）於是耶和華要滅亡那些長老和首領，使地荒涼。

中國人常說：「富不過三代。」一個人白手起家，開創事業，成為億萬富翁，他的子孫坐享萬貫家財，享受福分，到孫子手裡，就耗盡了家財，成為破落戶。這種「富不過三代」的例子自古至今到處可見，這就是轉福為禍了。

觀察由福轉禍的事例，雖然各有不同的多種原因，但有一個共同的原因，那就是身在福中的人不珍惜已有的福分，中國人常說：「人在福中不知福。」的確，一個身在福中的人往往忽略了福的可貴，就好像一個富家的孩子伸手就有錢，他就不會想到賺錢的辛苦。身在福中不知福，不知就不會愛惜，於是很容易處處表現出自傲、浪費福分的行為。試看朝代末年的皇帝幾乎都是只顧自己享樂、濫用權力、壓榨百姓，完全不知珍惜自己所擁有的福分，而且任意糟蹋福分，終於讓福分消失，災禍出現。

個人亦復如此，億萬富翁的子孫生而享有福分，不知自己擁有福分的可貴，於是生活糜爛、揮霍無度，使父祖留下的億萬家產迅速耗盡，成為貧窮之人，這種例子在社會上到處可見。在《聖經‧路加福音》中，耶穌講了一個浪子的故事，一個人要求他父親把產業分給他，他把所得的財產收拾起來，「往遠方去了，在那裡任意放蕩，浪費貲財。既耗盡了一切所有的，又遇著那地方大遭饑荒，就窮苦起來，於是去投靠那地方的一個人，那人打發他到田裡去放豬，他恨不得拿豬所吃的豆莢充飢，也沒人給他。」（十五章十三～十六節）這個浪子把自己的福分浪費殆盡，招致幾乎餓死的災禍，也是人生的由福轉禍。

三、禍福同門

人們都求福避禍，然而禍與福同門，相倚為鄰，《老子》說：「禍兮福之所倚，福兮禍之所伏。」（五十八章）在《戰國策》中也說：「禍與福相貫，生與死為鄰。」在《淮南子》一書中也說：「禍與福同門，利與害為鄰。」可見中國人早就體會到禍與福是非常貼近的，甚至福中有禍、禍中有福。

「塞翁失馬，焉知非福」的成語就是禍福相倚的最好說明，在《淮南子》中記載了一則故事：在邊塞附近，有一個老翁養馬，一天，他的馬失蹤了，原來他的馬越過邊境跑到胡人的地區去了，朋友們都來慰問他，為他失馬而難過，老翁說：「我失了馬，怎麼知道不是福呢？」過了幾個月，老翁的馬忽然回來了，而且還帶了一匹胡人的駿馬一同回來，朋友們都來道賀，恭喜他的馬失而復得，又多了一匹駿馬，真是意外之財，老翁對朋友們說：「這事怎麼知道不是禍呢？」不久，老翁的兒子騎那匹馬，從馬上摔下來，跌斷了腳，成為跛子，朋友們來探視，為他的兒子表示悲傷，老翁說：「這事怎麼知道不是福呢？」過了一年，塞外的胡人大舉入侵，塞內的壯丁男子都拿起刀鎗弓箭和胡人打仗，結果參加戰爭的壯丁百分之九十都戰死了，老翁的兒子則因為跛腳，行走不便，沒有參加打仗，得以保住性命。所以福中有禍，禍中有福，其中禍福轉化的奧秘，真是深不可測。

在報紙上看到一則新聞，有個男子買了一張彩券，開獎的那天晚上，他在彩券行前面對獎，竟然發現自己買的彩券中了頭獎，獎金一億元，他手拿彩券，對了又對，認定正確無誤，興奮得跳起來，自言自語說：「哈哈！我中了頭獎，中了頭獎！」他手裡緊握著彩券，連走帶跑，準備回家。不料，他的舉動被一個黑道分子看在眼裡，這黑道分子立刻召一個同夥前來。那男子走到自己家的巷子口，兩個黑道分子上前要搶他的彩券，於是雙方展開一場打鬥。那男子一人不敵兩個黑道分子，就被黑道分子押上了一部汽車，開到極為偏僻的山上，兩個黑道分子逼那男子交出中獎的彩券，這男子手掌鬆開，發現彩券不在手裡，就告訴黑道分子，彩券不見了。

兩個黑道分子不信，認為那男子一定把彩券藏了起來，便搜那男子全身，並沒發現，兩個黑道分子不信那男子的話，認定他把彩券藏在什麼隱密之處，於是毆打那男子，最後竟把那男子打死了。

中彩券頭獎，發了大財，原認為是老天爺賜的福，不料卻招來殺身之禍，真是福中有禍，那中獎的人又怎能料到呢？

福中有禍，同樣禍中也有福。劍偉是一家貿易公司的老闆，由於經濟不景氣，劍偉公司的業績很差，幾乎快維持不下去了。有一天，香港一個客戶打來一通電話，要劍偉當天晚上六點鐘到香港來簽約，如果劍偉六點鐘不來，他就要取消這約。劍偉聽了十分興奮，因為這約談了很久，金額很大，如果簽成了，對劍偉的公司無疑是一劑起死回生的強心針，劍偉立刻向航空公司訂了下午四點鐘的飛機票。下午兩點半，劍偉從台北的公司開車到桃園機場，預計五十分鐘之內可以到達機場，不料這天下午到機場的高速公路發生大車禍，劍偉的車堵在高速公路上，無法前進，想下高速公路都下不去，劍偉急得像熱鍋上的螞蟻，心想怎麼這樣倒楣，如果這班飛機趕不上，六點鐘也簽不了約，這救命的藥豈不飛了，那真是公司的大禍了。

劍偉的車到達機場已是四點半，飛機已經起飛了。

劍偉在航空公司櫃檯前失望地看著時間表，下一班飛機是六點半，早已過了簽約的時間。

劍偉垂頭喪氣地開了車回台北，在路上，聽到廣播電台正播報新聞，一則新聞讓劍偉的心幾乎跳出來，原來新聞報導說，四點鐘起飛的那架飛機在海上失事，飛機墜落海中，失事原因不明，飛機上的人員情況也不明。

「老天爺啊！我逃過劫難！」劍偉喃喃自語。

這時手機響了，劍偉拿起手機，傳來了秘書力強的聲音：「總經理，你好嗎？你在哪裡？」

「力強，我沒趕上四點鐘的飛機，現在在高速公路上，要回公司。」劍偉回答說。

「真是感謝上帝，你沒上飛機，你知道那班飛機出事了嗎？」力強興奮地說。

「我聽到廣播，剛剛才知道。」劍偉回答著。

「報告總經理，剛才日本的客戶來電話說，如果我們不和香港的客戶簽約，他們願意和我們簽約，金額會增加。」

劍偉一聽，全身像觸電一樣，日本客戶和香港客戶是競爭對手，今天沒能去香港簽約，反而獲得日本客戶的合約，看起來去不成香港像是禍，結果竟是福。

從塞翁失馬、中彩券男子和劍偉的故事的確可以體會到老子所說「禍兮福之所倚，福兮禍之所伏」在人世間是正確的，禍福相依，禍福同門，禍與福靠得那麼近，一件事情的發生似乎令人難以捉摸是福是禍。

為什麼禍與福那麼近呢？那是因為人類的身上同時有福的種子和禍的種子，當一個人身上福的種子發芽，福就降臨到他的身上，當一個人身上禍的種子發芽，禍就降臨到他的身上。

為什麼人的身上有福的種子，又有禍的種子？

上帝造人是按照他自己的形像造的，所謂形像不僅是外表的模樣：有手、腳、眼、耳、鼻、口等，而且有內涵，這內涵包括善良、智慧、能力、自由意志等等，其中也包含了福分。所以人身上具有福的種子是上帝造人時就給予的。然而，當亞當、夏娃受了魔鬼的誘惑吃了伊甸園中的禁果後，魔鬼就把禍的種子放在人的身上了。於是人的身上既有上帝給予福的種子，又有魔鬼給予禍的種子，這兩類種子在人身上世世代代相傳。有的時候，福的種子發芽，這人就得了福；禍的種子發了芽，這人就得禍，所以，福與禍是表面現象，是福的種子發芽或禍的種子發芽所呈現的結果。

四、讓福的種子發芽

人們求福之道應該是要讓福的種子發芽，讓福的種子發芽要注意下面幾點：

（一）尊天與敬神

中國人認為福是天所賜的，所以想要得福就要尊天敬天，一個連天都不怕的人必然做出惡事，這種人一定會遭天譴。西方人則認為要尊神敬神，要依靠神，因為神創造宇宙萬物，神是無所不能的，《聖經》說：「投靠他的人有福了。」（〈詩篇〉三十四篇八節）尊神、敬神、投靠神，才能使上帝放在人身上福的種子很快發芽。西方人講的神或上帝就是中國人講的天，尊天敬神是福的種子萌芽的基本條件。

（二）修德守律

道德是中國人認為應該遵守的做人規範，所以修德是人生的基本功課。在中國古代，父母教年幼的子女要懂得孝順、友愛、灑掃、應對，這是教小孩基本道德，不像今日的父母教小孩唱歌、跳舞、彈琴、繪畫，只是一些技藝性的知識。一個道德水準高的人一定是有所不為的人，他會遵守社會規範，做事會拿捏分寸。有道德的人就像基督徒守律法一樣，律法也是行為規範，守律法就是有道德，道德律法像土壤，有了土壤，福的種子才可以種在土壤裡，才能發芽。

（三）良心

良心就是善良的本心，是孟子所說的「赤子之心」，也是上帝造人時所賦予人原始的善良之心，人在世界上受到魔鬼的誘惑，就會使原有的善良本心受到污染。《聖經・路加福音》十八章十五～十七節有一段記載：「有人抱著自己的嬰孩來見耶穌，要他摸他們。門徒看見就責備那些人。耶穌卻叫他們來，說：『讓小孩子到我這裡來，不要禁止他們，因為在神國的，正是這樣的人。我實在告訴你們，凡要承受神國的，若不像小孩子斷不能進去。』耶穌說要像小孩子才能進天國，指的是小孩子原始善良的本心還沒受到污染，有善良的本心是上帝所喜悅的，福的種子才會在他身上生根發芽。」

（四）行善

行善是中國人經常稱讚的美德，《聖經》裡也一再強調要幫助寡婦和孤兒，行善不一定是金錢上的施捨，照顧老弱、看護病人、幫助盲人等等體力的行為也是行善。行善是為福的種子添加養分，讓福的種子加速發芽。

五、迎接看不見的福

求福避禍本是人性，但有些人為了求福而勇敢地接受災禍。從中國歷史上看，許多忠臣為國為民不畏懼殺頭之禍而頂撞殘暴的君主，他們不避禍，因為他們要為國家、為百姓求福。

清朝末年，孫中山領導革命，林覺民是革命黨人，參加了一九一一年三月二十九日的廣州之役，慷慨犧牲。在死前三天，林覺民寫下〈與妻訣別書〉，在這封絕命書中，林覺民痛批滿清政府的腐敗和誤國，自願參加革命行動，雖死不悔，林覺民對其妻說：「吾充吾愛汝之心，助天下人愛其所愛，所以敢先汝而死，不顧汝也。汝體吾此心，於啼泣之餘，亦以天下人為念，當亦樂犧牲吾身與汝自身之福利，為天下人謀永福也。」為求國家和人民之福，林覺民勇敢衝向死亡之禍，他求的不是一己之福，而是全民的大福，這種精神真是可歌可泣。

耶穌被釘死在十字架上，同樣也是為了求全人類之福而不避自身死亡之禍。

使徒保羅受過高等教育，手握權勢，生活優渥，是個有福之人。但他為了宣揚基督福音，放棄了權勢和享受，到處奔走，宣講福音，結果他遭到鞭打、囚禁、流浪，最後在羅馬被殺，在別人看來，使徒保羅是棄福求禍，但保羅自己的心情卻是和林覺民一樣，犧牲自己，為全民求福，明知有禍，也勇敢向前。只是保羅有信仰，信仰耶穌基督，信仰上帝，相信死後能進入天國，將得到永遠的福，而林覺民沒有信仰基督，在〈與妻訣別書〉中說：「吾平日不信有鬼，今則又望其真有；今人又言心電感應有道，吾亦望其言是實，則吾之死，吾靈尚依依傍汝也，汝不必以無侶悲！」可見林覺民在死前尚牽掛著親愛的妻子，不像保羅始終保持著平靜的心情。

林覺民、耶穌、保羅似乎都是棄福求禍的人，其實，他們是棄個人的小福，求全體的大福，他們是人類真正的英雄，是最值得尊敬的人物，上帝在天上賜給他們永遠的福分。

追求成功

一、人生要追求成功

美國著名專欄作家班・史汀（Ben Stein）寫了一本書：《奔向成功之路》，這是中譯本的書名，原書名是《牛仔工棚的邏輯》（*Bunkhouse Logic*），這本書充分顯示美國傳統拓荒的牛仔精神。這本書的主題就在闡揚追求成功，作者班・史汀提出了奔向成功的十大遊戲規則：第一條：專注如何，不問為何。第二條：注意事態的實相如何，而非應該如何。第三條：幸運是有傳染性的，盡可能去傳染好運道。第四條：人生是一項歷程，而歷程是永不終止的。接受它，並且要內心感激、快樂。第五條：天下沒有無中生有的事。如果你指望一切會從天上掉下來給你，那麼你將一輩子等個空，要是你肯咬緊牙關，認清凡事必須自己動手，那麼這個世界可能提供你玫瑰般燦爛的人生良機與快樂，只要一切事情你肯自己去做，你所要的一切就能實現。第六條：「最優」是「佳」的剋星。盡自己最大的努力這就很好了，不要想做不可能的事，拋棄你成為「最優」的念頭，你只要做到「好」的成績。第七條：人際關係是無價之寶。第八條：持之以恆。有了恆心，不論多麼遙遠，你都能看到你的目標在前方向你閃耀、招引，沒有恆心，就沒有勝利的希望。只要你的恆心一日不移，任何事情都是可能的，沒有恆心，任何持久的成就都會失掉。第九條：把時光視為盟友。永遠不要催促生命自然的節奏，人類的事務有它自己的步調，你也應該採行這樣的步調，不要做事過慢，也不要走得太急，與其與時間搏鬥，不如由時間來導引你，絕對記住：「欲速則不達。」第十條：好人早出頭。自己努力做一個好人，也讓別人覺得自己是個好人。要做個好人，以自己為榮，肯定自己的價值，做一個輝煌的勝利者。

班・史汀的這本書只強調一個重點，那就是追求成功。牛仔工棚邏輯的十條規則並不是什麼深奧的理論，看起來很簡單，但實踐起來可就需要力量和耐心，而去實踐才能帶給你渴望的成就和夢想的成功。

其實，成功是每一個人從小到大不斷追求的理想，小孩子從幼稚園到小學，到中學，到大學，老師們不斷鼓勵學生要努力，努力學習各種知識和技能，努力培養高尚的品德，這些努力再努力為的是什麼？只有一個目的，那便是成功。無論是升到更好的學校、賺更多的錢、爭取更高的職位、開創美好的事業，都是在追求成功。教育原本就是要塑造成功的人。

二、什麼是成功

一般人都會認為能賺到億萬財產的人是成功的，能爬到一個高職位是成功的，能創立一個企業是成功的，能出人頭地是成功的，選舉時能當選是成功的。的確，這些都是在人世間被認為成功的事，也是一般人都想追求的事。然而，這些成功幾乎都是短暫的，都是虛浮的，像天空中的一道彩虹，美是很美，只是一會兒就消失了。

真正的成功不是一個人得到什麼，不要認為一個人得到越多就越成功，真正的成功是做了有影響力的事。所謂有影響是指對當時社會有正面的影響或對後世產生正面的影響。下面舉幾個人物為例：

劉俠女士是臺灣著名的作家，十二歲時，劉俠罹患了一種罕見疾病——類風濕性關節炎，全身疼痛，四肢無力，成為一個癱瘓的殘障者。在日日夜夜痛苦的煎熬中，劉俠堅持不斷寫作，使她成為臺灣文壇上著名的明星，得到了幾項文藝獎。但是，文學上的成就並不是劉俠最大的成功，劉俠真正的成功是她用具體行動來服務殘障人士，並不斷呼籲政府重視對殘障者的照顧工作，由於劉俠的努力，臺灣的政府和社會各界漸漸重視到殘障者的福利，無論在法令、制度和社會心理各方面對殘障者都表現出相當的重視與關懷，不再歧視殘障者，反而付出更多的同情與協助，使殘障人士在工作和心理上都有很大的提升。這對臺灣社會產生極大的影響，讓臺灣社會變得溫暖、富同情心、懂得尊重別人。劉俠對臺灣社會的影響相當深遠，這才是劉俠真正的成功。

孫中山是中國政治史上極為重要的人物，孫中山的成功不在於他創立了什麼組織，不在於他獲得什麼職位和頭銜，而是他領導的革命推翻了歷時兩千多年的皇帝專制政體，使中國從專制的枷鎖中解脫出來，這對整個中國的歷史發展產生了巨變，這種對中國制度和思想觀念的重大影響，既深且遠，這才是孫中山的真正成功。

梅蘭芳在京劇上的成就是輝煌的，他對京劇中旦角（青衣）的唱腔、做表都給予新的詮釋，創造了「梅派」藝術，使梅蘭芳成為家喻戶曉的人物。梅蘭芳是成功的，但他最大的、真正的成功不是他開創了「梅派」這支京劇的宗派，而是他將中國京劇傳揚世界和提升了京劇演員的地位。一九三〇年梅蘭芳組團到美國公演，當時正值美國經濟大恐慌，消費力下降，百業蕭條，但梅蘭芳在美國紐約百老滙大劇院的演出卻是場場爆滿，連演了幾個月，美國人開始認識京劇，從京劇中瞭解中國文化，美國的報紙天天報導梅蘭芳的演出，劇評家也紛紛撰文稱讚梅蘭芳的表演藝術，當時美國的藝術界、學術界、新聞界人士給予梅蘭芳一致的好評，可說是中國人和中國藝術在美國最風光的時候。梅蘭芳使京劇由一個地方性戲劇躍升為國際性藝術。

此外，梅蘭芳提升了京劇演員的社會地位也是極為值得稱頌的成功。在以前，京劇演員被稱為「戲子」，社會地位是十分卑下的，由於一九三〇年梅蘭芳在美國的演出受到美國人士一致的稱讚和好評，美國人對梅蘭芳的尊敬和愛慕，使中國人對京劇演員也改變了態度，於是京劇演員由「戲子」提升為「藝術表演家」，讓京劇演員的社會地位大大提高，這才是梅蘭芳真正的成功。

摩西是《聖經》裡極為重要的人物，摩西出生的時候，以色列人正在埃及做奴隸，受埃及人的迫害，生活十分痛苦。埃及王法老命令兩個收生婆，為以色列婦女接生時，如果是男孩，就把他殺了，如果是女孩就留她存活。摩西的母親生下摩西，恐怕摩西遇害，就把三個月大的摩西裝在箱子裡，把箱子擱在河邊的蘆荻中，埃及王法老的女兒來到河邊洗澡，發現一個箱子裡面裝著小嬰兒，便決定收養這小嬰兒當作自己的兒子，取名摩西。

摩西在埃及王宮裡成長、受教育，過著高級享受的生活。後來，摩西看到自己的同胞受到欺辱，便離開王宮，上帝耶和華指示摩西帶領以色列人離開埃及，走過紅海，脫離了埃及人的掌控，也擺脫了奴隸的身分，摩西實在是猶太民族的英雄。

摩西原可以在埃及王宮裡終身過著富貴的生活，但他選擇了帶領以色列人出埃及，在曠野裡流離困苦的生活，摩西成功地為以色列人開拓了一條新的歷史道路，摩西影響了猶太民族的歷史發展。

三、要致力於有意義的成功

人人都在追求成功，但成功之後卻未必得到人生的滿足感。我從小歡喜看武俠小說，武俠小說中一個最常見的題材是「報仇」，記得有一部武俠小說寫得很動人，故事說有兩個同門習武的師兄弟：冷夷平和康無畏，兩人武功的功力在伯仲之間。有一年，舉行武林盟主大會，要選出新的武林盟主，康無畏自己認為應是武林盟主，唯一的勁敵就是師兄冷夷平，於是在大會前一天晚上，用酒灌醉了冷夷平，趁冷夷平酒醉未醒時，康無畏悄悄潛入冷夷平臥室，一劍刺死了冷夷平。

康無畏自以為黑夜中殺了冷夷平是人不知鬼不覺，不料冷夷平的兒子冷幻如睡在隔壁房間，正好起來上廁所，看見康無畏手提長劍，從父親臥房出來，行動躲躲閃閃，十分可疑，於是趕緊跑進父親的臥房，發現父親睡在床上，全身是血，已經斷了氣。冷幻如立刻明白父親是遭了康無畏的毒手，本想立刻去找康無畏，但冷幻如知道自己武功太弱，絕對不是康無畏的敵手，於是強忍住悲憤，為父親辦理喪事。

第二天，武林盟主大會，康無畏果然壓倒群雄，奪得武林盟主寶座。

冷幻如立志要為父親報仇，到處尋覓武林奇人，經歷了許多困難和痛苦，二十年後終於練成一身絕技，於是回到家鄉，要找康無畏報仇。不料，康無畏已經死了，康無畏的兒子康念先也是武功高強，繼承武林盟主之位。

一天深夜，冷幻如一身勁裝，闖入康家大院，展開了一場血戰，冷幻如殺死了康念先和康家的親屬以及十幾名護院，康家大院成了屠宰場，屍首縱橫，血流遍地，冷幻如雖也受了傷，總算成功報了仇。

康念先的兒子康百仇當時年方十五歲，看到如此可怕的場景，嚇得縮在屋角，連大氣都不敢吭一下，這才沒被冷幻如發現，逃過一劫。

第二天天亮，在眾人還沒發現康家慘劇之前，康百仇便溜出家門，從此流浪天涯，改名換姓，以免被冷幻如追殺。康百仇不想再練武，因為他自知不是練武的材料。他跑到深山裡，遇到一個老頭，這老頭在深山裡蒐集各種有毒的動、植物和礦物，康百仇就跟隨這老頭做蒐集毒物的工作，過了十幾年，康百仇不但對各種毒物瞭如指掌，而且研究各種毒物的毒性，調配出一種混合的超強烈毒藥。

康百仇帶了超強烈毒藥離開深山，到了一個城市，他到一個大餐館工作，向主廚大師傅學得一手好菜。三年後，康百仇離開這個城市，開始尋找冷幻如。

尋找冷幻如不是難事，因為這時冷幻如已經是武林盟主，江湖中無人不知。康百仇很容易便找到了冷幻如的家。首先，康百仇改名為金福，天天到冷府的後門，找機會和冷府的僕人和婢女聊天，漸漸地冷府的僕人、婢女和康百仇熟悉起來。

有一天，一個婢女告訴康百仇說，府裡的廚師生了重病，須要物色一個新廚師，康百仇趕緊拜託那婢女推薦他，婢女果然向冷夫人推薦，冷夫人要康百仇試做幾道菜，看看手藝如何。康百仇於是大顯身手，做了幾個拿手菜，冷幻如夫妻嘗後覺得美味可口，便把康百仇（這時改名為金福）留在家裡擔任廚師，為冷府上上下下三十多人做三餐飲食。

過了幾個月，到了小年夜，冷幻如吩咐康百仇準備豐盛的食物和大量美酒，要讓冷府的家人和僕傭快快樂樂地大吃一頓。這頓晚飯，冷府席開四桌，一片歡樂。康百仇悄悄拿出藏在身上的超強烈毒藥，平均灑進菜裡，把一盤一盤的好菜送上桌。大約過了半個時辰，康百仇發現前廳安靜下來，便從廚房走到前廳，看到冷府的人全都倒在地上，康百仇看到這種情景，腦海裡浮現當年康家大院的慘狀，不禁舉起雙手，兩眼流淚，對天喃喃自語說：「爸爸，我為你報了仇。」

這時，倒臥在地上的冷幻如突然拿起身藏的一個匕首，用盡最後一點力氣，將匕首擲向康百仇，康百仇完全沒有防備，匕首刺進了心臟，倒地而亡，冷幻如也無力地閉上眼睛。

以上所講的是一部武俠小說，在許多的其他武俠小說中，報仇也是常見的題材，武俠小說未必是真實的，但可以反映中國社會大眾的共同認可觀念。這部武俠小說給我們一個重要的反思，康、冷兩家三代不斷相互報仇，他們的報仇行動都是成功的，但這成功有意義嗎？這成功的代價是康、冷兩家全都毀滅，這成功的代價值得嗎？

二十世紀三〇年代的名作家曹禺曾寫過一個話劇劇本「原野」，台北李寶春劇團把它改編成京劇，劇情是仇虎被人陷害入獄十年，父親被害，家產被奪，仇虎越獄回到家鄉，找仇人報復，但仇人已死，仇虎便殺了仇人的兒子，當仇虎殺了仇人的獨子後，心情不安地說：「死的人平靜了，我報了仇卻心裡一點快樂不起來。」

的確，報仇成功未必能換得快樂，因為報仇的成功是建立在別人痛苦的基礎上，也是在挖當年自己被害時的傷疤，這種成功有什麼意義？應該學基督教以寬恕的心來對待仇人，仇恨的情緒減淡，也許會在別的地方獲得成功。

四、永恆的成功

追求名和利的成功乃是人性，只要是用正當的方法獲得的成功，都是應該被肯定的，《聖經》說：「你要喫勞碌得來的，你要享福，事情順利。」（〈詩篇〉一二八篇二節）然而名與利乃是人世間的事，當一個人離開人世，所有的名與利都成為泡影，所以名與利的成功是短暫的成功，人應該追求的是永恆的成功。

一個富翁得了癌症，到了末期，住在醫院的安寧病房，牧師到病床前為他禱告，並且為他講解基督信仰的道理。牧師講了幾次以後，富翁對基督信仰似乎有了不少認識。有一天，富翁對牧師說：「我這一輩子賺了不少錢，其中有些錢是用不當的手段得來的，我的良心一直不安，當別人稱讚我是個成功的企業家時，我的心就一陣刺痛，說我做企業成功，其實就像在說我做壞事成功一樣，別人以為我對他的誇獎很陶醉，其實我是心裡好害怕，中國人說做壞事要下地獄，現在聽你講道，知道基督教也有天國和地獄，那麼我死後一定要下地獄了，我怎麼辦？」

牧師聽了富翁的自白，握著富翁的手說：「信耶穌，只要你懺悔，信耶穌，耶穌就會救贖你，赦免你的罪，讓你不入地獄，反而可以進入天國得永生。」

富翁睜大了眼睛：「真的嗎？那我願意受洗成為基督徒，我信耶穌，我死了以後，我的靈也要跟隨耶穌。」

牧師點頭道：「我明天就為你施洗。」

富翁的眼角流下了一串淚水，看著牧師：「我手裡有不少錢，可是現在覺得那些財富都是空的，醫生說我還有三個月可以活，我要利用這三個月重新分配一下我的財富，我要把錢全部捐出去給那些需要的人，因為我信仰耶穌，我相信耶穌會賜給我天上的財富，那是不會失掉的財富。」

牧師緊緊握住富翁的手說：「恭喜你，你現在已領悟到什麼是永恆的成功了。」

的確，人在世間的生命是短暫，名和利是世間所追求的，當一個人的肉體死亡，他所有的名和利就對他無用了，所以追求名和利的成功是短暫的成功，追求肉身死亡後靈的安息才是永恆的成功。

其實，永恆的成功也可以在人世間實現，不過在世間永恆成功的果實可能不是自己擁有，而是要讓別人分享。舉兩個例子來說明：宋朝末年的文天祥抗拒元朝，堅決不肯投降，寧可捨棄高官厚祿，捨棄人世間的富貴，願意慷慨赴義，接受死亡，為的是保持「正氣」。最後，文天祥是被殺了，但卻讓「正氣」長留在後代中國人的心中，這是永恆的成功。

另一個例子是耶穌，耶穌堅持上帝的道，不肯向那些頑梗愚昧、自私自利的人屈服，被釘死在十字架上，但是耶穌的道卻被後來的世人普遍接受，耶穌基督的福音給後世的人們指引了正確的道路。所以從世俗的表面看，耶穌被人釘死，是失敗的，事實上從人類延續的生命看，耶穌所做到的是永恆的成功。

總之，追求成功是人的共同願望，因為有追求成功的願望，人類社會才會有進步，追求成功是應該受到肯定和鼓勵的。但在追求成功的跑道上奔馳的時候，你應該舉目望天，張開眼看看外面廣闊的世界，想一想你要追求的成功是「小」成功還是「大」成功，「小」成功是你個人的「功成名就，名利雙收」，「大」成功則是幫助別人，帶動社會向上推升。「小」成功是金光閃閃的庸俗產品，「大」成功則是充滿愛心的溫暖陽光。只有「大」成功才是真正的成功，永恆的成功。

走出苦難

一、苦難像隱形的不定時炸彈

人生極少不會遭遇到苦難，只是苦難有大有小之別而已，大的苦難如重病、破產、家庭破碎、感情受傷等等，小的苦難如考試失敗、暫時失業、染上酒癮等等，不論是大的苦難或小的苦難都會令人感到痛苦，心情鬱悶或煩躁，徬徨失措，所以，任何苦難都是不愉快的事。

人生什麼時候會遭遇到苦難？這是沒有人能解答的問題，隨時隨刻，苦難都可能降臨，誰也料不到。

在《聖經．約伯記》中記載了一段約伯的故事。約伯是個好人，上帝耶和華稱讚約伯：「地上再沒有人像他完全正直，敬畏神，遠離惡事。」約伯生了七個兒子，三個女兒，家產豐盛，有羊七千頭，駱駝三千隻，牛五百對，母驢五百隻，還有許多僕婢。當時，在天上，撒旦站在耶和華面前，耶和華稱讚約伯，撒旦說：「約伯敬畏神豈是沒有原因的，你不是在他家的四周圍上籬笆保護他嗎？他所有的福氣都是你賜給他的，如果你毀掉他一切所有的，他必當面棄掉你。」耶和華對撒旦說：「凡他所有的都在你手中，只是不可伸手加害於他。」於是，撒旦離開耶和華，來到世界。約伯一天之中，失去了他的牛、羊、駱駝、驢子，他的兒女和僕婢也死了，約伯從腳到頭全身都長滿了毒瘡。這個打擊讓約伯幾乎撐不下去，但約伯並沒有離棄神，上帝耶和華就伸手醫治了約伯，並且賜給約伯比以前更多一倍的財產，又讓約伯牛了七個兒子、三個女兒。

不久之前，在報紙上看到一則新聞，在臺灣一個小鎮上住著一家三口，男主人姓陳，和妻子帶著一個五歲小女兒，陳先生在一家工廠做搬運工，收入雖然微薄，但生活還算幸福。有一天，陳先生騎機車載他的女兒到菜市場去，在公路上，被一輛大貨車撞倒，陳先生腦部受傷，成為植物人，小女兒兩腿被貨車輾過去，造成腿骨完全碎裂，成為不能走路的癱瘓。這場車禍，讓陳家遭受嚴重打擊，如果不是工廠老闆給予協助，陳太太幾乎支撐不住。

約伯和陳先生的故事，讓我們領悟到，苦難像一個不定時的隱形炸彈，隨時隨地會爆炸，有時會在毫無戒備的情形下出現，讓人感受痛苦，甚至讓人感覺到好像墜落到黑暗的深淵裡。

二、造成苦難的原因

苦難雖然像一個隱形的不定時炸彈，沒有人能預測到它何時會爆炸，也不能預測爆炸的威力有多大。但是，我們可以尋找到苦難發生的原因。大致說來，苦難的出現約有四個原因：

（一）自己造成苦難

有些苦難是由於自己犯了過失而造成的，我有一個朋友患了嚴重的肺氣腫，看他咳嗽不斷，講話也上氣不接下氣，講兩三句話就要咳出一口痰，真為他的氣喘難過。他為什麼會如此氣喘？原來他從二十歲開始抽菸，抽了四、五十年，菸癮越來越大，到了六十歲，他就感受到氣喘的痛苦，這場苦難乃是他自己種下的因，氣喘是他收的果。

在臺灣中部有個小鎮，鎮上鬧區街上有一家小吃店，賣各式麵點和幾樣小炒，店主人是阿菊，阿菊只受過小學教育，見識不廣，丈夫是個遊手好閒的懶惰蟲，為了養活丈夫和兩個兒子，阿菊就在鎮上開了這間小吃店，由於阿菊做事勤快，待人和善，手藝也不錯，所以小吃店生意興隆，開了二十幾年店，不但養活了一家人，還積蓄了一些錢。二〇〇八年金融海嘯，也衝擊到臺灣，臺灣失業率步步上升，消費力便節節下降，這也影響到阿菊的小吃店，生意越來越蕭條，這讓阿菊暗暗地憂心。

有一天，來了一個客人，阿菊認識他是在廟門口賣烤雞翅膀的阿胖。阿胖邊吃麵邊和阿菊聊天，阿菊感嘆客人越來越少，生意真不好做。阿胖抬起頭來說：「阿菊，妳希望生意好起來，是不是？」

阿菊點點頭：「當然希望生意好起來。」

阿胖說：「我賣雞翅膀的廟好靈啊！妳拿一些錢到廟裡供下，再把錢放在家裡一個隱密的地方，妳就能賺錢了。妳供多少錢，就可以賺多少錢。」

阿菊睜大眼睛，驚訝地說：「真的啊？」

阿胖說：「真的，我自己試過。」

阿菊急忙轉身，取了存摺，到隔壁的銀行去提了五十萬元。阿胖從背包裡拿出一個牛皮紙袋，將五十萬元裝進袋裡，又拿了膠帶，當阿菊的面，把紙袋密密封牢。然後，阿菊捧著紙袋跟隨阿胖進了廟，把紙袋放在供桌上，阿菊忙著去燒香、跪拜。大約忙了二十分鐘，阿菊捧著紙袋回到店裡，阿胖對阿菊說：「把紙袋收到隱密的地方，不要告訴別人，也不要打開紙袋，否則就不靈驗了。」

往後一個禮拜，阿菊覺得小店的生意好了一點，心裡暗暗歡喜。有一天，阿胖又來了，勸阿菊再拿五十萬元去供，阿菊立刻照辦。

可是，阿菊的店並沒有真的生意興隆起來，漸漸地阿菊感到周轉不靈，她想到後面密藏了兩個紙袋，裡面有一百萬現金，可以拿出來使用以應付當前的需要，於是，她把兩個紙袋取出來，打開紙袋，發現裡面竟是一包一包燒給死人用的陰間紙錢。阿菊立刻想到那一定是阿胖趁她燒香跪拜的時候，用冥錢來偷偷換了他的真鈔，因為紙袋是阿胖做的，阿胖用相同的紙袋裝了冥錢換了裝真鈔的紙袋，使阿菊完全沒有察覺紙袋已經被阿胖掉換過了。

阿菊雙手抓住冥錢，全身發抖，眼淚不斷流下來，完了，自己辛苦積蓄二十幾年的心血完全消失了，兒子的學費和店裡開銷該怎麼應付呢？阿菊感到突然頭痛欲裂。

由於貪心和無知，阿菊種下了苦難的因，也收了苦難的果。

（二）他人造成的苦難

有時苦難是別人有意或無意造成的，我弟弟在十歲時經常咳嗽發燒，醫生檢查出是患了肺結核的毛病。大家都很納悶，十歲的小孩怎麼會染上肺病，後來發現是被我的父親害的，原來我父親是一個菸癮很重的人，每天清晨醒來，睜開眼的第一件事就是從枕頭邊摸出香菸來抽，躺在床上吞雲吐霧，一根菸抽完再起床。由於當時我們家很窮，只有一間房，我睡單人床，弟弟從出生就和爸爸媽媽同睡一張大床，弟弟從嬰兒時代就受父親香菸的「薰陶」，當時是一九四七年，大家都不瞭解二手菸的害處，我父親也就很坦然地在床上抽菸，可憐的弟弟就成為二手菸的受害者，這個苦難是因為父親的無知而造成的。

我有一個學生左眼瞎了，戴了義眼，我問他是怎麼瞎的，他說他上幼稚園的時候，有一個小朋友拿了一根竹子，刺進了他的左眼，雖然立刻送到醫院，但由於竹子刺得太深，整個眼球的組織結構都被破壞了，左眼便失明了。這個學生的苦難是別人造成的。

被他人有意或無意傷害而造成的苦難每天都會發生，這是人生苦難中常常見到的。

（三）撒旦造成的苦難

撒旦是誘惑人心走進罪惡的魔鬼，撒旦會使苦難降臨到人的身上，前面講《聖經》裡約伯的故事，約伯的苦難就是撒旦造成的。

陸教授是一所著名大學的教授，已經退休，有一天，陸教授在一家咖啡館喝咖啡，來了兩個二十歲左右的女孩，在陸教授對面坐下來，她們說是某大學的學生，有一門課的老師指定要學生買英文教科書，書價是三千塊錢，她們沒錢，請陸教授幫忙，陸教授在大學教了三十多年書，對學生一向愛護，他雖然不認識這兩個女孩，但這兩個女孩像大學生，而且老師要求學生買英文教科書乃是常有的事，於是，從口袋裡掏出三千塊錢給這兩個女孩，這兩個女孩接了錢，口裡不斷道謝，就起身走了。過了幾分鐘，這兩個女孩又回來了，其中一人對陸教授說：「先生，你真是好人，那麼慷慨幫助我們，我們覺得應該回謝你，這樓上是賓館，我們願意陪你上去休息，算是我們回謝。」

陸教授除了妻子，從不親近別的女人，現在眼前這兩個年輕活潑又漂亮的女孩竟主動送上來，讓陸教授不覺心動起來。在兩個女孩一左一右的挾扶之下，陸教授進了賓館的房間，寬衣解帶，和兩個女孩中的一個發生了關係。事後，兩個女孩先走了，留下陸教授一人呆坐在床上，好像做了一場夢。

第二天，陸教授在家裡接到一通電話，一個男子的聲音傳過來：「你昨天在賓館的事，我們知道了，也拍了許多精彩的照片，你準備一千萬，否則我們會把事情公布出來。」

陸教授嚇得不知所措，半天說不出話來，原來昨天的那兩個女孩是設了一個仙人跳的圈套，色誘陸教授，陸教授不能抵擋撒旦，短暫肉慾的快感，換來一場大苦難。結局是陸教授賣掉了自己的房屋，又和妻子離了婚。

（四）上帝造成的苦難

上帝會賜福給人，上帝也會降下苦難。一個嬰兒出生就瞎眼、耳聾、缺手、缺腳，所謂的先天性殘障，常被認為是上帝的作為。此外，地震、海嘯、巨風、旱災、水災等等重大的天然災變，也常被認為是上帝降給人的苦難。

以上所說造成苦難的四個原因：自己造成、別人造成、撒旦造成、上帝造成只是概略性的區分，實際上許多苦難的造成是很難確定由於哪一個原因，譬如前面講的阿菊的故事，阿菊的苦難是自己造成的，但也可以說阿胖是撒旦的化身，阿菊的苦難是撒旦造成的。又如母親生下一個殘障嬰兒，這苦難是上帝造成的，但也可能是這個母親在懷孕時吃下什麼傷害胎兒的食物或藥物，這苦難是自己造成的。所以上面所說四個造成苦難的原因只是理論上的分析而已，造成一個苦難的真正原因恐怕很難確切的瞭解。

三、離開苦難

當一個人面臨苦難的時候，最重要的事是設法離開苦難。苦難像一個枷鎖，套在人身上，會讓人感到痛苦、恐懼、慌亂、沮喪、暴躁，如果一個人長期被苦難困住，他很容易變成消極、頹廢、悲觀、偏激和滿懷恨意，他的人生將是灰色的、黑暗的、自暴自棄的人生。遇到苦難，趕快逃出苦難的圈子，不要長期被苦難綑綁。

離開苦難並不一定是解決了苦難，苦難的事實也許仍然存在，但心理上不被苦難困住就是離開苦難。

一個天生的殘障者，他這一生可能無法醫治好他的殘疾，但他不能每天都想他的殘疾，心裡不斷增加痛苦、憤恨、抱怨，這對他的人生是有害無益的，他要轉移，把注意力轉移到正面上去，找出自己的長處，讓自己的長處發揮出來，我們看到許多聾子成為著名的畫家，許多瞎子成為傑出的音樂家，他們是在心理上走出苦難的陰影，才能開創光明的人生。

我從二〇〇五年到二〇〇七年，有三年的時間眼睛幾乎失明，除了對光源還有一點點感覺外，外界的事物完全看不見。但我在這三年中並沒有唉聲嘆氣，自艾自怨，我在大學教了三十多年的歷史，我對中國歷史有許多想法和看法，一直沒有機會寫出來，於是，我用這三年，眼睛雖然看不見，頭腦卻十分清楚，用口述的方式，來分析歷史上許多問題，這些口述的錄音帶交給我的學生用電腦打出字來，彙集成為一本書，書名叫《照照歷史的鏡子》，由臺灣商務印書館出版。這本書證明了我雖然雙眼失明，卻走出了苦難的陰影。

離開苦難要依靠自己，也要依靠神。

一個陷在苦難中的人要發揮勇敢的精神、堅強的毅力和敏銳的智慧。由於苦難是一種打擊，遭遇苦難的人必須勇敢面對，保持平靜和鎮定。苦難往往不是一兩天就過去的，面對苦難要有毅力堅持下去。苦難像高空中的亂流，也像河裡的漩渦，它破壞了人生正常軌道的運作，如何脫離亂流、脫離漩渦，這要靠智慧。

二〇一〇年九月八日臺灣頒發慈心獎，表揚衛生保健績優志工和團隊，其中特殊績優貢獻獎由張璟惠女士獲得。張璟惠的丈夫一九九二年因肝癌過世，在丈夫最後一段時間，張璟惠感到徬徨、恐懼、無助、痛苦，幸好有幾位親朋好友陪伴，讓她得到一些安慰。二〇〇一年，張璟惠就讀大學的獨子到海邊游泳，陷入海底暗溝之中而溺斃，突發的意外，讓她傷痛欲絕。家破人亡的苦難，張璟惠幾乎支撐不下去，但辦完兒子的喪事後，她勇敢地站起來，她深深體會到失去親人的痛苦和空虛的心理，她開始擔任志工，她的工作是陪伴癌症末期病人的家屬，給他們安慰，協助他們料理事務，雖然當每一位病人去世的時候，看到家屬們悲傷痛哭的神情，都會觸動她的舊傷口，但她忍住痛苦的回憶，很理性安慰家屬，幫他們處理後事，她誠心誠意，不求任何回報，家屬們無不感激萬分。

張璟惠用勇敢、毅力和智慧讓自己走出苦難的陰影，更向社會散播了愛和關懷的種子。

一個人靠自己的勇敢、毅力和智慧走出苦難是值得鼓勵的事，但是，在苦難中，人常會自己覺得好軟弱、好渺小，這時多麼希望背後有一個大力量來支撐他，來引導他該做什麼樣的決定，這時他需要神，需要上帝。《聖經‧箴言篇》三章五節說：「你要專心仰賴耶和華，不可倚靠自己的聰明。」這句話的意思是說人的聰明是有限的，上帝的能力是無限的，當苦難降臨的時候，要祈求上帝賜給你勇敢、毅力和智慧，讓你儘快通過苦難的陰影。

四、苦難的積極意義

苦難會使人感受到痛苦，沒有人會歡喜痛苦，當然也沒有人歡喜苦難，然而，在人世間，苦難是存在的，是隨時隨地會降臨的，遇到苦難，要勇敢面對，因為苦難也有它的積極意義。

苦難往往是通往成功的必經途徑，翻開世界偉人的傳記，我們會發現一個偉人在達到成功之前幾乎沒有不遭遇到苦難的，《聖經》中〈創世紀〉篇裡約瑟的故事十分動人，約瑟成為埃及宰相以前，曾做過奴隸，曾被關在埃及的監獄裡，是個可憐的囚犯。耶穌成功地把福音傳到人世間，但耶穌遭遇了人世間最大的苦難，被釘死在十字架上。使徒保羅在傳播福音的工作上極為成功，使徒保羅可說是闡釋福音最重要的導師，但使徒保羅曾被囚禁、被鞭打、被追殺，一直生活在苦難之中。在中國，孔子是被尊敬的人物，被尊稱為「至聖先師」，是偉大的教育家和思想家，但孔子帶著學生周遊列國，生活困苦。明太祖朱元璋出生在貧寒的農家，由於家鄉鬧饑荒，便出外流浪，曾經做過乞丐，當過和尚，最後竟然開創了大明帝國。

孟子說：「天將降大任於斯人也，必先苦其心志，勞其筋骨，餓其體膚，空乏其身，行拂亂其所為，所以動心忍性，增益其所不能。」（《孟子‧告子下》）這話的意思是說，上天要把重大的責任給一個人，必使這個人受到各種苦難的磨練，這種磨練是為了要增強他的能力。所以，孟子認為苦難是一個訓練營，通過訓練，才能負起大的責任，走向成功。

不要把苦難看成災禍，有時苦難的背後就是豐收。在《聖經‧使徒行傳》中記載了一個故事，使徒保羅被囚禁在監獄裡，約在半夜，保羅和門徒西拉在獄中禱告唱詩讚美神，忽然地大震動，監門全開，眾囚犯的鎖鍊也都鬆開了。守監獄的禁卒以為囚犯已經逃走，就拔刀要自殺，保羅大聲制止，說我們沒有逃跑。禁卒戰戰兢兢，俯伏在保羅面前，保羅便為他講耶穌基督的道，結果獄卒全家都受洗信主。這真像中國人講的「塞翁失馬，焉知非福」，保羅坐監獄原是苦難，沒想到竟然收了傳福音的果子。對禁卒來說，監門開了，應該是個苦難，最後卻收了得救的福氣。可見苦難的背後藏著成功與幸福，這正如老子所說：「禍兮福之所倚，福兮禍之所伏」的想法一樣。

遇到苦難，每個人會用不同的方法和態度來應付，最重要的是不要留在苦難的羅網之中，不要被苦難綑綁住，要用勇敢、毅力和智慧讓自己走出苦難。如果覺得軟弱，走得好辛苦，立刻向上帝呼求吧！上帝會賜給智慧和力量，讓苦難消除，也讓苦難背後的福分顯露出來，一場苦難就會轉化成一片幸福和光明。

愛與忍耐

一、忍耐的動力是愛

寬成和雅惠是我的朋友，大家都知道寬成和雅惠這對夫妻十分恩愛，但恩愛到什麼程度，卻很少人清楚。有一天，寬成忽然邀我到他家吃中飯，讓我大為驚訝，因為寬成是畫家，尤其擅長畫山水風景，他的生活除了去欣賞湖光山色之外，就是靜靜地在家裡作畫，所以很少請朋友到他家作客。

我不敢早到，怕占了太多屬於他們倆的時間，十二點差十分，我按了寬成家的門鈴。

「歡迎！」寬成的笑臉出現在門口。

「寬成，為什麼請我吃飯！」我好奇地問。

寬成笑著把我迎到客廳，說：「沒有什麼事，雅惠學會了做冰糖肘子，特地請你來品嘗一下。」

這時，雅惠從廚房裡走出來，和我打了招呼說：「其實還有一個理由，寬成正在畫一幅黃山風景，也要請你來欣賞哩！」

「看來我今天真是運氣好，口眼都有福了。」我笑著說。

「好啦！你在客廳坐一下，我去幫雅惠的忙，馬上就開飯了。」寬成邊說邊隨雅惠進了廚房。

不久，我聽到廚房裡傳來打破盤子的聲音，接著是雅惠的尖叫聲，我趕緊衝到廚房，只見滿地是碎瓷片和菜餚，寬成望著地上發楞，雅惠則握著寬成的手。

「糟糕，我把冰糖肘子打翻了。」寬成一臉歉意。

「寬成，沒關係的。」雅惠安慰著寬成，然後轉過頭來對我說：「寬成很少做廚房的事，難免會出點小差錯，我改天再做一次冰糖肘子請你吃。」

午餐桌上少了一道主菜，但我覺得嗅到空氣中比冰糖更濃的甜味。

吃完午餐，寬成帶我到他的畫室。他指著畫架上一幅已經完成的《黃山風景》說：「上個月我去黃山，印象很深刻，我用水彩畫把黃山的美表現出來，你到過黃山，請你提供一些意見。」

這時，我看到雅惠端了兩杯咖啡走進畫室，不料，腳下被一根橫木條一絆，身體便向前衝，兩杯熱熱的咖啡就潑向畫架，寬成和我同時躍身而起，扶住了雅惠。

「糟了！」雅惠趕緊拿起一塊抹布，原來那幅黃山風景畫上已經染上了一大片褐色。

我發現寬成的臉漲得通紅，但當他看到雅惠拿抹布去擦畫面時，他臉上的紅色消退了，他搶過了抹布，拉著雅惠的手反覆檢查。

「雅惠，沒燙著吧？」寬成的聲音好柔和。

「對不起，寬成，我太粗心。」雅惠幾乎要哭出來。

「沒燙著就好，畫嘛，再畫一幅就是了。」寬成輕輕地拍著雅惠的肩膀。

從寬成家出來，我忽然覺得自己收穫好多。雅惠不會不心痛她做的冰糖肘子，但她為什麼不發寬成的脾氣？寬成當然會傷心自己那幅心血的傑作，但他為什麼忍著怒氣，反而來安慰雅惠？我找到了答案，那就是「愛」，因為愛而容忍對方的過失。常聽人說：「愛是不能原諒的也要原諒。」現在我才體會到忍耐的深處蘊藏著濃濃的愛。

一個頑皮的小男孩在家裡玩耍，不小心打破了一只花瓶，那花瓶價值昂貴，是父親心愛的古董。

「爸爸，是我不小心把花瓶打碎的。」男孩的表情很惶恐。父親滿臉怒容，伸手要打小男孩，當手舉得高高時，他卻收了回來，用嚴厲的語氣對小男孩說：「我給你一瓶萬能膠，你就在這裡把打碎的花瓶黏起來，恢復原狀。」

小男孩蹲在客廳裡一整天，終於把所有的碎片黏起來，當然這並不是原來完整的花瓶，可是這一整天的拼湊黏貼，使小男孩似乎瞭解到責任和耐心。

這位父親為什麼不責打闖了禍的小男孩？因為他雖然愛古董，他更愛他的兒子，就基於這份愛，他忍住了自己的怒火，轉而給兒子一個機會教育。《聖經‧哥林多前書》十三章四節說：「愛是恆久忍耐，又有恩慈。」這位父親的作法充分顯示出忍耐的動力是愛。

二、忍耐是克服困難的方法

在人生的旅途上，總會遇到困難，身體的疾病、精神的憂傷、學業或事業的挫折……等等都是困難。有些人對付困難的方法是一笑置之，停手算了；有些人是怨天尤人，牢騷滿腹；有些人是暴力強求，玉石俱焚。這些方法不是失之消極，就是失之偏激，都不能算是最好的方法。最好的方法是忍耐——從冷靜中尋求克服困難的途徑。在《聖經・羅馬書》五章三～五節說：「患難生忍耐，忍耐生老練，老練生盼望，盼望不至於羞恥。」韓信的故事可以給《聖經》這段話作註腳。

韓信是西漢的開國功臣，年輕的時候家境清寒，每天三餐都吃不飽，有個在河邊洗衣服的老太太看韓信可憐，常常送飯給韓信吃。韓信雖然那麼窮，可是總歡喜在腰上佩著一把長劍，走到街上很惹人注目。有一天，一群少年在街上攔住了韓信，其中一個少年指著韓信的鼻子輕蔑地說：「看你個兒又高又大，又歡喜動刀佩劍，其實你是個膽小鬼，心裡怕兮兮的。」這話引起那群少年的一陣哄笑，大家附和著羞辱韓信，原先說話的那個少年把兩腳大大分開，對韓信說：「你如果不害怕，就拔出劍來刺我，證明你膽大，如果你害怕，你就從我褲襠下爬過去。」韓信沉思一下，就伏下身去，從那少年的胯下爬了過去。這是有名的韓信受胯下之辱的故事。韓信的舉動是不是正確呢？當時韓信如果拔劍刺過去，固然可以逞一時之快，但可能有兩個結果：一是那批少年圍攻過來，韓信一人恐難抵抗，於是韓信可能受傷甚至當場被打死，另一個情形是韓信一劍把那少年刺死，韓信成了殺人兇手，被官府逮捕處死。無論哪一種結果對韓信都是極為不利的，權衡輕重，韓信選擇了爬過胯下。他的選擇事後證明是正確的，如果不忍耐，韓信怎能後來成為與蕭何、張良齊名的漢朝開國三傑？韓信是膽小鬼嗎？當然不是，韓信率領百萬大軍掃平群雄，奠立了漢朝的基業，是中國歷史上著名的勇將，韓信肯受胯下之辱，是表現了他的忍耐和智慧，韓信不願意在自己人生的事業還沒站上起跑點之前，就毀在幾個小流氓的手裡。

就人類的心理來說，「忍」不是容易做到的事，著名的生物學家康羅德・勞倫茲（Konrad Lorenz）曾指出人類的攻擊性是與生俱來的，當一個人受到外界攻擊時，最立即的反應是還擊，其次的反應是逃避。然而逃避表示對外界攻擊的退縮，甚至表示投降，在維護自尊的心理下，無疑地逃避是一種恥辱。可是，當明知還擊無效的時候還不肯逃避，其結果只有慘敗或悲劇收場。不過，人類在過度自尊心的堅持下，往往會不顧後果而做出立刻的還擊，要求一個人忍受外來的攻擊遠比要求他立即還手來得困難。所以韓信選擇爬過胯下遠比拔劍殺了那少年難得多了。

一個人遇到困難的時候，最容易情緒不寧，心浮氣躁，在這種情形下所作的決定往往不會正確，可能導致失敗的結果。想要避免失敗，便要使自己的心情安定下來，理清自己的思路，才能找到克服困難的法子。俗話說：「禍不單行」，其原因實在和心情有很大的關係，當一個人遇到困難或挫折的時候，是第一次禍，這第一次禍使他心情不穩定，於是使他的行為或動作失去了準頭，而導致不幸的結果，這就成為第二次禍。所以「禍不單行」實在和心情不穩定有關。如果一個人遇到困難和挫折時，不會情緒衝動，而發揮「忍」的功夫，便會神智清明，就可以躲過接下來的失敗。

韓信忍小辱而成大事，讓我們深深領悟到《聖經》所說的「患難生忍耐，忍耐生老練，老練生盼望，盼望不至於羞恥」，是多麼深刻的哲理。

三、忍耐不是怯懦

也許有人會說忍耐不就是怯懦嗎？的確，忍耐和怯懦很容易被混為一談，就像勇敢和逞強很難分辨一樣。其實，忍耐和怯懦是有區別的，忍耐和怯懦表現在外的行為都是退讓，然而，忍耐是將退讓當作一種手段，怯懦卻是把退讓當作目的。

在中國歷史上最能發揮忍耐精神的時代是西漢初年，漢高祖劉邦即位不久，就被匈奴大軍包圍在平城（今山西大同縣）附近的白登山，幾乎被匈奴俘擄，後來賄賂了匈奴首領冒頓單于的妻子，才得脫險，不過，漢高祖劉邦雖平安地脫離匈奴的包圍，漢軍的損失卻十分慘重，士兵死傷數萬人。漢高祖劉邦經過這次打擊，知道自己的力量不足以對抗匈奴，只好採取和親政策，把劉家宗室的女孩子加一個公主的名號嫁給匈奴的首領，而且有大批的嫁粧，每年還要送不少糧食布匹給匈奴，希望匈奴不要挑起戰爭。

和親政策對漢朝政府和人民來說，當然是一種屈辱，然而，明知無法力敵，只好忍耐。這種忍辱的政策從漢高祖到漢惠帝時都一直維持。漢高祖死後，他的兒子惠帝繼位，惠帝很軟弱，他的母親也就是漢高祖的妻子呂后出來執政，國家大事都由呂后決定。這時匈奴首領冒頓單于竟然寫了一封信向呂后求婚，這封求婚信寫得很輕佻，完全沒有誠意，漢朝大臣們看了這封信，人人心裡都明白這不是真的愛慕呂后的求婚信，實在是「吃豆腐」式的輕薄信，對漢朝來說，這無疑是一種挑釁性的侮辱，然而，呂后和大臣們硬是把心中的憤怒給「忍」下去，反而送給匈奴首領不少馬車和財寶。

從漢高祖經惠帝、文帝、景帝共六十多年，漢朝忍受了匈奴不斷的侮辱，漢朝君臣究竟是不是怯懦呢？當然不是。在這六十多年間，漢朝政府努力增加生產，富裕民生，充實國防，到了漢武帝即位，漢朝君臣衡量自己的國力，認為已經足以對抗匈奴，於是，漢朝大軍出征，果然連連打敗匈奴，洗雪了六十多年的恥辱。可見漢朝在六十多年「忍」的階段裡暗中在發憤圖強，他們把「忍耐」當成應付困境的手段，將雪恥圖強當成目的，這是「忍耐」的精神發揮到極致。如果漢朝君臣只會忍耐而不能圖強，那無止境的忍耐便是怯懦了。所以不要忘記《聖經》所說的「患難生忍耐，忍耐生老練，老練生盼望，盼望不至於羞恥」。忍耐也只是手段，目的是「不至於羞恥」。

四、忍耐依靠意念的執著

忍耐是一種自我克制，這種自我克制有時只有幾秒鐘或幾分鐘，但有時會長到好幾年，甚至數十年。長時期的忍耐須要堅強的毅力來支持，而堅強的毅力往往依靠意念的執著，所以，當一個人對某一意念愈執著便愈能忍耐。

春秋時代，晉國的大夫趙朔娶晉國君主成公的姊姊為妻。晉成公死，其子景公繼位，晉國的另一位大夫屠岸賈率兵攻趙朔，將趙朔和他的家人全部殺光，趙朔的妻子這時正身懷有孕，躲到晉景公的宮中，才沒有被殺，不久，生下了一個男嬰，屠岸賈聽到消息，派兵到宮中搜索，想要殺掉那男嬰，斬草除根，以絕後患。趙朔的妻子得知屠岸賈進宮來搜孤兒，焦急萬分，但找不到隱密的地方可藏孤兒，在緊急之中，只好把男嬰藏在自己的褲襠內，心裡默默地禱告：「老天爺啊！求祢保佑趙家不要滅種斷根，求祢別讓孩子啼哭啊！」

屠岸賈來到趙朔妻子的房中，嬰兒竟然沒哭，屠岸賈沒搜到孤兒，只得恨恨而返。

屠岸賈搜不到孤兒，心想孤兒一定被人救出宮去了，於是下令在全國搜索，如果五天內搜不到孤兒，便要將全國一歲以內的嬰兒全部殺光。

趙朔有兩個朋友，一個叫公孫杵臼，一個叫程嬰，兩人都為趙朔全家被屠岸賈殺害而憤怒不平，他倆在一起商量如何救孤兒。公孫杵臼問：「扶養孤兒和死，哪一種比較容易？」程嬰回答道：「一死百了，當然比較容易。」公孫杵臼點頭道：「趙朔在世之時對你很好，你就勉強接受那較難的任務吧！我就選擇那比較容易的，我先死吧！我在九泉之下靜靜地等候你完成任務。」

於是，兩人著手救孤兒的計畫。

首先，公孫杵臼設法找到一個嬰兒，抱到山中一個小木屋中躲起來。

程嬰這時進宮向趙朔的妻子表示願意救孤兒。趙朔妻子知道屠岸賈隨時會進宮搜索，孤兒隨時會有危險，將孤兒交給程嬰並不放心，但是總比被屠岸賈搜去好些，於是忍痛把孤兒交給程嬰，帶出宮去。

程嬰隨即向屠岸賈報告，他知道趙氏孤兒的下落，如果給他千金，他就提供這個秘密。屠岸賈大喜，立刻給程嬰千金，程嬰就帶了屠岸賈的部將到山上，尋到公孫杵臼的住處，搜出一個嬰兒。

「程嬰呀！」公孫杵臼假裝憤怒，大罵道：「你這畜牲，趙朔待你不薄，你竟然做出這種出賣朋友的事。」

公孫杵臼轉過頭來對部將們說：「各位將軍，趙氏孤兒沒有罪，請各位高抬貴手，饒孤兒一命吧！」

部將們不肯，把公孫杵臼和嬰兒一起殺死。

屠岸賈得到報告趙氏孤兒已死，便放心了。宣布取消殺嬰兒的命令，讓晉國全國的一歲嬰兒逃過一劫。其實，趙氏孤兒仍然活著，程嬰正細心地撫養著孤兒。程嬰撫養孤兒的日子是極為難捱的，心裡壓力沉重地不得了，既怕洩漏秘密，又怕孤兒長大後不成材，那種滋味，絕對不是局外人所能體會到的。

終於過了十五年，晉國另一個大夫韓厥得知趙氏孤兒仍在，已取名趙武，長得強壯英勇，於是韓厥悄悄會見了趙武，並且決定為趙氏報仇。在韓厥安排下，趙武率領軍隊攻打屠岸賈，將屠岸賈殺死。

大仇既報，晉景公任命趙武為大夫。於是程嬰對趙武說：「當年屠岸賈殺你全家的時候，你父親的許多朋友都殉了難，我卻沒有死，這不是我怕死，而是我覺得我要負起救趙家孤兒的責任。現在你已經長大，又報了大仇，繼承了你父親的職位，我的任務已達成，我要到九泉之下去向你父親和公孫杵臼報告了。」

趙武跪在程嬰腳下，痛哭流涕說：「不要，我願意侍奉你一輩子，你難道捨得丟下我嗎？」

程嬰仰著頭，眼中含著淚水，臉上卻露著微笑說：「孩子，你不知道，當年公孫杵臼相信我能完成任務，所以先我而死，現在我忍死十幾年，終於達成任務，沒有辜負他的託付，如果我不到九泉去向公孫杵臼報告，他還以為我沒把事辦成哩！」

程嬰終於自殺了。

程嬰的故事代表一個人對「信」和「義」的執著，程嬰的「忍死」比公孫杵臼的「就死」要困難得多，如果沒有一份對「信」和「義」的強烈執著，不可能產生無比的毅力，究竟能不能忍耐十幾年是大可懷疑的。在今日社會中，實在缺少像程嬰那種對道德的執著，難怪今天的人們也缺少一份忍耐的精神。

在基督教教會初期，即西元一世紀到三世紀，基督徒是受羅馬帝國迫害的，像使徒彼得、保羅和無數基督徒隨時會受到鞭打，關進監牢，甚至被殺頭、被吊死，但他們都默默忍受，無懼於死亡，這種超人的忍耐力從哪裡來的？西元一世紀時，有個基督徒名叫司提反，他盡力宣揚耶穌，有許多猶太人反對他，當司提反被猶太人用石頭打死的時候，司提反大聲叫著：「求主耶穌接收我的靈魂。」司提反何以不畏死亡？這答案是基督徒對耶穌基督信仰的強烈執著，司提反臨死前跪下大聲喊著說：「主啊，不要將這罪歸於他們。」可見基督徒有著憐憫的寬恕精神，他們愛朋友，也愛敵人，就憑著這種無比的愛心，他們把忍耐力提升到最高點。

千萬不要把「忍耐」視作「無情」，忍耐的骨子裡實在是愛，愛的成分越濃，忍耐的力量便越大。

愛與寬恕

一、寬恕是什麼？

寬恕是什麼？大家都會直接地回答：「寬恕就是原諒。」的確，寬恕就是對傷害自己的人給予原諒，傷害除了肉體的傷害之外，還包括心靈的、精神的、財產的、工作的……等等傷害。寬恕是自己願意放棄報仇、報復的念頭。

寬恕是一種內心的決定，是自己願意的，不是在外界壓力之下不得不屈服的勉強行為。志文和弘義是一所小學六年級的同班同學，有一天，兩個人為了一件事爭吵起來，志文揮出一拳，把弘義的鼻子打得流血，老師趕快把弘義送到保健室去止血。這件事原本應該報告訓導處，依校規來處理志文，可是，老師對弘義說：「弘義，志文的父親是我們市議會的議員，常常會來我們的學校過問許多事情，我們的校長很怕他，如果把志文送到訓導處，志文的父親一定會來找我們的校長麻煩。所以，弘義呀，你就原諒志文吧，和志文和解，不要把這事送訓導處好不好？」在老師的要求下，鼻子塞著棉花的弘義只得勉強點頭。弘義是在老師的壓力之下勉強表示原諒志文，卻不是心甘情願的，這種被逼式的原諒並不是寬恕。

真正的寬恕是沒有條件的，聽朋友講了一個故事，老張得了肝癌，醫生說他只能活三個月，老張感到既恐懼，又悲哀。有一天，他想到自己快離開人世了，他有一個老朋友老曹，去年到處散播謠言，說他的壞話，老張氣得和老曹大吵一架，宣布和老曹絕交。老張覺得自己快要死了，何必把仇恨帶到棺材裡去，於是老張主動去找老曹，對老曹說：「你去年製造謠言來傷害我，我原諒你。」老曹受到很大的感動，握住老張的手說：「謝謝你對我寬宏大量。」兩人談了一會兒，老張就站起來告辭，當老張走到門口，忽然轉過身來對老曹說：「如果我的病好了，今天的話都不算數。」老張最後的話是說，他原諒老曹有個前提條件，那就是他快死了，如果他的病好了，沒死，他仍舊不原諒老曹。老張這種有條件的原諒不是寬恕，真正的寬恕是沒有條件的。

二、寬恕和溺愛

在《聖經・馬太福音》十八章二十一至二十二節裡記載彼得問耶穌說：「我弟兄得罪我，我當饒恕他幾次呢？到七次可以麼？」耶穌說：「我對你說，不是到七次，乃是到七十個七次。」耶穌說的是無止境的饒恕，這很容易讓人聯想到母親對不斷犯過的兒子作不斷的寬恕，最後就成為溺愛。

其實，寬恕和溺愛是有區分的，寬恕是要讓傷害者知道他犯了什麼錯，你願意原諒他的錯，不加報復。溺愛則是縱容傷害者，沒有讓傷害者知道他犯了什麼錯，就原諒了他，這種溺愛很容易讓傷害者再度去傷害別人。所以，寬恕是仁慈的表現，溺愛卻是在撒殘忍的種子。前面講到耶穌要彼得饒恕得罪他的弟兄七十個七次，但耶穌也說：「倘若你的弟兄得罪你，你就去趁著只有他和你在一處的時候，指出他的錯來，他若聽你，你便得了你的弟兄，他若不聽，你就另外帶一兩個人同去，要憑兩三個人的口作見證，句句都可定準。若是不聽他們，就告訴教會。若是不聽教會，就看他像外邦人和稅吏一樣。」（〈馬太福音〉十八章十五節至十七節）可見耶穌雖主張不斷寬恕人，但卻也要讓對方知道所犯的錯，這是寬恕而不溺愛。

在家暴事件中，我們常常可以看到溺愛式的寬恕會造成更大的惡果。一個妻子被喝醉酒的丈夫毆打，妻子為了想維持夫妻關係，想維護這個家，縱使被打得鼻青臉腫，也不敢和丈夫抗爭，第二天外出遇到朋友，還要說自己不小心撞傷了，她要為丈夫遮掩暴行。丈夫看到妻子「逆來順受」的表現，就覺得打打妻子沒有什麼關係，於是就常常毆打妻子，喝醉酒要打，心情不好也要打，打妻子好像是理直氣壯的事，這種家暴是妻子溺愛式的寬恕造成的後果。

三、寬恕與遺忘

寬恕不是忘記，有人說寬恕是把你受到的傷害完全忘掉，這種說法是很危險的，被傷害是很痛苦的，受傷的人應該清清楚楚瞭解自己為什麼會被傷害，記取教訓，避免下一次受到同樣的傷害。有一個大學女生在學校附近租了一間單人套房住，一天晚上，有一個男人闖進了她的套房，在黑暗中強暴了她，這男人是從陽台爬進來的，事後又從陽台逃走，這女生哭了一個晚上，第二天上午她要到學校上課，為了不使自己陷在痛苦中，又不想報警使自己再受傷害，於是決定寬恕那強暴她的男人，她決心要把這事當成一場惡夢，把夢完全忘掉。到了晚上，她回到住宿的套房，果然心情放鬆，忘了昨夜的恐怖，她也忘了昨夜暴徒是從陽台窗戶爬進來的，以致睡覺前忘記把陽台窗戶關上，到了半夜，暴徒又從陽台窗戶爬進來，再一次強暴了女學生。這女學生寬恕了暴徒，讓自己完全忘記被傷害的事，以致使自己連續受到傷害。所以，寬恕只是原諒傷害者，但是不可忘記被傷害的經過，記取教訓，否則更多的寬恕可能換來更多的傷害。

四、寬恕與赦免

二〇一〇年三月臺灣社會掀起了一番辯論，已經法院判決的死刑犯是否要執行死刑？許多自認是人權維護者主張不必執行，要赦免這些死刑犯的死刑，但受害人家屬則幾乎一致認為要執行，不可赦免，於是那些自認為是人權維護者指責被害人家屬沒有寬恕心。

其實，寬恕和赦免是兩回事，寬恕是個人內心的決定，由此決定而給予傷害者的恩惠只限於寬恕者本身能力所及的範圍，寬恕者給予傷害者的恩惠只是自己內心的原諒，放棄報仇、報復，但是傷害者仍應該負他應負的社會責任，受社會規範的約束。例如一個殺人者，被害人可以寬恕他，但國家的法律對殺人事件有明確的刑責，這法律刑責是由審判法官來作裁判，受害人家屬不能自行赦免殺人者的刑責。再譬如一個人喝醉酒開車，在馬路上撞倒了行人，那行人受了傷，受傷者可以寬恕撞他的肇事者，但酒醉駕車、撞人傷人等行為都明確觸犯法律，執法人員必須依法來處理，不能因為受傷者的寬恕便不管了。受傷害者可以寬恕傷害者，但他的寬恕不能代表法律來赦免傷害者。所以，寬恕和赦免是不同的。

赦免是有權柄者才能做的事，在人世間，赦免是屬於君王或國家元首的權柄，在天上，神才有赦免的權柄。在許多國家的法律上規定，國家元首有赦免權；在《聖經．馬可福音》二章三至七節，記載耶穌醫治一個癱子，耶穌對那癱子說：「小子，你的罪赦了。」癱子就站起來走路，有幾個文士說：「他說僭妄的話了，除了神以外，誰能赦罪呢？」文士講的不錯，癱子躺在床上不能動，他不可能去做壞事，犯國家的法律，癱子有的罪是靈的罪，這靈的罪是受神審判的，所以只有神才能赦免，那些文士不明白耶穌就是神，所以會責怪耶穌。

其實，用「赦免」一詞來表達寬恕，有時會造成反效果。某甲和某乙是朋友，有一天，甲在言語上得罪了乙，乙願意寬恕甲，便對甲說：「你剛才罵我是不應該的，我赦免你。」甲立刻大聲說：「你赦免我？你憑什麼？你簡直太狂、太自大了。」甲完全不接受乙的原諒。乙實際上是用錯誤的詞句來表達寬恕，其結果讓對方感受不到寬恕之意，反而讓對方誤解自己是驕傲自大的人。

五、寬恕的基礎是愛

寬恕是對傷害過自己的人給予原諒，不加報復。受過傷害的人常會有一種共通的感覺，那就是受傷害的痛處很難在心裡消滅。所以，寬恕實在是一件說得容易做到難的事。

真正的寬恕，必須建立在愛的基礎上，《聖經・箴言》十章十二節說：「愛，能遮掩一切過錯。」的確，愛是一種包容，寬恕就是包容的表現。

孔子被中國人尊為「聖人」，孔子便是極為重視寬恕，《論語・衛靈公篇》有段記載：「子貢問曰：『有一言而可以終身行之者乎？』子曰：『其恕乎！』」孔子認為「恕」是一個人終身應該遵守的，曾子也說：「夫子之道，忠恕而已矣。」（《論語・里仁篇》）所以，「恕」道成為中國文化中重要的一環。

「負荊請罪」是中國人常用的成語，這個成語的故事充分顯示愛與寬恕的精神。

在戰國時代，趙國和秦國相鄰，秦國兵力強盛，趙國要時時提防秦國入侵。

當趙惠文王在位時，趙王任用勇敢又機智的藺相如為宰相，藺相如出身貧寒，但兩次當面對抗秦王，保住趙國的利益和尊嚴，使趙王深感佩服，就任命藺相如為宰相。

趙國有一位名將廉頗，驍勇善戰，為趙國立下許多汗馬功勞，被封為大將軍，廉頗對出身微寒的藺相如竟然做了宰相，官位比自己還高，大表不服，到處說藺相如的壞話，揚言要公開羞辱藺相如。

藺相如聽到這個消息，便設法躲避廉頗，不肯和廉頗見面，對廉頗的行為也不加反駁。

藺相如的隨從人員問藺相如何以如此容忍廉頗？是不是怕廉頗？藺相如說：「你們看廉將軍和秦王哪一個比較厲害？」

部下異口同聲回答：「當然是秦王。」

藺相如說：「面對秦王，我連死都不怕，難道會怕廉將軍嗎？我只是想到，秦國為什麼最近不敢來侵犯趙國，那是因為害怕廉將軍和我兩個人。如果我和廉將軍互鬥起來，這正是秦國求之不得的事。我寬恕廉將軍，不是怕廉將軍，而是怕兩虎相鬥，將相不和，秦國會趁機侵犯，這對趙國不利。」

藺相如部下都驚嘆道：「宰相為國家而容忍廉將軍的侮辱，這真是大愛啊！」

藺相如的話很快傳到廉頗耳裡，廉頗深感慚愧，跑到藺相如家裡，背著一根鞭子向藺相如賠罪。這就是「負荊請罪」的故事。

藺相如寬恕廉頗，是因為藺相如心中有愛，那是對國家的大愛使藺相如不向廉頗報復。

在《聖經．創世紀》裡，約瑟的故事是很動人的，約瑟是雅各的兒子，他有十個同父異母的哥哥，當約瑟十七歲的時候，十個哥哥把約瑟賣給以實瑪利人做奴隸，約瑟被帶到埃及去。約瑟在埃及十幾年，由奴隸而成為埃及的宰相。約瑟做宰相的第八年，埃及和附近地區發生大饑荒，約瑟的父親和十個哥哥住在迦南，也鬧饑荒，十個哥哥便到埃及來買糧食，約瑟不但沒有向十個哥哥報復，還給他們土地和糧食，讓十個哥哥和家屬留在埃及過活。約瑟的寬恕是基於愛——兄弟手足的愛。

在《聖經・路加福音》中，耶穌講了一個浪子回頭的故事，一個人有兩個兒子，小兒子要求分家產，把分得的家產帶到遠方去了，在那裡任意放蕩，浪費貲財，不久就耗盡了一切所有的，又遇到那地方遭大饑荒，小兒子窮得只好幫人去養豬，他餓得想拿餵豬的豆莢來吃，這時他醒悟過來，心想：「我父親雇用多少的工人，每天吃喝有餘，我倒在這裡餓死麼？我要回父親那裡去，向父親認罪，請父親把我當作一個僱工吧！」於是，他立刻上路。走到離家還遠的地方，父親看見他，就跑去迎接他，抱住他。這小兒子說：「父親，我得罪了天，又得罪了你，從今以後，我不配稱為你的兒子。」父親卻吩咐僕人給他穿新衣、新鞋，並宰了肥牛來慶賀兒子回家。《聖經》裡這段故事很像中國人講的「浪子回頭金不換」，父親對做錯事兒子的回頭，總是給予原諒和寬恕，因為那是骨肉親情的愛。

寬恕是要原諒傷害自己的人，常常是很難做到的事，如果沒有愛來包裹著那被傷害的痛處，是很難忘卻痛楚的。人們常說：「愛是不能原諒的也要原諒。」有愛，才能寬恕，愛實在是寬恕的基礎。

六、寬恕的好處

不要認為寬恕傷害自己的人是對傷害者有利，對自己是無利的。的確，寬恕是原諒傷害自己的人，是對傷害者的一種恩典，對傷害者確實有利，但是，對自己其實也是有利的。

受傷害是痛苦的事。每天都沉浸在痛苦之中，這種人生有什麼意思呢？一個長期被痛苦糾纏的人最容易想到的事是自殺和殺人。

在美國一所大學裡曾發生一件槍殺命案，一個韓籍學生拿槍在教室裡掃射，結果三人死亡，五人受傷，他自己也自殺了。警方追查原因，發現這個韓國留學生在校園受到同學們不斷的嘲笑和歧視，他極端痛苦，由痛苦而產生仇恨，終於以殺人和自殺的行為來解決痛苦。

在報紙社會新聞裡看到一樁死亡事件，一個女子結婚七年，生了一個女兒，發現丈夫有外遇，就和丈夫大吵，夫妻感情越來越糟，這女子覺得她和丈夫的愛情早就飛得無影無蹤，剩下來的是越來越多的恨。有一天，丈夫喝醉了酒回家，夫妻倆又大吵一架，丈夫便獨自去睡覺，到了半夜，這女子在房裡燒起預先購買的木炭，緊閉門窗，第二天，夫妻兩人和女兒都中毒而死。恨使這個女子失去理智，最後的結局是殺人和自殺。

中國人最歡喜看武俠小說，武俠小說的故事主軸幾乎都環繞著報仇，報仇的目的是要紓解內心的痛苦，報仇的方式是殺人——把傷害自己的人殺掉。

寬恕對傷害者當然是有利的，因為傷害者減少了被報復的危險。寬恕對被傷害者其實也是有利的，最大的好處是被傷害者透過寬恕可以自我釋放，不再被仇恨、報復心綑綁，他的心思意念不再圍繞著受傷的痛處打轉，他會忘記痛苦，他會把注意力轉到別的地方，他會從別的地方得到成就感和快樂。

報復和仇恨好像一條毒蛇，會在人的心裡糾纏，絞得人痛苦不堪，在充滿仇恨和立志報仇的武俠小說裡是找不到快樂的。要想使自己過快樂的人生，就要趕快驅除痛苦，而痛苦的源頭常是受到的傷害，忘掉受傷的痛楚，才能發現快樂。

七、寬恕是對自己好一點

在中古世紀，有個法國國王，他在做國王之前曾遭人陷害，被關進監獄，在獄中，他受到管監獄的官員羞辱。後來，他出了獄，還登上國王的寶座，有人建議他報復，他把陷害他、羞辱他的人列了一個很長的名單，在每個人名的後面都用紅筆畫了一個「十」字，名單上的人聽到這消息都很害怕，有人想自殺，有人想逃走，不料，這時國王下令把這些人召集到王宮來，一一點名指出他們做了什麼對不起自己的事，然後把名單給他們看，他們嚇得都跪了下來，國王說：「你們不是看到名字後面畫了一個『十』字麼？這紅的『十』字代表我已經寬恕你們了，你們只要知道自己的過錯，不再犯就好了，我也就不計較你們從前得罪我的事了。」眾人聽說，都紛紛向國王叩謝，心裡像一顆大石頭落了下來，國王站了起來，自己忽然覺得心裡好輕鬆、好喜悅啊！

有人說：「當我們砍殺的時候，我們像獸；當我們批評的時候，我們像人；當我們饒恕的時候，我們像神。」那法國國王的一念寬恕，真像神一般，難怪他心裡會產生喜悅和輕鬆。

寬恕不一定是和好，一個被害人寬恕了傷害者，他並不一定要和傷害者和好。一個丈夫有了外遇，妻子寬恕了他，丈夫也悔改了，但夫妻倆想要回到戀愛時的和好恐怕很困難了。一個被殺死者的家屬寬恕了兇手，但要那家屬和兇手和好成為朋友，恐怕也是不容易辦到的。寬恕是一種自己內心的調整，不要管對方的反應如何。

寬恕就是把不愉快或痛苦的往事畫上句點，不讓自己不斷地反芻過去的仇恨與苦毒，寬恕會使自己心裡的緊箍咒鬆開，會感到自由、輕鬆，讓自己活得好一點。

西方有句名言：「世界最大的是海洋，比海洋更大的是天空，比天空更大的是人的胸懷。」中國人也說：「得饒人處且饒人。」又說：「退一步，海闊天空。」寬恕是讓自己走出狹小的鐵籠，走向大草原、大海灘，迎接廣闊的天空，自己都會覺得好舒暢喲！寬恕是要讓自己過得好一點！大家一起來發揮寬恕的精神，讓社會更和諧、更快樂！

變與不變

一、世界一直在變

在宇宙的時空環境中，「變」是隨時隨地都存在的，這一分鐘的時空和下一分鐘的時空是不一樣的，地球不停地在運轉，人類不斷地演出生老病死的戲碼，也許一分鐘太短暫，不容易察覺細微的變化，如果拉長時間到一個月、一年、十年來觀察，就很容易看出每一個景象都在變。

一個母親帶著剛上大學一年級的女兒到公園裡賞花，春臨大地，滿園花開，爭奇鬥妍，真是美極了。

女兒指著一大片櫻花說：「媽，這櫻花我去年看過，今年長得更美了。」

母親點頭說道：「是的，好美！可是去年的櫻花已經謝掉了，今年的花是新長的。今年的花也會謝掉，明年又有新開的花，這世界一直都在變。」

女兒望著母親說：「媽，妳說這世界一直都在變，我有一個體會。前幾天，高中同學聚會，我們班上有人考上大學，有人找到工作去上班，這次聚會，很多同學都變了樣子，幾乎認不得了。」

母親笑著說：「才幾個月就變了，其實這世界的人、事、物一直都在變，只是人們有時未曾察覺而已。」

的確，這世界一直在變，有些人住在偏遠的農村裡，他會覺得自己在這裡住了幾十年都沒有變，其實，他只要用心想一想這幾十年間，有多少親戚、鄰居、朋友生生死死，有多少房舍由新建而破舊，由破舊而翻新，有多少年是豐收，有多少年鬧災荒，就可以知道這幾十年中，這個農村還是在變，只不過大架構仍然存在，人們就不覺得它在變了。

二、人性怕變

雖然宇宙的時空一直在變，但人們多數對自己身處的環境不歡喜它改變，這種不想變，甚至於怕變的心理最主要的原因是習慣性和安全感。所謂習慣性是一種懶惰而固執的心理，這種習慣性的怕變最常在生活和文化上見到。

大家都知道咖啡有提神的作用，當你工作很累的時候，來一杯咖啡，會讓你精神振作起來。我有一個朋友，每天晚上要喝一杯咖啡再去睡覺，睡前一杯咖啡成為他幾十年的習慣，不喝就睡不著，這種習慣性的心理壓制了咖啡有提神作用的生理現象，所以習慣性不是客觀事實的對或錯的問題，而是固執的心理所造成的結果。

我們可以再舉一個歷史事例來說，明朝末年李自成攻入了明朝的首都北京城，明朝崇禎皇帝自殺，明朝鎮守山海關的大將吳三桂投降滿清，引清兵入關，清兵進入北京，也占領了明朝的江山，當時漢人並未強力反抗，等到清朝政府掌控了全國之後，下令漢人要仿照滿人，所有男子都要將額前上方的頭髮剃去，腦袋後半的頭髮則紮成一根長辮子。這項剃髮的命令一頒布，立刻引起漢人的抗議，因為漢人有一個傳統想法：頭髮受之父母，不可損傷，要把頭髮剃掉，那是不孝。當時清朝不理會漢人的抗議，下令：「留頭不留髮，留髮不留頭。」漢人為了保護頭髮竟然群起反抗，清朝政府也不留情，下令武力鎮壓，於是有數十萬漢人為了頭髮而被殺。頭髮受之父母，不可損傷，是漢人的傳統想法，這個傳統想法經過長時間的流傳就成為習慣，在習慣性的固執之下，便堅決不肯改變，其實，如果仔細想一想，一個人受之父母的何止頭髮，難道不可損傷的只有頭髮嗎？一個人受之父母最重要的是身體，身體當然更不可損傷，為了頭髮而損傷身體豈不是因小失大，那些為了保護頭髮而失掉性命的漢人能稱為「孝」嗎？其實，頭髮剃不剃和孝順毫無關係，如果剃了前額頭髮就是不孝，那麼古代也有前額光光的禿頭，他們都是不孝嗎？所以明末清初那些為了保護頭髮而死的漢人，是為了固執他們的習慣不肯改變而死，他們並沒有追究這個習慣是否合理，只因為時間很久，成為習慣，他們就堅守這習慣不肯改變而釀成悲劇。

俗話說：「積習難改。」當成為習慣以後，往往就不會去檢討這個習慣是不是合理，就是要守這習慣，不肯改變。祭拜祖先也是同樣的情形，祭拜祖先是中國人兩三千年的習慣，在這習慣之下，中國人建立了一個觀念：祭祀祖先就是孝道，不祭祀祖先就是不孝。其實，祭祀祖先只是一種迷信，和孝道實在不相關連，但由於長期習慣的養成使中國人深信祭祀祖先就是孝順，人們不去研究分析為什麼要祭祀祖先，不去討論把祖先當成神、鬼是否合理，就盲目地祭拜祖先，這是整個社會受習慣的牽引而造成的心理，在這種受習慣牽引的影響之下，中國人自覺地接受了祭祀祖先就是孝道的想法。當基督教傳入中國，反對用祭祀祖先的方式來表達孝道，而改用紀念祖先的方式來表達孝道，中國人被困在傳統習慣的囚籠裡，不願意把頭伸出去，看看外面的景象，便直接反對改變傳統習慣，甚至指責基督徒不祭祀祖先是不孝。

人們會固守習慣而不願變的另一個理由是安全感，變的後果是未知數，對於未知和不確定的事必然有不安全的感覺，於是人們寧可選擇不變。

在一個偏遠、人煙稀少的山區裡住著一對老夫妻，人們稱他為阿守伯，阿守伯擁有一片相當大的果園，這是他的祖先留傳下來的，果園裡種了各式各樣的水果，產量豐富，但是由於果園對外只有一條僅可行機車的小路，所以水果無法運到山下的市鎮販售，每年的水果除了供阿守伯兩夫妻自用和少數用機車載下山去賣之外，只好讓它們爛掉。阿守伯有個兒子叫永維，在大學裡唸農業經濟系。

永維大學畢了業，回到山區的老瓦房，阿守伯夫妻都十分興奮，晚餐後，父子倆在客廳聊天。

「永維呀，你畢了業準備做什麼工作？」阿守伯問。

永維望著門外的天空，緩慢地說：「阿爸，我想留在家裡經營這果園。」

「什麼？」阿守伯大叫起來：「你唸了大學，怎麼還要留在山上，守這個果園，過窮日子，這麼沒出息。」

永維望一望父親，用柔和的聲調說：「阿爸，你不要生氣，我覺得我們的果園很好，我想來整頓一下。首先，我們的果園只有一條向西走的小路，離開市鎮二十多公里，我要僱工人來開一條向東的大路，可以走貨車，距離最近的市鎮不到十公里。」

「什麼？」阿守伯大叫起來：「不可以，我請地理師來看過風水，他說我們不可以向東開路，會破壞風水，對後代子孫不利，只能維持現在向西的小路。」

阿守伯的大吼讓永維說不下去，父子倆不歡而罷。

過了幾天，永維找了幾個同學來果園，在一株大松樹下，七八個人圍住阿守伯，想說服這位怕變的老人家。

永維帶頭說：「阿爸，我的同學們想為我們的果園做一個新的規劃，讓果園有更好的發展。」

一個同學說：「這果園水果種類很多，數量也多，可以和批發商聯絡，按時供貨給他們，這樣水果就有出路了。」

另一個同學接著說：「果園修剪整齊，變成一個觀光果園，既有觀光門票的收入，又可以賣水果。」

另一個同學說：「阿伯，果園每天可以吸引很多觀光客，又可以大賣水果，你很快就會發財啦！但是這裡對外的交通太不方便，一定要開一條大馬路才行。」

在七嘴八舌的遊說之下，不肯變的阿守伯開始動搖了。經過一個星期的商量，阿守伯同意把果園的事完全交給兒子，阿守伯扮演一個懷疑的旁觀者。

永維用了一年時間，雇工人開闢了一條八公里長通到市鎮的馬路，又雇工人整修果園，讓果樹分類分區，修石板步道和幾個涼亭，掛起一個「歡樂觀光果園」的招牌。

於是，每天都有貨車來搬運一箱箱的水果，也有人帶著小孩到果園來遊玩。阿守伯這才發現他自己的頑固怕變。

人們怕變還有一個原因，那便是變會損害既得利益。中國歷史上有四次重大的變法：商鞅變法、王莽變法、王安石變法、康有為、梁啟超變法（戊戌變法），推動變法的主要人物在反對的勢力壓迫之下，結局都不好，商鞅慘死、王莽的皇位被推翻，人也被殺，王安石丟掉宰相之位，康有為和梁啟超成為通緝犯而逃亡海外。四大變法的反對者雖各不相同，但其中有一股性質相同的反對力量，就是既得利益者，變法會傷害到他們已經掌握的利益，所以他們要極力反對變。

三、耶穌因變被殺

耶穌被猶太人釘死在十字架上，這是大家很熟悉的事，可是耶穌為什麼會被釘死？耶穌也是猶太人，為什麼其他的猶太人那麼恨同屬猶太民族的耶穌？主要的原因是耶穌的主張和觀念改變了猶太人的舊傳統。

耶穌至少改變了下列幾個猶太人的傳統習慣：

（一）對敬拜神的地點的看法：在傳統習慣上，猶太人非常在意敬拜神的地點，敬拜的地點不對，會被人用石頭打死。耶穌改變了猶太人這個傳統的看法，耶穌認為人要用心靈和誠實來敬拜神，敬拜神不在乎地點，而在乎態度。所以，耶穌認為每個人可以隨時隨地敬拜神，向神禱告。

（二）上帝耶和華是誰的神：在耶穌以前，耶和華只是猶太人的神，在《舊約聖經》裡稱耶和華為「以色列的神」、「亞伯拉罕、以撒、雅各的神」，亞伯拉罕、以撒、雅各都是猶太人的祖先，所以猶太人認為耶和華是他們的族神，會幫助猶太人打倒外邦人，外邦人就是猶太民族以外的人。耶穌認為耶和華不僅僅照顧猶太人，耶和華也愛護外邦人，耶和華的恩典是萬國萬民同享的。所以耶穌是把耶和華由地區神轉變為世界神。耶穌的說法讓當時族性觀念極重又仇視外國的猶太人不能接受，他們認為耶和華是專屬以色列的，耶和華的恩典是猶太人獨享的，豈可讓外國人來分享？所以他們視耶穌為叛逆。

（三）對安息日的看法：猶太人的舊傳統，安息日是不能做任何事的，所以安息日不煮飯，吃前一天留下來的冷食物，安息日不可出去走路，如果必須外出也只能走二千步左右，安息日更不可以工作。耶穌卻在安息日為人治病，這讓猶太人大為生氣，認為耶穌破壞了傳統的規矩。耶穌問他們說：「如果有隻羊在安息日掉到坑裡，是救還是不救？」猶太人回答說：「當然救。」耶穌說：「那麼一個人生了病，安息日為什麼不能醫治他呢？」猶太人無言以對，但他們死守舊傳統，反對耶穌改變傳統。

（四）對聖殿的看法：耶路撒冷的聖殿是猶太人的聖地，當時每個人每年都要到耶路撒冷的聖殿去敬拜耶和華。猶太人問耶穌對聖殿的意見，耶穌說：「你們拆毀這殿，我三日內要再建立起來。」猶太人懷疑地說：「這殿用了四十六年才造成，你三日內就能再建立起來麼？」其實，耶穌所講的再建造的聖殿不是用磚瓦建材造成的房屋，耶穌是將自己的身體比作聖殿，相信耶穌，就是進入了心靈的聖殿。耶穌的說法是猶太人前所未聞，猶太人是不容易接受的。耶穌又預言耶路撒冷的聖殿必被拆毀，這對將聖殿看作神聖不可侵犯的猶太人來說，耶穌是在咒詛聖殿，是在褻瀆聖殿，當然會惹起猶太人的憤怒。

以上四點是耶穌對猶太人傳統信仰所作的改變，耶穌之被釘死在十字架上，除了大祭司對耶穌的嫉妒之外，主要是當時多數的猶太人不能接受「變」的主張。於是耶穌也和中國古代四大變法的主持人一樣，成為「怕變」「拒變」社會心理的犧牲者。

四、變的方向

這個世界雖然不斷在變，人們也應該接受變的觀念，但變不是亂動，變是有方向的，下面提出幾個變的方向：

（一）遭遇瓶頸：當遇到極大困難，照老的方法和舊的路線無法克服的時候，就要求變，中國俗話說：「窮則變，變則通」，就是這種想法。科學家許多發明、發現和創新理論常是在舊的路子上走不通而改變新路子才找到的。

（二）迎合環境：環境變了，許多事物和思想、觀念也必須配合著變。看京劇裡的戲服，那多半是明朝的服裝，是很漂亮的，可是今天人們卻不穿，為什麼呢？因為那些明朝的服裝不適合今天的生活環境，穿了那種寬大的袍服，恐怕上汽車都很困難，走在擁擠的街道上也不方便吧！在《舊約聖經》中，信徒常在會幕或聖殿前獻牛羊來祭拜神，那是游牧社會和農業社會很方便做的事，可是當進入工商業社會、都市興起，如果要牽牛、羊到教堂裡宰殺獻祭，恐怕有很多困難，所以為適應環境的改變，基督教不能不改變獻祭的方式。

（三）追求更大的美好：人類社會的歷史發展都在不斷追求進步，追求更大的美好。畫家不停地畫出美好的景物，音樂家不停地演奏出美好的樂章，傑出的畫家、音樂家都不是沿襲舊的傳統，他們必定有所變。馬丁路德對當時教廷的腐敗發動攻擊，要求改變，於是造成基督教的新生。孫中山深深感到中國實施了兩千年的皇帝專制制度應該加以改變，於是領導革命，不僅僅是推翻了滿清王朝的政權，更重要的是推倒了屹立兩千年的君主制度，讓中國轉變到民主的道路上去。這些變都往往朝追求更美好的方向進行。

總之，變不是亂動，不是朝三暮四，變是有方向、有計畫、有理想的轉變。

五、變與不變

這個世界是在不斷地變，但有些思想、觀念和事物屬於基礎性的，是不變的。

飯桌上，放著一個白瓷花瓶，插了兩株蘭花，花正盛開。有一天，我發現有一朵蘭花的花瓣掉落了，可是枝頭的花蕊同時開放了，使蘭花呈現新的美姿。蘭花有謝有開，是在變化，但它的枝幹則絲毫未變，多變的花朵如果沒有不變的枝幹供給養分，只有等待枯死。

一棵松樹，秋天來到，樹葉枯黃，落葉滿地，整棵樹像一個瘦弱的病人。到了春天，新的樹葉長出來，鮮綠挺直，像一個活力旺盛的小伙子。樹葉在隨氣候而變化，但樹幹和樹根卻沒變。如果把樹根和樹幹砍掉，樹葉便無法變化了。

耶穌雖然轉變了猶太人許多傳統的舊習慣、舊觀念，但「耶和華是唯一的真神」這個基本觀念和信仰是不變的。在《聖經‧馬太福音》中，耶穌說：「莫想我來要廢掉律法和先知，我來不是要廢掉，乃是要成全。我實在告訴你們，就是到天地都廢去了，律法的一點一畫也不能廢去，都要成全。」所以，耶穌認為耶和華所定的律法是不變的，因為耶和華和律法是樹根和樹幹，是不能變的，而耶穌要變的是花和葉，變的方向是讓花開得更美，葉長得更茂盛。

在一所小學的操場上，體育老師正對學生們講解如何跑一百公尺，包括如何在起跑點衝出去，如何在到達終點前衝刺，跑時的姿勢和步伐等等，最後，體育老師說：「跑一百公尺看來很簡單，我前面所講的起跑點衝出、跑時分段的速度快慢、跑的姿勢、終點的衝刺，這些都要靠你自己去揣摸，你可以改變，只要讓你跑得更快。但是有一點是不能變的，就是你一定要在自己的跑道上跑，如果你跑到別的跑道去，那你的成績就不算了。」體育老師的話給同學們一個啟示，跑道是不變的，跑的方法是可變的，在不變的基礎上，可以變出更美好的表現。

中國人常說：「知變守常。」意思就是知道變的方向，守住不變的基礎。如果沒有不變的基礎，只知變來變去，就像水面上無根的浮萍，表面上看去也許漂亮，實際上既不長久也無用處。如果只有不變的基礎，完全不變，就好像生物的標本，讓人看得很清楚，卻毫無生氣和能力。

在人生的旅程上，會遇到許多人、事、物，要分辨出哪些是可變的，哪些是不變的；守住不變的基礎，發揮可變的活力，你的人生會既充實又光彩艷麗。

突破人生的困境

一、面對人生的困境

人生在世幾十年一定會遭遇到一些困境，當然，困境有大有小，有嚴重有輕微，像學校考試不及格，和朋友吵嘴等等都是小困境，有人家庭發生變故，身體發生重大疾病或傷害等等，都是大困境。這些大大小小的困境常會影響一個人未來的人生道路，如何面對困境，的確是值得每一個人關心的問題。

人們遇到困難，第一個念頭常是逃避，然而逃避只是短暫的，逃避不能解決問題，有時反而會使問題變得更複雜，困難更難解決。所以，逃避只是讓自己冷靜下來，思考對策，在短暫的逃避之後，還是要面對困難，想辦法去解決困難。人們遭遇困難，第二個念頭常是抱怨，抱怨是不滿情緒的發洩，但抱怨絕對不可能解決困難，抱怨完了趕快把抱怨收起來，藏到櫃子裡去，情緒性的抱怨消失了，才能很理智地面對現實，解決困難，脫離困境。

二、用忍耐度過困境

遭遇困難或身陷困境，必然會使人處於痛苦之中，如果不能忍耐痛苦，必定會心浮氣躁，思慮不周密，動作粗暴，反應輕率，以至於不能正確地觀察困境的實情，不能正確地破解困境的網羅。忍耐不一定能解決困難，但忍耐可以減少情緒的波動，讓人的神智清明，才能發現脫離困境的方法。

傑克是美國一個馬戲團的小丑，身材矮小，是個侏儒，但傑克一出場立刻就會引起全場觀眾的哄堂大笑和如雷掌聲，傑克動作敏捷，無論翻、滾、跳、躍都是一流的，傑克矮小的身材，臉上塗滿油彩，貼上一個像番茄的紅鼻子，戴著一頂高帽子，表演得十分滑稽逗趣，無論大人小孩無不喜歡傑克。可是傑克的童年卻過得十分痛苦，同學和鄰居都對傑克矮小的身體不斷嘲笑、奚落，讓傑克自卑得不得了，傑克痛苦得一個人常常躲在房間裡不出來，但傑克不可能一天到晚躲在房裡，他要上學，還有一些生活瑣事總要出去，所以，傑克每天都活在痛苦之中。

當傑克十歲那一年，傑克遇到馬戲團的老闆，老闆把傑克帶進馬戲團，經過十幾年，傑克成為馬戲團裡最受歡迎的演員。

有一天，一個記者來訪問傑克，記者說：「傑克，你是馬戲團裡最受觀眾喜愛的演員，這不單單是因為你的表演逗得大家開口大笑，更是由於你的技術高超，許多高難度的特技，你都輕鬆又熟練地表演出來，讓觀眾佩服不已，你這身功夫是怎麼練出來的？」

傑克回答道：「當然是苦練囉，十幾年來，每天要練十幾個小時，訓練是很辛苦的，有時會弄得遍體鱗傷，全身疼痛，可是還是得不斷練。」

記者很同情地問：「傑克，你為什麼耐得住苦？」

傑克用低沉的語氣說：「我小時候因為身材矮小，被人譏笑，我自己感覺到別人都像大樹，又高大又結實，我像一株小草，又矮小又柔弱，但我這株小草不怕風雨，任憑踐踏，卻依然仰首生存；風雨來了，搖頭扭腰，風雨停了，迎向陽光，挺直身子，向上生長。我能咬牙忍住痛苦，就是憑著我的小草精神。」

中國著名的哲學家老子在《道德經》裡說：「柔弱勝剛強。」這柔弱就是傑克說的小草精神，也就是忍耐。《聖經》裡也說：「在指望中要喜樂，在患難中要忍耐。」忍耐是突破困境的基本條件，《聖經》和老子的說法是一樣的。

三、勇敢的精神是克服困境的利器

遭遇困難時，人們常會因恐懼而逃避，但逃避不能解決困難，要解決困難一定要拿勇敢的精神來面對。

加拿大廣播公司（CBC）在二〇〇九年六月十七日報導，位於加拿大溫哥華北方五十公里的史考蜜西鎮發生美洲獅攻擊人的事件，一個三歲小女孩瑪雅正牽著一隻小狗在樹林旁玩耍，突然一隻美洲獅從樹林裡跑出來，三歲的瑪雅天真地對獅子說：「你這隻貓咪來和我玩。」瑪雅的母親李莫琳正在採野草莓，看見獅子撲向瑪雅，瑪雅在地上翻滾，李莫琳豪不猶豫，立刻飛身而上，跳到獅子和瑪雅之間，用力推開獅子，抱起瑪雅快速逃跑，脫離了獅口。如果不是李莫琳勇敢面對，小瑪雅恐怕早成了獅子口中的美食了。

最近有一張 DVD 光碟片，名叫《我和世界不一樣》，在世界各國受到廣泛的重視，光碟片的內容是一個名叫力克．胡哲（Nick Vujicic）的人講他自己的故事。力克是澳洲人，天生沒手沒腳沒四肢，只有上半身和頭，真像個怪胎，小孩子第一次看到他常會嚇得尖叫，力克從小生活就比正常人辛苦千萬倍，譬如一個人平躺在床上，想要起來，只要雙手一撐，一秒鐘就坐起來了，可是力克沒手沒腳，沒有支撐，他嘗試過千百次，就是坐不起來，最後他終於找到了一個獨特的法子，他翻過身來，胸口朝下，趴在床上，用額頭頂住枕頭，弓起背，終於坐了起來，躺在床上坐起來，一般人是輕而易舉的事，力克卻要費很大的力氣才能做到。力克和正常的小孩一樣，六歲，父母就送力克上小學，在學校裡，同學們會嘲笑他、奚落他，他處的困境是常人難以想像的。然而，力克十分勇敢，他沒有哀怨、沒有退縮、沒有自暴自棄，反而勇敢地面對現實，他承認自己沒有手、沒有腳的事實，努力用頭腦和身體其他部分來彌補他沒手沒腳的缺陷。所有的努力都極為辛苦，力克勇敢地承擔一切生理和心理的痛苦。力克不但學會自己照顧自己的生活，力克還能騎馬、游泳、踢球、打鼓、電腦打字等等，力克和正常人一樣受教育，從小學到大學，他最後獲得兩個大學學位，大學畢業後力克成為一家企業公司的總監，二〇〇五年力克獲得「傑出澳洲青年獎」。從二〇〇五年起，力克開始作巡迴演講，到過十幾個國家，聽眾有數十萬人，力克演講的主題是以自己作為活生生的實例，告訴聽眾當遭遇任何困境，都要勇敢面對，永遠不放棄。一個沒手沒腳的重度殘障者竟然鼓勵肢體健全的人「永遠不放棄」，這份勇氣真是令人可敬可佩。

當身陷困境時，勇敢面對是擺脫困境的最有效方法，這裡可以舉一個中國歷史上的故事來說明。在晉朝晉惠帝在位的時候，有八王之亂和五胡亂華，全國動盪不安，成千上萬的盜賊在各地流竄。當時河南襄城正被一群盜賊圍困，襄城太守荀崧率領襄城的官兵死守城池，襄城被圍困了幾個月，眼見城內的糧食就快要吃完了，城外的盜賊仍然緊緊地包圍襄城。荀崧心裡很焦急，就召集襄城的文武官員來開會，共商對策。荀崧說：「城外的盜賊人馬眾多，我們襄城的守軍只有老弱士兵，如果開城打仗，我們一定會輸，但襄城裡的糧食快要吃完了，我們要如何解圍呢？請各位提出高見。」

襄城文武官員彼此互望，沒人說話，顯然是沒有辦法。荀崧說：「我有一個好友，名叫石覽，他正帶兵駐守在大約一百里以外的地方，如果向他求救，我想他會答應的。但是怎麼把求救的信息送到石將軍那裡呢？」

當時還沒有電話、電報等科學通訊工具，襄城被盜賊包圍，唯一的方法就是派一個人突圍出去，把求救信送到石覽手中。有一個官員說：「盜賊把襄城包圍得那麼緊密，連城裡的鳥都飛不出去，人怎麼能衝過他們的包圍呢？」

另一個官員接著說：「出城一定會被盜賊殺了，這件事太危險了。」

荀崧一再詢問文武官員誰願意接下這送信的任務，在座的人一個個低著頭，沒有人回應。

忽然從會議廳後面竄出一個女孩，她是荀崧的女兒，名叫荀灌，十三歲，平常喜歡騎馬射箭，耍刀玩槍，在武藝方面一點都不輸給男孩子。荀灌跑到荀崧面前，神氣凜然地說：「爸爸，沒人願意去，我去！」

在座的文武官員都瞪大了眼睛，人人都露出一副不信任的表情，荀崧說：「灌兒，別胡鬧，我們在談大事。」

荀灌雙手叉著腰說：「我才不胡鬧，我願意衝出城去，向石伯伯求援。」

官員中有人說：「這不妥當吧！盜賊會把妳殺掉的。」另一個官員說：「襄城的安危怎麼能交在一個小女孩手裡？」於是你一句我一句都表示不同意。

荀崧擺一擺手，要大家安靜下來，用很沉重的語氣說：「各位，荀灌是一個十三歲的小女孩，她去送信的確不安全，我也捨不得我的女兒命喪賊手，但是襄城現在十分危急，如果城破了，大家的性命都不保，我們不能束手待斃，卻沒有人肯突圍出去送信，灌兒願意，也只好讓灌兒冒險一試了。這是九死一生的冒險，灌兒，妳要好自為之，襄城裡十幾萬人的性命就寄託在妳的身上了。」

荀崧緊握住荀灌的手，眼淚像關不住的水龍頭，不斷流下。

當天深夜，正值烏雲密布，四面漆黑，荀灌穿了緊身黑衣，帶了刀劍，騎著黑馬，溜出城門。城外的盜賊發現城門開了，有人騎馬出來，於是十幾個盜賊衝了過來，企圖攔截出城的人。荀灌騎馬技術是一流的，仗著人小、馬快、天黑，加上對道路和地形十分熟悉，荀灌輕巧地逃過了盜賊的追殺，一溜煙消失在黑暗的樹林中。

經過一天一夜的奔馳，荀灌到了石覽的軍營，送上荀崧的求救信，石覽被這十三歲的小女孩大大感動，立刻調動軍隊，打敗盜賊，解了襄城之圍。

這個歷史事實，證明勇敢才能突破困境。

四、轉移注意力

護士為一個小男孩打針，小男孩痛得哇哇大哭，媽媽放了一顆巧克力糖在小男孩嘴裡，小男孩就停止了哭聲，這不是小男孩不痛了，而是小男孩把注意力轉移到品嘗巧克力糖的甜味上，忘記了痛。

當一個人遭遇到困難，身陷困境中卻無法解脫的時候，最好把自己的注意力轉移到困難的核心以外，來紓解一下疼痛，死盯住自己的困境，容易讓人因挫折而消極、消沉，轉移注意力也許可以發現自己另外的優點，也許可以發現自己有另一條人生道路。

劉俠是臺灣著名的女作家，一九四二年出生在陝西省寶雞市杏林鎮，一九四九年隨父母遷居臺灣。十二歲時，劉俠罹患了一種罕見疾病——類風濕性關節炎，手腳腫痛，最後全身疼痛，四肢無力。劉俠得了這個無法醫治的病，讓她的世界一下子從無憂無慮的天堂墜入了無望和痛苦的深淵。

由於生病，劉俠小學畢業後就無法再上學，每天面對的不是醫生就是疼痛，生活完全沉陷在痛苦之中，日子真是難熬啊！

後來劉俠忽然想起，自己從小就歡喜看書，不如用看書來打發時間，她的母親經常為她到圖書館借書回家，劉俠對讀書真是越讀越有興趣，後來劉俠通過函授學校和教育電台的課程，發現自己可以嘗試走文學和寫作的路子，函授學校的老師曾拿劉俠的作文到報刊發表，這對劉俠的寫作信心無疑是一個極大的鼓舞。

一九六一年劉俠的第一篇稿子〈他與她〉在《中央日報》副刊發表，從此以後，劉俠以杏林子的筆名經常在報刊雜誌上發表文章，她寫散文，也寫小說、廣播劇本、電視劇本，作品的類型多樣化。

劉俠的寫作路程比一般人辛苦得多，她一面要忍受關節的疼痛，一面要振筆疾書，經過三十多年的努力，劉俠完成了十六本散文集、一本小說、兩本傳記、兩本編著和四十多齣劇本。一九七九年，劉俠的散文集《生之歌》獲得第二屆基督教文藝獎。一九八三年，劉俠的另一本散文集《另一種愛情》獲得第八屆國家文藝獎。劉俠已經成為臺灣極有名望的作家。

在成為名作家之後，劉俠又開始為殘障朋友努力，由於劉俠自己就是殘障之人，所以她對殘障人士有著如同身受的同情，她曾在「傷殘服務中心」、「台北市南機場社區發展實驗中心」

擔任殘障兒童義務輔導員。一九八二年劉俠以歷年累積的稿費，和六位志同道合的朋友共同成立「伊甸殘障福利基金會」，為殘障人士提供輔導、生涯規劃和復健服務等工作，又推動修訂殘障福利法，使政府的殘障福利預算增加、各公家機構雇用殘障人士、推動無障礙環境、推動取消大專院校殘障生科系限制。劉俠這些努力不是為了自己，而是期望能讓殘障者少流一點眼淚，走得更平順。

由於劉俠在文學上的成就和對殘障服務工作的熱心，一九八〇年她獲得第八屆十大傑出女青年獎，一九九〇年獲得吳三連基金會社會服務獎，一九九二年獲得台北市榮譽市民獎，這些獎都表示對劉俠的推崇和肯定。

劉俠是一個殘障者，她把注意力從自己的身上轉移到文學和社會服務，結果讓劉俠的人生發光發熱，如果劉俠不轉移注意力，她可能終身都是一個只會天天叫痛的可憐人。

我自己有一次轉移注意力的親身體驗，二〇〇五年到二〇〇七年的三年間，我的視力幾乎是零，除了感覺得到有光線之外，我幾乎與盲人無異，眼睛的全盲對於一個從事研究和寫作的人來說，其痛苦是無法比喻的。如果我天天都想著：「眼睛瞎了，怎麼辦？」我必定會消沉下去，會覺得人生活得沒有意義。但是我把注意力轉移了，我在大學教了三十多年歷史，對歷史有許多想法和看法，於是我選了一些題目，用口述錄音的方式來講述，然後請一位我的學生把錄音打成文字，送到台北的《歷史月刊》去發表，每月一篇，三年來未曾間斷，後來把其中十幾篇彙編成一本書，取名《照照歷史的鏡子》。二〇〇七年底，我的左眼開刀成功，視力恢復。

在近乎失明的三年中，我轉移注意力，沒有整天為眼睛憂愁哀怨，反而覺得那三年過得很充實，在我的生命中也沒有留下空白。

中國人常說：「天生我材必有用。」上帝造人就像陶瓷匠造一個器皿，每個器皿各有用處，每個人也各有不同的特性，許多人糊裡糊塗地過了一生，完全沒有發現自己的特性，真是糟蹋了上帝的用心，如果因為身處困境反而發現了自己的特性，那真是因禍得福了。

五、請神引導走出困境

沒有一個人能確切地預知明天會發生什麼事，人的命運不是自己所能掌握的，人的命運操在神的手裡，信神，會讓人有安全感和依賴感。

前面講到臺灣著名女作家劉俠，十二歲時罹患了無法醫治的類風濕關節炎，使劉俠陷入極度的痛苦中，劉俠自述她度過內心困境的歷程，劉俠說：「有四年的光景，我深陷在灰暗、消沉的世界中，直到十六歲那年我接受了基督信仰，我的生命因神的愛重新復甦。依著我的信仰，我知道真正的生命不在外形的毀壞，而在心靈的完整。所以開始嘗試去克服心裡的障礙，重新面對我的人生。」

以上是劉俠的自白，她在無止境的痛苦中找到了神，遂改變了她的一生，使她成為對臺灣社會極具影響力的人。

前面講過我的眼睛曾經有三年時間幾乎失明，但這三年間我仍然笑口常開，有朋友問我：「你都變成瞎子了，為什麼還笑得出來？要是別人早就憂愁死了，你難道不憂愁嗎？」我回答說：「我當然會擔憂，但我心中有上帝，有耶穌基督，我相信神會醫治我，雖然我不知道神用什麼方法醫治我，但我相信神必定不會撇下我，不會讓我變成瞎子。有神在我心裡，所以我笑得出來，我不是勉強裝笑，我是心裡覺得喜樂。」果然，後來神引導我找到一位好醫生，為我眼睛開刀成功，重見光明。

信神，會讓一個人消除哀怨、徬徨、恐懼，信神，會讓一個人面對困境時產生信心、安定、樂觀和希望。

六、走出困境

人生在世沒有不遭遇困難和困境的，困難和困境並不可怕，可怕的是被困難打倒，在困境裡屈服。

遭遇困境當然是很痛苦的事，但困境也是對人的試煉，歷史上絕大多數令人敬佩的人物都是通過困境的考驗，走出困境的人。在困境中，那些令人敬佩的人物發揮了人性中的光輝，照亮了自己，也照亮了別人。

在《聖經・腓立比書》中，使徒保羅說了一句話：「忘記背後，努力面前的，向著標竿直跑。」保羅的話給予面對困境的人一個重大的啟示：揮別困境的陰影，邁向人生光明的目標。

打破前世孽障的魔咒

一、三個故事

中國人長期受佛教、道教的影響，輪迴和前世因果的說法深入人心，中國人多半相信人死後會再投胎來到人世間，而且前一生的行為會影響到後一生的生活。在這種想法之下，一個人遭遇到困境時，就會被認為那是前世孽障種下了因，現在這一世遭遇到的困境是收了果。在中國社會裡，當父母因為兒子不聽話或兒子闖了禍的時候，父母常會生氣地罵兒子說：「我前世作了什麼孽，才會生下你這兒子。」他完全不去分析兒子為什麼不聽話或者為什麼闖禍的原因，只歸咎於前世作了孽，這種想法對於教育孩子是完全沒有正面的意義。

前世孽障的想法會把一個人引導到錯誤的人生道路上去，下面我要講三個故事。

有一對夫妻結婚多年，終於生了一個兒子，夫妻倆對這嬰兒十分疼愛，孩子還不滿一歲；有一天，丈夫遭遇車禍，當場死了，妻子悲痛萬分。辦完了喪事，有一天，孩子的母親遇到一個算命的，算命先生對孩子的母親說：「你的兒子是妳丈夫前世的仇人，他是要來報仇的，所以把妳丈夫剋死了。」這算命先生的話像刀一樣刺穿了孩子母親的心。從這天起，這位母親對兒子的態度有了一百八十度的大轉變，由關愛變為仇視、厭惡、冷漠。孩子漸漸長大，在沒有母愛的環境裡，孩子的性格成為孤僻、粗暴、自私和充滿恨意。母子之間經常發生爭執，母親痛苦不堪，孩子還沒滿十八歲就成為警察局的常客。這對母子走的人生道路崎嶇不平，追究原因就是算命先生口裡的前世孽障魔咒所造成的。

在臺灣南部的一個小鎮上，老郭開了一個小水果店，開了十幾年，生意還不錯。不久之前，在同一條街上出現了另一家水果店，這新開的水果店的老闆叫何貴，是從山地搬過來的，何貴的水果店一開張，生意就很興隆，許多老郭的顧客都跑到何貴的店去買水果，使老郭的生意明顯差了很多，當然老郭對何貴有些許敵意。有一天，一位老太太到老郭的店來買水果，這老太太是鎮上的名人，大家叫她陳婆婆，陳婆婆是個通靈的人，鎮上的人遇到生病或者疑難之事都會來找陳婆婆，請陳婆婆指點迷津。

老郭看見陳婆婆，趕快迎上前去，老郭說：「陳婆婆，您好久沒來買水果啦，今天要買什麼？」

陳婆婆看一看老郭，拿起一個鳳梨說：「老郭，你在這裡開了十幾年的店，最近生意如何？」

老郭嘆了口氣，搖搖頭說：「從來沒有這麼糟過。」

陳婆婆問道：「你知道什麼原因嗎？」

老郭說：「當然知道，都是何貴開了店，把我的生意搶掉了。」

陳婆婆瞇著眼說：「老郭呀，我們認識很久了，我告訴你，我昨天問過媽祖娘娘，媽祖娘娘對我說，何貴和你前世結下了仇，你的前世是一個日本士兵，何貴前世是山地的一個酋長，那酋長起來反抗日本，一隊日本兵上山去捉住了酋長，酋長投降了，要求日本兵別殺他，日本兵的隊長答應了，可是有一個日本兵趁隊長不注意的時候，用槍殺了酋長，那酋長死得不甘心，要轉世來報仇。」

老郭瞪大了眼睛：「陳婆婆，你是說何貴是那酋長轉世要來報仇？」

陳婆婆拍拍老郭的肩膀說：「是的，何貴不但要搶你的生意，還要你的命。」

老郭聽了陳婆婆的話，整個人都僵住了。

第三天，老郭看見何貴走進店裡來，老郭緊張得全身汗毛都豎立起來，手握著拳迎上前去。

「老郭，」何貴對老郭說：「我知道你的生意不好，可是，你要知道……」

老郭不等何貴說完，就大聲吼道：「你在我面前示威是不是，你滾出去！」老郭用力推了何貴，何貴沒有料到會如此，人便向後倒去，右腳不自覺地向前踢，正踢中老郭的小腹，老郭小腹一痛，立刻拿起放在旁邊的水果刀，一刀刺向何貴的心臟，何貴當場死亡。

在警察局裡，警察問老郭：「何貴跟你沒有深仇大恨，你為什麼要殺他？」

老郭帶著顫抖的聲音說：「陳婆婆前天來告訴我說，何貴是我前世的仇人，他來找我報仇，他要殺我，我就先下手殺了他。」

這時，何貴的妻子坐在一旁，淚流滿面說：「老郭，何貴今天去找你是要給你介紹幾個果農，你可以直接向他們批水果，又便宜又新鮮，你的水果就不會賣得這麼貴了，我們知道你的生意不好，因為你的水果比我們貴，大家就來我們這裡買。何貴知道你進貨的成本太高，所以賣得貴，何貴是想幫你把進貨成本降低。」

老郭聽了心如刀絞，跪在何貴妻子腳前，不斷磕頭：「我不該聽陳婆婆的話，何貴是好人，請原諒我。」

在一個小農村裡住著一對夫妻，林果和阿芝，他們生了一個小女兒，取名小芬，小芬長得白白胖胖，模樣十分可愛，可是到了兩歲都不會講話，連爸爸媽媽都不會叫，夫妻倆帶小芬去看醫生，醫生診斷小芬是先天性的聾啞，這讓林果夫妻焦急萬分，卻是沒有辦法。有一天，一個尼姑來到林果家裡，阿芝認得這尼姑住在半山腰的一個小廟裡。尼姑對林果和阿芝說：「你們的女兒是你們前世的孽障，你們前世欠了她，她這一世來向你們討債的。」

「那怎麼辦？」林果恐慌地盯住尼姑。

尼姑摸了一下阿芝手中抱著的小芬，慢慢說：「你們把小芬交給我，我帶她住在廟裡，菩薩會治她的聾啞。」

林果和阿芝互相看一眼，阿芝說：「我捨不得。」

尼姑趕緊說：「我會求菩薩給你們消除孽障，小芬住在廟裡有菩薩保佑，她的聾啞很快就會好的。」

林果對阿芝說：「讓小芬去廟裡住也好。」

尼姑說：「我來養小芬，你們每個月要付兩萬塊錢生活費，雖然有點貴，但我會天天給你們點油燈。」

阿芝對尼姑說：「妳要好好照顧小芬啊！」

第二天，林果和阿芝抱著小芬走了半個多小時的山路到了廟裡，把小芬交給尼姑。

大約過了一個月，有一天清晨，阿芝聽到有人敲門，打開一看，尼姑抱著小芬站在門口，阿芝趕快請尼姑進來，尼姑把小芬放在桌上，緊張地說：「昨天小芬發燒，我給她吃了一些香灰，今天早上我到小芬床前，發現她死了。」

「死了？」阿芝大吃一驚，抱著小芬，果然身體冰冷僵硬。這時林果也走了出來，夫妻倆摸著小芬屍體大哭。

尼姑在旁很冷靜地說：「阿芝，別哭了，小芬死了也好，免得她要你們還幾十年的債。」

「不！」阿芝緊緊抱住小芬，哭得更厲害：「小芬，是媽媽害死妳，媽媽前世欠妳的債還沒還，這一世又欠了妳，這孽債要還到幾時呀？」

不錯，林果和阿芝這一輩子注定是痛苦的，前世孽障的魔咒會讓林果和阿芝的心永遠困在地獄裡。

二、前世孽障想法的流行

前世孽障想法的流行是在佛教傳入中國之後，最早是在魏晉南北朝時期。佛教講三世因果說，佛教認為人生有過去世、現在世和未來世，人是在三世中輪迴，而每一世種的因，下一世就會收到果。這種三世因果說對社會產生了安定的功用，中國的社會無論在政治、在家族中都充滿了黑暗和不公，例如政治上貪污虐民、司法的不公、經濟的貧富不均、家族的內鬥等等，到處都可以感受到不公不義，三世因果說對絕大多數的弱勢者和失敗者有一種痲醉作用，你為什麼會貧窮？你為什麼會被貪官亂加罪名而吃上冤枉官司？你為什麼會遭人欺侮？這些都是你前世作了孽，這一世來嘗苦果。你根本不能改變你現在的命運，因為你現在的命運是前一世就定了的，所以你就認命吧！你就乖乖地接受現在的命運吧！所以，在這種前世因果的觀念下，中國人遭受困苦、遭到不公待遇，很少會反抗的，於是造成中國人「逆來順受」的態度，當然，這種態度會使社會比較安定，但是也遮蓋了許多不公不義，扼殺了許多人的希望。

三、脫離前世孽障的魔咒

西方人比較不相信前世孽障的說法，所以當他們遇到困難的時候，不會被前世孽障的魔咒綑綁住，力克的故事就是一個典型的例證，力克・胡哲（Nick Vujicic）是澳洲人，天生沒手沒腳沒四肢，只有頭和身子，真像個怪物，小孩子第一次看到他常會嚇得尖叫，如果在中國，力克一定會被親戚、鄰居指為前世一定作了大奸大惡，或者會指力克的父母做了大壞事，才會生下力克這種怪胎。然而澳洲人沒有前世孽障的想法，所以力克的父母、親戚、鄰居都接納了力克，力克的父母幫助力克去學習沒有手腳的生活方式，力克的學習比正常人困難何止千百倍，譬如一個人平躺在床上，想要起來，只要手一撐就坐起來了，可是力克沒手可以撐，只好翻過身來，用額頭撐著枕頭才起得來，比正常人辛苦多了。其他任何一個正常人輕而易舉的動作，力克卻要費上九牛二虎之力才能做到。但在力克的父母和親友的鼓勵下，力克克服了所有的困難，力克還學會游泳、騎馬、打鼓、電腦打字等等，更獲得兩個大學學位，成為一家企業公司的總監，二〇〇五年力克獲得「傑出澳洲青年獎」，從二〇〇五年起力克到過十幾個國家，面對幾十萬人演講，他親身向大家說明他的努力，鼓勵大家要「永遠不放棄」。他的演講發生極大的效果，鼓舞了許多人。

力克傑出而成功的表現有一個前提，那就是他出生在沒有前世孽障魔咒的澳洲，所以力克的父母沒有把力克當成前世的仇人或討債鬼，力克也沒有自覺前世作孽的羞愧。沒有前世孽障魔咒的綑綁，力克的父母才能全心全力地愛力克，幫助力克，而力克自己也沒有羞愧和自卑，才能坦然面對現實。如果力克出生在中國，恐怕力克的父母、親友，甚至力克本人都會受到前世孽障魔咒的影響，力克是否能長大成人都是個疑問，更別指望有傑出表現了。

海倫・凱勒是個又聾又瞎的女孩，幸好她出生在美國，那裡沒有前世孽障的魔咒，海倫・凱勒得到父母親友充分的愛，她從小努力學習，精通法文、德文，還能寫拉丁文，她寫了許多文章，也到全世界各地去演講，鼓勵和幫助盲人，影響極大，著名的幽默大師馬克・吐溫曾說，十九世紀有兩個奇人，一個是拿破崙，一個是海倫・凱勒。沒有前世孽障魔咒的陰影，海倫・

凱勒才能拓展光明的人生。

惠明是我的朋友，他的兒子在唸大學，有一天他的兒子到海邊去玩，被海浪捲走，淹死了。惠明夫婦為兒子辦完喪事，過了一個月，我去拜訪惠明，發現惠明夫婦二人垂頭喪氣，神色頹喪，我安慰他們說：「孩子已經走了，別再想他了。」

惠明搖搖頭，用低沉的聲音說：「你不知道，前天我正要出門，站在院子裡，就聽到門外有兩個鄰居正在講話，一個鄰居說：『惠明真可憐，他的兒子那麼乖，竟然二十歲不到就死了，老天爺怎麼都不照顧他呢？』另一個鄰居說：『一定是惠明前世作了什麼孽，報應在他的兒子身上了。』這鄰居的話讓我的心一陣絞痛，我退回屋裡，躺在椅子上，一直唸著：『我前世作了什麼孽？老天爺啊！你報應在我身上，何必報在孩子身上！』」

聽了惠明的話，我才知道前世孽障的魔咒降臨在惠明夫婦的身上了，我提高嗓門說：「惠明，不要相信前世孽障，每個人都有自己的人生道路，生命的長短是上帝的安排，沒有什麼前世，更沒有前世孽障。」

於是，我帶惠明夫婦進了教會，也參加了小組，教會裡弟兄姐妹們的熱心讓惠明夫婦深深感動，惠明夫婦不但受了洗，還主動地參與教會服事的工作，顯然他們已經從喪子之痛的哀傷中平復了。

關於前世孽障，我有一個親身的體驗，在二〇〇五年初，我的視力幾乎完全喪失，醫生伸出一根手指在我的鼻子前搖晃，我都看不見。我有一個朋友，自稱能通靈，他說他看到我的前世，我在前世裡拿著弓箭把一隻牛的眼睛射瞎了，這隻牛現在來報仇，也要弄瞎我的眼睛。我並不信他所說的，二〇〇七年底，我的眼睛開刀成功，視力恢復到〇．五，他所說的前世孽障魔咒完全破滅。

四、讓前世孽障魔咒消失

前世孽障的說法對一個遭遇困難的人來說，常是不公平的打擊。一九九七年四月臺灣發生了一樁震驚社會的兇殺案，臺灣著名的影劇明星白冰冰，她正在唸中學的女兒白曉燕被一個叫陳進興的人綁票殺害，警方全力捉拿陳進興，陳進興在逃亡中，又殺害了幾個人。當時白冰冰哀痛欲絕，社會大眾多數同情白冰冰無緣無故愛女被殺，但卻有自稱通靈人士出來說，白冰冰前世欠了陳進興的孽債，所以陳進興這一世來討債，這說法是幫兇手脫罪，卻讓白冰冰在悲痛之中又加上了前世欠了孽債的罪名，這種前世孽障的魔咒對白冰冰來說，實在是既殘忍又不公平的。

中國古代的先賢先哲如孔子、孟子、荀子、老子等都沒有講過前世孽障，他們認為一個人遭遇到困難乃是這一世的事，不要把困難的原因推到前世，應該自己面對現實，努力解決困難。在基督信仰中，認為一個人遭遇困難時，要自己去應付，再加上神的幫助。《聖經》說：「就是在患難中，也是歡歡喜喜的，因為知道患難生忍耐，忍耐生老練，老練生盼望，盼望不至於羞恥，因為所賜給我們的聖靈，將神的愛澆灌在我們心裡。」所以，基督教的主張和孔子、孟子是一樣的，只是加上神的愛，讓遭受困苦的人有更大的支持力。前面講到沒手沒腳的力克在努力克服肢體的困難時，他時時想到的是耶穌基督，他除自己努力外，更祈求耶穌基督賜給他力量和智慧。如果力克滿腦子想的是前世孽障，他一定失去鬥志，躺著不動成為廢人了。

前世孽障是迷信心理產生的魔咒，每一個前世孽障的故事都是極少數自稱通靈的人所編造出來的，沒有證據，不合邏輯，只是恐嚇和威脅，讓身處困境中的人喪失努力的自信心，讓身處困境中的人感到無可彌補的羞辱。前世孽障的魔咒像是在一個受傷的人的傷口撒鹽，讓受傷的人痛上加痛，這魔咒多麼殘忍，多麼毒惡！

前世孽障的魔咒會使人陷入羞愧、退縮、消極、畏懼的黑暗之中，永遠受著身邊困苦的糾纏，永遠不能從遭遇的困境中解脫出來。所以，當你遭遇困難時，一定不能被前世孽障的魔咒綑綁住，那麼，如何破除這魔咒呢？其實非常簡單，前世孽障的魔咒只是一種心理的幻覺，只要你不信，這幻覺就消失了，魔咒也就毫無力量。

有一個貧苦的小女孩，以撿垃圾為生，一天，她撿到一個玻璃瓶，裡面裝滿了黑水，看來是被人丟棄的廢物，小女孩打開瓶蓋，把瓶裡的黑水倒掉，發現這玻璃瓶上有著美麗的圖畫，正巧一個教藝術的教授經過，驚嘆這瓶上的圖畫是那麼精美，就高價把這瓶子買回去了。這玻璃瓶裝了黑水，使瓶子毫無價值，但把黑水倒掉，瓶子的價值就顯現出來了。你就像那玻璃瓶，有價值，有能力，前世孽障的魔咒就像那黑水，你要把黑水倒掉，顯現出你的價值和能力，還是留著黑水，讓你自己變成垃圾堆裡的廢物？

當你遭遇困難或身陷困境的時候，請你千萬記住，要堅決地拒絕前世孽障的魔咒，勇敢地面對困難，如果你自己覺得很軟弱，請你祈求上帝的幫助吧！

英雄與英雄崇拜

一、英雄的定義

富美和小莉是臺灣一所大學的女學生，她們一起上課，經常在聊天。一天，富美對小莉說：「聽說妳愛上了那個籃球校隊陳洪，真的嗎？」小莉興奮地回道：「真的，陳洪請我吃飯、看電影，下禮拜要去參加一個舞會。」富美皺著眉說：「你為什麼要和陳洪好？」小莉叫起來：「陳洪是籃球場上的英雄呀！我知道妳要說他的女朋友很多，英雄嘛，女孩子都會追求的，大家都崇拜英雄呀！」

把球場明星、影劇明星當成英雄，這是許多年輕人的心理。但是，那些明星是真正的英雄嗎？我們應該瞭解英雄真正的意義是什麼，才能分辨誰是真正的英雄。

首先，英雄是有傑出表現的人物，但有傑出表現的人物不一定是英雄。英雄的傑出表現要對國家、對社會產生正面的貢獻和影響。譬如漢武帝、唐太宗、成吉思汗都是英雄，因為漢武帝打響了大漢天威，唐太宗建造了大唐帝國，成吉思汗威名遠震歐亞，他們的功業深深影響歷史的發展，他們是英雄。秦檜是宋高宗的宰相，權勢赫赫，害死了忠臣岳飛；吳三桂是明崇禎皇帝任命鎮守山海關抵禦清兵的大將，吳三桂投降滿清，引清兵入關，造成政治局面的大改變，秦檜和吳三桂在當時都是有傑出表現的人物，但他們的表現對國家、對社會都造成負面的影響，所以，秦檜、吳三桂算不得英雄。

二、英雄不限於政治人物

英雄不一定是政治人物，更不限於君主皇帝，也不必定是戰場上打勝仗的將軍武人，其實各行各業有傑出表現而且對國家社會有正面貢獻和影響的人都是英雄，像李白、杜甫、白居易都是傑出的詩人，他們深深地影響了唐代的詩壇，他們就是英雄。

在《聖經》中，最偉大的英雄毫無疑問是耶穌，耶穌是一介平民，他為了宣揚上帝耶和華的道和救贖世人的原罪，竟被釘死在十字架上，耶穌的言行表現影響了二千多年世界的歷史和文化，耶穌沒有沾過政治的邊，卻成為比任何政治人物更為偉大的英雄。

在臺灣，馬偕醫院是著名的大醫院之一，馬偕醫院是為紀念馬偕博士而命名的。馬偕博士是加拿大人，一八四四年出生於加拿大安大略省牛津郡，畢業於美國普林斯頓神學院，成為海外宣教師。一八七二年三月馬偕到達臺灣北部的淡水，立刻開始學習台語和中文，把自己完全投入臺灣，很快地馬偕就能用台語講道，並且娶臺灣女子張聰明小姐為妻。

馬偕在臺灣二十九年，到處旅行佈道，足跡遍及北臺灣和東部的宜蘭、花蓮。當時臺灣的衛生環境很差，疾病流行，最常見的病是瘧疾和牙病，馬偕擅長於拔牙，又用金雞納霜醫治瘧疾，效果十分良好，這有利於他的宣揚福音，贏得許多人對基督教的好感。

一八七九年馬偕建立第一所西式醫院，也是臺灣北部西醫的發祥地：「淡水偕醫館」，中法戰爭爆發，許多中國傷兵送來醫治，滿清政府的臺灣提督孫開華還親自到醫館來道謝。

一八八二年馬偕利用加拿大人士的捐款加幣陸仟貳佰元建築了臺灣北部第一所西式學堂「牛津學堂」，這所學校除了教導神學和聖經之外，社會科學、自然科學、醫學和臨床實習也都在課程之內。牛津學堂後來延伸出臺灣神學院、淡江中學和真理大學。馬偕又在各地教會設立「義塾」，就是免費的私塾，讓臺灣的孩子可以接受教育。一八八四年馬偕設立女學堂，這是臺灣的創舉，打破了傳統中國女子不必受教育的魔咒。

一九〇一年六月馬偕因喉癌病逝，享年五十八歲。總觀馬偕的一生，他對臺灣的醫學、教育、神學、生態文化和信仰都有很大的貢獻和深遠的影響，馬偕實在是臺灣的英雄。

以上所列舉的英雄：李白、杜甫、白居易、耶穌、馬偕都不是政治人物，可見，英雄不一定與政治權勢相關連，有政治權勢的人未必是英雄，像明代的嚴嵩，權勢強大，是個圖謀私利，陷害正人君子的大奸臣。明代的太監魏忠賢號稱「九千歲」，是個誤國害民的大壞蛋。清代的和珅是乾隆皇帝身邊的大紅人，權勢無人可比，是中國歷史上數一數二的大貪官。嚴嵩、魏忠賢、和珅這些人都是當時極為有權勢的政治人物，但絕對不是英雄。

三、英雄不限於男人

英雄是有傑出表現且對國家社會有貢獻和影響的人，這種表現不是男性獨占的，女性也可以有這種表現，所以女性也可以成為英雄。可以舉兩個歷史人物為例。

在西漢初年，山東臨淄有一個名醫淳于意，被人控告，縣老爺判淳于意「肉刑」，依照漢朝法律，「肉刑」有三種：第一種叫「黥」，就是在臉上刺字，讓別人一看就知道這是犯罪的人；第二種叫「劓」，就是割掉鼻子；第三種叫「斷左右趾」，就是把左右腳的腳趾頭切掉。不論那一種肉刑都很恐怖，都會讓受刑人終身留下心理的傷痕。淳于意有個小女兒叫緹縈，為了要救父親，冒著生命危險，上書給皇帝，信上說：「我父親當過縣令，大家都稱讚他廉潔、公正。現在因為犯了法，要受肉刑的處分，我很痛心受刑人不能再恢復原來的模樣，就是想改過自新，也沒法子，我願意做你的奴婢，使我父親免除肉刑，有自新的機會。」漢文帝看到緹縈的書信非常感動，不但赦免了淳于意的罪，更宣布廢去殘酷的肉刑。緹縈以一個弱小的女子，憑著她的孝心和勇氣，竟然做了一件使全國人民有利的事，緹縈的表現被稱為英雄是當之無愧的。

在《聖經》裡記載了一個偉大的女英雄以斯帖的故事，《聖經．以斯帖記》中詳細而生動地敘述這位女英雄如何拯救猶太民族。

約在西元前七世紀初，巴比倫帝國的尼布甲尼撒王攻陷了耶路撒冷，將猶太人俘擄到巴比倫，尼布甲尼撒對那些猶太人十分寬大，讓猶太人可以保存自己的制度和信仰，有充分的行動自由，有工作的機會，可以居住在巴比倫境內美好肥沃的土地上，所以，猶太人在巴比倫帝國統治下生活是很舒適的，和他們的祖先在埃及過奴隸的生活是完全不同的。

西元前五三九年波斯大軍攻陷巴比倫城，巴比倫帝國崩潰，取而代之是波斯帝國。以斯帖是住在波斯的一名離散猶太人，時間約在西元前五世紀左右，以斯帖從小就失去父母，是個小孤女，她的堂兄末底改收養了她，把她當成自己的女兒一般疼愛。以斯帖長大後，美麗、聰明又機智，是一個人見人愛的美女。

當時波斯王亞哈隨魯王宣布廢掉王后瓦實提，降旨另選美女為王后。以斯帖從眾多美女中脫穎而出成為王后。

當時波斯宮廷中最有權勢的人是宰相哈曼，哈曼和末底改結怨，哈曼想要殺末底改和在波斯國內所有的猶太族人，於是哈曼對亞哈隨魯王說：「有一種人民分散在我們王國中，他們有自己的律法，不守王的律法，這種人留著他們對王無益，王如果同意，請下旨意滅絕他們，我就捐一萬兩銀子納入王的府庫。」亞哈隨魯王很寵信哈曼，問都沒問清楚就說：「這銀子我還給你，這些人民也交給你，隨你的意思去處理吧！」於是哈曼用王的印信下命令，通知波斯帝國的總督和各省省長，在十二月十三日這天，各地同時將猶太人全部殺死，將猶太人的財產沒收。這個命令讓波斯帝國境內的猶太人起了極大的恐懼和悲哀。末底改把這壞消息通過太監傳給宮內的以斯帖，要以斯帖設法挽救猶太人的命運。

哈曼得到王的授權十分高興，命人用木頭做了一個五丈高的木架，準備求王將末底改掛在木架上處死。

這天晚上，亞哈隨魯王在宮裡睡不著，叫人取歷史紀錄來，命人唸給他聽，唸到某年某月某日，有兩個守門太監預備謀害亞哈隨魯王，末底改聽到兩個太監的計謀，便告訴王后以斯帖，以斯帖向王報告，才制止了這兩個太監的陰謀。

亞哈隨魯王聽到這裡，揮手叫停，轉臉問身邊的太監：「我差點忘記這事，你查一查我當時有沒有賞賜末底改？」

身旁的太監躬身回答說：「啟稟我王，奴才記得很清楚，沒有賞賜末底改。」

「這麼忠心的人怎麼可以不給賞賜？」亞哈隨魯王有些歉疚：「明天早上，召哈曼進宮。」

第二天上午，哈曼應召進了王宮，叩見亞哈隨魯王。

「哈曼，我今天有件事要你去辦。」亞哈隨魯王說。

「請我王吩咐，我立刻去辦。」哈曼恭敬地回答。

「不久前有兩個守門的太監陰謀計畫要殺我，這件事你還記得嗎？」

「我記得，這兩個太監不是被處死了嗎？」

「這兩個傢伙該死。不過，揭發這個陰謀的人我卻忘記給他賞賜。」

「我王是該給他賞賜的，這人是誰呢？」

「是末底改。」亞哈隨魯王一字一字地說。

「末底改！」哈曼的腦門像被雷轟擊一下。

「末底改對我忠心耿耿，」亞哈隨魯王絲毫沒有察覺哈曼的異狀，繼續說：「我要把尊貴的衣服和御馬賜給末底改，哈曼，你立刻去辦。」

「是，是。」哈曼低著頭，連聲回答著。

這時，王后以斯帖推開殿門，獨自站在門外，求見亞哈隨魯王。依照當時波斯王宮的規矩，沒有王的旨意，任何人膽敢闖入宮殿內必然處死，以斯帖沒有奉召就來到宮殿，是觸犯禁令的，但亞哈隨魯王非常寵愛以斯帖，便舉手制止門口正舉著刀的衛兵，向以斯帖招手：「王后為什麼突然來到殿上，有什麼事嗎？」

以斯帖向亞哈隨魯王行了下跪禮，然後站到王的身邊，輕聲笑著說：「我王每天操勞國事，我有些心疼，我特別準備了上好的酒席，請我王放鬆心情，飲酒作樂，同時請王帶哈曼一個人來參加我的酒宴。」

「太好了！謝謝王后關心我。哈曼，你明天中午到王后的宮裡，咱們一起暢飲幾杯。」

「謝謝王后賞賜酒宴，我明天中午一定到。」哈曼向以斯帖彎腰致謝，然後出了皇宮。

這天晚上，哈曼回家，十分興奮地把王后宴請的事告訴妻子，妻子遲疑地說：「王后為什麼要請你？」

「你不懂啦！」哈曼大笑著說：「我是宰相，是王面前最有權勢的人，王后想拉攏我。妳要知道王后是不請臣子吃飯的，這次宴請我，是無上的光榮呀！」

哈曼完全不知道以斯帖是猶太人，也不知道以斯帖和末底改的關係，所以沒有任何戒心和防備，第二天中午，哈曼就單身進入王后的宮中。

酒席上只有三個人：亞哈隨魯王、哈曼和以斯帖。酒過三巡，亞哈隨魯王心情十分高興，便對以斯帖說：「王后準備的菜太可口了，酒也是極好的，王后，我今天要賞賜妳，妳說要什麼，我都會給妳，妳就是要半個波斯國，我也一定給妳。」

以斯帖聽了，立刻跪在亞哈隨魯王腳前：「感謝我王的宏恩，我只有一個請求，請我王賜給我性命，讓我活下去。」

「什麼？」亞哈隨魯王疑惑地叫起來，一手把以斯帖拉起來，急促地問道：「怎麼回事，妳講給我聽。」

以斯帖邊哭邊說道：「我和我的族人都要被殺了，請王救命！」

「豈有此理！」亞哈隨魯王說：「哪個人大膽敢殺王后和王后的族人，妳趕快說。」

以斯帖用顫抖的手指著哈曼：「就是哈曼。」

亞哈隨魯王勃然大怒，瞪了哈曼一眼，怒沖沖地站起來，衝到花園裡去。

哈曼這時才知道以斯帖是猶太人，嚇得不知所措。

以斯帖跑到客廳裡一個臥椅上躺下來，不斷啼哭，哈曼走到以斯帖身邊，蹲了下來，惶恐地說：「王后，我不知妳是猶太人，請妳饒恕我吧！」

正在此時，亞哈隨魯王從花園回來，從哈曼的背後看去，好像哈曼正伏在躺在臥椅的以斯帖身上，不由得大聲怒吼：「竟敢大膽在王宮裡凌辱王后，衛士！進來！把哈曼處死！」

亞哈隨魯王殺了哈曼，又下令取消殺戮猶太人的命令，於是在波斯帝國境內無法數計的猶太人逃過了被屠殺的厄運，猶太人至今有個「普珥節」，這「普珥節」就是紀念猶太人逃過這場大屠殺的日子。

以斯帖以她的機智、勇敢，救了猶太族人，當然是猶太人的民族英雄。

其實，除了緹縈、以斯帖之外，有傑出表現的女性很多，如南丁格爾、德蕾莎修女等等對社會都有正面的影響，都算得上是英雄。總之，英雄不限於男性，女人也同樣可以成為英雄。

四、英雄不一定是知名度高的人物

許多人都以為英雄必然是知名度高的人，其實不然，我們不要忘記英雄的定義，英雄是對國家社會有正面的貢獻和影響的人，許多人在默默地做著對國家社會有貢獻的事，他們很少被傳播媒體報導，他們知名度不高，但他們是英雄。

當「九一一」恐怖攻擊事件在紐約發生，雙子星大樓烈火衝天，大樓迅速崩塌，紐約四百多名消防隊員和警察衝進大樓去救人，結果這些救火隊員和警察幾乎全部葬生火海，他們都是名不見經傳的小人物，但他們勇敢的表現給全世界帶來一道人性的光芒，他們是配得上稱為英雄的人。

在二十世紀以前，電子導航儀器還沒出現，海上船舶的航行是十分危險的，尤其在夜晚更是船舶容易觸礁、擱淺的出事時間，這時海角上燈塔的燈光是船舶在茫茫大海中的一盞明燈，燈塔管理員的工作是十分寂寞、枯燥的，但他們每天夜晚開亮燈光，帶給無數航海人光明的指引和希望，他們無聲無息，但他們對航海人的貢獻足以使他們成為英雄。

葉由根神父是匈牙利人，一九一一年生，一九三六年到中國宣揚福音，一九五五年到臺灣宣教，一九五六年在臺灣南部的朴子鎮設立貧民醫院，一九七三年轉到臺灣北部的新竹，一九七五年起陸續創辦了「仁愛啟智中心」和「華光智能發展中心」，收容並教育智能障礙和多重障礙的孩子和成人，獲得教宗頒發「金質十字勳章」獎勵，二〇〇九年三月十七日葉神父逝世，享年九十九歲，葉神父在中國七十多年，在臺灣就有五十四年，照顧過不計其數的貧窮人和智障者，但葉神父從沒有在媒體宣揚自己，所以葉神父在臺灣的知名度不高，但葉神父默默地獻出自己的愛心，讓臺灣許多無助的弱勢者得到照顧和溫暖，對臺灣來說，葉神父可說是真正的英雄。像馬偕博士和葉由根神父這樣的人還有很多，只是沒被媒體報導，大家都不知道，他們都是外國人，卻默默地為臺灣把生命奉獻出來，他們是真正愛臺灣的英雄，不像一些政客，天天在媒體上高喚「愛臺灣」，卻做著吃臺灣人的肉，喝臺灣人的血的事，那是假的「愛臺灣」，大家應該向真正愛臺灣的英雄致敬。

五、不以成敗論英雄

在中國人心目中，普遍被崇拜的英雄是關羽（關公）、岳飛、文天祥，但他們的結局都是失敗的，在西方歷史中也同樣有許多英雄的結局是失敗的，但是結局的失敗並無損於他們的英雄形象，因為他們面對困難、挫折卻不肯低頭，仍然努力奮鬥的精神才是使他們成為英雄的因素。

在《新約聖經》中，除了耶穌之外，最讓人欽佩的英雄就是使徒保羅，保羅宣揚耶穌基督的福音，被打、被罵、被關進監牢，真是吃盡了苦頭，隨時都會丟掉性命，但保羅從不畏懼，從不退縮，他的那種「雖千萬人吾往矣」的勇氣和文天祥視死如歸一樣，充分表現出英雄本色。保羅雖然拚命宣揚福音，在地中海沿岸建立了許多教會，但當保羅死的時候，福音還是沒有廣泛傳開，直到保羅死了三百年後，福音才在歐洲普遍被接受，所以保羅宣揚福音的工作不能算是「成功」，但他的「忘記背後，努力面前的，向著標竿直跑」的精神已經讓他成為不朽的英雄。

六、英雄表現的核心是愛

一個人的作為能被別人看成英雄，乃是他的表現散發出愛的光輝。一個企業家拚命賺錢，家財億萬，他算不得英雄，除非他將大批的財富用到有利於國家社會的公益工作上，表現出對社會的大愛，才能成為英雄。所以，英雄表現的核心是愛——對世界、對國家、對社會、對人群的大愛。下面舉個真實的故事。

黃熱病是一種可怕的傳染病，病狀是四肢疼痛、皮膚和眼球呈黃色、胃出血、發燒，通常會在精神狂亂中死去。從一六六八年到一九〇〇年的兩百多年間，黃熱病曾襲擊美國八十六次，平均每兩年多就有一次黃熱病流行，一八七八年黃熱病在美國孟菲斯城流行，兩星期內就奪走了五千人性命，有三萬人被迫逃離這個城市。當時醫生們相信黃熱病不像天花那樣靠直接接觸傳染，而是從病人身上出來的「散發物」傳染，所以病人的被褥、衣服、傢俱，甚至病人觸摸過的任何物質都是傳染媒介。

一九〇〇年黃熱病在古巴流行，美國派遣華特・列德等四位醫生到古巴，試圖找出黃熱病的起因。四位醫生懷疑黃熱病是由蚊子傳播，決定用人體當白老鼠做試驗，四位醫生親自當試驗品——讓帶病毒的蚊子來咬他們，四位醫生中的拉齊爾醫生成了犧牲者，死於黃熱病，但拉齊爾的死沒有使其他三位醫生退卻，反而讓列德等其他三位醫生更相信蚊子是傳染媒介，就在古巴的黃熱病區內繼續做試驗，更招募了幾個志願「餵蚊子」的人參加試驗小組，終於證明蚊子是黃熱病傳染的元兇，從此黃熱病便得到控制。列德醫生的試驗小組用自己的生命來對抗可怕的傳染病，他們不是為了自己的名利，而是秉持著「救人」的大愛精神。從這個故事中可以得到一個啟示：英雄是寧可犧牲自己也要愛護別人的人物。

七、認識真正的英雄

英雄崇拜心理是產生英雄的重要因素之一，不過，人們對英雄要有正確的認識，不要把假英雄當真英雄，今天社會上人們最普遍的錯誤是把出鋒頭的人看成是英雄，只要媒體不斷報導這個人，就把這個人當成英雄，不斷追逐，加以崇拜，大家都不管這個人對社會是有正面影響或是負面影響，難怪有許多影劇明星經常要製造一些桃色新聞，讓媒體大篇幅報導，使更多的人把他捧成偶像或英雄，這種錯把「明星」當「英雄」的心理會產生社會價值的負面效應。

一九八二年四月十四日台北市發生一樁銀行搶案，一個叫李師科的人持武器搶劫一家銀行得逞，這是臺灣歷史上第一宗銀行搶劫案，這搶劫案很快就破獲了，搶銀行的強盜李師科被逮捕，速審速決，李師科被處死刑。這個案子對治安一向良好的臺灣投下一顆大震撼彈，當然成為社會矚目和議論的焦點，當時的臺灣媒體無不大篇幅報導，甚至加以渲染，在李師科被處死後，有人將李師科搶銀行的事件拍成電影，對李師科還冠以「大俠」的稱號，這真是把強盜當英雄，這種錯誤的英雄崇拜感染了臺灣社會，難怪從此以後，在臺灣搶銀行的案件就不斷不斷出現，真是錯誤的英雄崇拜造成臺灣社會的悲哀。

今天世界上普遍流行拜金主義，人們瘋狂追逐金錢，崇拜那些為富不仁的企業大老闆，這是社會盲目追求財富的反映，把賺錢手法高明的人看成英雄，這個社會就會是一個腐敗、污穢而沒有道德、缺乏靈性的社會。

同樣，一個政治領袖利用職權來貪污收賄，人民不但不加譴責，反而羨慕他的權勢和財富，對滿手黑錢的領袖高聲擁護，捧為英雄，這個社會必然會沉淪下去。

一個社會需要真正的英雄，英雄使這個社會充滿積極、進取、愛心、關懷的精神，英雄是社會進步的動力，沒有英雄的社會是一個消極、退縮、仇恨、冷漠的社會，這個社會將會退化、萎縮而消失。

觀察一個社會的未來發展如何，可以看一看這個社會人們崇拜什麼樣的英雄，就大致可以預測這個社會的未來發展如何了。

一個社會真英雄越多，這個社會的前途就越光明。

附錄

從黑暗到光明

——記我的重生

一、高度近視的困境

二〇〇七年十月二十五日是臺灣光復節，近年來政府刻意輕視這個節日，不但取消放假，連紀念活動都不見蹤影。然而，這一天卻是我的光復節——讓我得以光明復見的日子。

我是先天性近視，三歲時，母親發現我看書時，比別的孩童將書本湊得近，而且夜間視力極差。自幼聽大人講星星月亮的故事，舉目上望，我只看到夜空中一個像盤子般的月亮，卻從未看過星星。上了小學，我得要求坐在前三排，否則看不見黑板的字。初中二年級時爸媽帶我去眼科檢查，醫生說我是近視，於是給我配了一副五百度的近視眼鏡，第一次戴眼鏡就是兩片厚厚的玻璃架在鼻樑上，真不舒服，但是眼前一片光明，於是就欣然接受這個會壓痛鼻樑的傢伙。

我天性歡喜讀書，雖然家境清寒，感謝當時政府的低學費政策，讓我這個窮學生能夠從中學讀到大學，進而修得博士學位，並獲得在政治大學任教的機會。在長達二十多年的學習歷程，我步步上升，可是我的近視程度也同時步步上升，當我拿到博士學位的那年，我的近視度數高達一千六百度。

高度近視使視網膜過度曲張，我三十歲那年發生視網膜出血，幸虧只是輕微的，承蒙林和鳴醫師的治療，止住了出血。不過，情況並未改善，由於在政治大學歷史系任教，每年有研究計畫和學術論文要發表，須要閱讀大量的書籍與資料，對視力的損耗可想而知，過了三、四年，我的視網膜發現有裂縫，很幸運的是，我遇到臺大醫院眼科蔡武甫醫師，他剛從美國學成回臺，替我用雷射手術，固定我的視網膜，後來蔡醫師到台南成功大學醫院任眼科主任，我也趕到台南，蔡主任替我進行了兩眼冷凍手術來再次固定網膜，由於蔡主任的數次雷射和冷凍手術，使我的視網膜至今保持良好狀況，未曾剝落。

雖然蔡主任的努力保住了我的視網膜，但由於工作的需要，我每天仍大量使用視力，如寫研究論文、主編各種叢書（我曾兼任中華文化復興運動推行委員會執行秘書約達十年，為該會編過許多叢書和單本文集），都極耗費眼力（我的著作和主編的圖書目錄見附錄，這份附錄不是要誇耀自己的成績，而是想表示我使用眼力的程度），遂使近視度數不斷上升，我曾到公保去看過眼科謝運璠醫師，謝醫師檢查了我的眼睛後不斷地搖頭，他給我一個建議：「改行吧！別再從事研究和寫作的工作，你的眼睛超過了負荷。」

改行？怎麼可能！我對教書、研究、寫作有興趣，幾十年的心力也都投注在這裡，離開這裡我能做什麼？既沒有其他的專業技術，又缺乏興趣。改行，也許的確有助於我眼睛的健康，但一定會使我的人生走了樣。思考了很久，我終於決定繼續走我的教書、研究、寫作的路子，當然苦了我的眼睛，到二〇〇〇年左右，我的近視度數已經二千六百度，用電腦測度數儀器已測不出我的度數，所以有醫生打趣地說，我的度數已是「深不可測」了。

二、白內障手術導致右眼失明

一九九〇年左右，我的兩眼發現有白內障，不過進行緩慢，一九九七年我到台北一家著名眼科診所醫院求醫，林主任為我檢查後，認為視網膜尚佳，而白內障已成熟，可以手術治療，切除白內障是小手術，局部痲醉，手術時間僅三十分鐘，不必住院，危險性小。於是我接受林主任為我動手術，先開右眼。

不幸的事情這時降臨到我身上，手術第二天，赴診所打開右眼，發現一片漆黑，林主任大感訝異，仔細檢查，發現右眼玻璃體內全是鮮血，林主任說開白內障根本未觸及網膜，何以視網膜會大量出血，這是他行醫以來未曾遇到過的情況。過了幾天，林主任要我住院，為我做玻璃體切除手術，手術後，我要伏臥一個月。

長期的伏臥姿勢很難過，但更糟糕的事是我頭痛不已，眼壓升高，林主任要我到長庚醫院看青光眼科陳醫師，陳醫師為我做了簡單的檢查，確定我是青光眼，原因是林主任做手術時把我的淚管堵塞住了，解決的辦法是為我通一條淚管，這是簡單的手術，在門診治療室便可做。於是陳醫師為我打一針痲藥，接著用針刺進我的眼皮，立刻聽到陳醫師大叫一聲，用手指緊壓住我的右眼內角，我奇怪地問是什麼事，陳醫師語帶驚恐地說：「奇怪，你的眼底怎麼會出血？」壓了約半小時，陳醫師要我馬上回診所去找林主任。林主任檢查後，告訴我眼底又出血了，玻璃體內全是血，已是無法復元了，從此，我的右眼宣告失明，視力只能靠單一的左眼了。

三、左眼白內障惡化

困擾的問題是我的左眼也有白內障，內人吳涵碧為此憂心忡忡，陪我遍尋名醫，台大醫院、三軍總醫院、榮民總醫院和私人診所的名醫前後看了八位，他們瞭解我的右眼病況後，幾乎都是神色凝重，有位名醫的結論是：「恐怖」，他們都未曾遇到過我右眼開白內障而導致眼底大量出血的病例，於是他們幾乎一致都勸我左眼的白內障不宜開刀，「能用就用，看得見一點光總比完全黑暗好。等左眼完全看不見，再試試開刀吧！」這是每一位醫生對我作的結論。我終於瞭解眼科醫生有一個共同想法，當一個眼睛發生某種狀況，另一隻眼睛極可能會發生相同的狀況，難怪有位名醫對我說：「你左眼開白內障的危險性比平常人高一百倍。」老天！如果平常人開白內障的危險性是百分之一，那麼我的危險性就是百分之百，豈非注定失敗？

涵碧對我左眼的憂慮時刻掛在心頭，她說：「救你的左眼，只要有一絲一毫的機會，我都不會放過。」她到處打聽消息，請問別人的經驗，她帶我去看中醫，找氣功師父，甚至到泰國北部尋訪巫師，又到道教的道觀去拜拜，朋友們都為涵碧的深情摯愛而感動，當然我最能感受到涵碧對我的愛，我也深深地愛涵碧。

二〇〇五年二月十七日，剛過了農曆春節，我不幸患了嚴重腸炎、腹瀉、發高燒，被送進台北萬芳醫院急診室，抽血檢驗，發現白血球只有三千，而且顯微鏡下看到有未成形的白血球，發高燒而白血球減少，有敗血症的可能，此外，腎功能指數 CREATININE 高達四・八（正常值是〇・六～一・四），有腎衰竭的危險，幸虧萬芳醫院連吉時副院長（腸胃科專家）為我悉心治療，住院半個月，痊癒出院，得以保住性命，真是萬分感激連副院長，他高超的醫術和關懷病人的醫德，實在是位難得的良醫。

病癒出院後，發現左眼視力衰退十分嚴重，到眼科檢查，醫生說是白內障急速惡化，視力微弱到不但不能看書看報，連自己寫的字都看不見，走在路上看不到迎面而來的人，有一次在台北市忠孝東路遇到老友呂士朋教授，他和我打招呼，我完全看不見而未理睬，他見我雙目睜開，邁步行走，何以不理他，感到奇怪，便跑到我面前，拍我的肩膀，自己報上姓名，我連忙道歉。又一次在明曜百貨公司碰到大學同班同學喬健教授，若不是他自報姓名，縱使到我面前我也看不見他。到百貨公司，我只能看到頭頂發亮的燈管，每個櫃檯賣什麼東西，我一概都看不見。自己把手指伸到眼前，卻也是視而不見。這時的視力與全盲何異？我內心的恐懼與懊惱真是難用筆墨來形容。

四、一盞明燈

在我心情極度不安時，其實有一盞明燈在我的面前，這盞明燈雖未能使我看見眼前的景物，卻照亮我的內心，這盞明燈便是我的愛妻涵碧，她經常對我說：「不要怕，縱使你的眼睛完全看不見，這一輩子我會永遠照顧你。」涵碧是從不說謊的人，她的話絕對真誠，我完全相信，我感動得想哭，但硬把眼淚逼回眼眶裡，年輕時讀小說，常讀到一句話：「愛是無怨無悔的，海枯石爛，至死不渝。」我總覺得那不過是小說中的虛幻語言，天哪！這樣的感覺怎麼竟降臨到我自己的身上。一個人伏在書桌上，淚水偷偷地流濕了兩條袖子，天啊！我好感謝，祢賜給我一個可愛的妻子和那份可貴的真情，我縱使眼睛真的瞎了，也沒有什麼可遺憾的了。涵碧啊！我如果真瞎了，可苦了妳，妳對我的愛，我是無法報答了，當然，你知道我也一樣愛妳，我們的心靈可以仍然很快樂地融在一起，但是那未來漫長的歲月，人生現實生活中的煎熬，妳一個弱女子如何去肩負！好殘忍的畫面啊！天啊！我該怎麼辦?!

視力越來越差，涵碧怕我頹喪、消極，不斷地鼓勵我，她說她要做我的眼睛，每天傍晚都拉著我出去，在台北東區捷運地下街（忠孝復興站到忠孝敦化站）來回走一兩趟，我知道她的意思，一方面不要整天窩在家裡，要和社會接觸，免得成為山洞裡的孤獨老人，二方面是多散步有益健康，不要因為視力差而影響全身生理功能。每次外出，涵碧總是走在我右邊（我的左耳聽力較差），她的左手緊緊握住我的右手，路上的狀況，她會一一仔細告訴我，讓走路時輕鬆而自然，路人都看不出我是一個「準瞎子」。

有一天，涵碧牽著我的手在地下街散步，累了，在道旁的椅子上坐下休息，我對涵碧說：「妳一向力氣很小，可是妳的左手拉著我，卻力氣大得很，有時我的右手都被妳握痛了。」

「啊！對不起！我不知道握痛了你。」涵碧疼惜的說。

「我不是這意思。」我趕緊握住涵碧的左手：「我的意思是我看到一個十分柔弱的女子為了愛而使自己的手變得堅強有力，我好感謝妳對我的保護，我也會終身愛妳。」

涵碧的左手輕輕地抖動一下，我看不見她的臉部表情，但我能感受到她的心意。

我的個性喜好工作而不願無所事事，同時為了向涵碧表示我不會因視力衰退而消沉，從二〇〇六年一月起，我為《歷史月刊》撰寫專欄，每月一篇，每篇一主題。不過，說「寫」是有點失真，我既看不見書本，也看不見自己「寫」的字，那能寫一篇數千字的文章？實際上我是用口述的方法來寫，先想好主題、內容和架構，然後對著錄音機講話，再請我的學生政大歷史研究所博士班張正田君將錄音打入電腦，列印出來，由涵碧將初稿唸給我聽，逐字逐句修潤，定稿後送給《歷史月刊》發表，由於我無法查閱史籍，所以文章中很少引大段史料，整篇文章主要是以我的觀點來分析和評論歷史事件與人物，這樣寫法好像少了「學術」味，但許多朋友讀後常對我說：「比你那些硬梆梆的歷史論文有趣多了，從頭到尾讀一遍，輕輕鬆鬆，也讓我得到一些新的觀念和啟發。」不錯，我所做的正是我在二十多年前提倡的「學術通俗化」。我要把三十幾年來在大學研究所上課的若干心得，用通俗的文字寫出來，讓社會上的一般人士也可以瞭解到歷史究竟是什麼。到二〇〇六年底，已寫了十幾篇，當時涵碧正為臺灣商務印書館主編「博雅文庫」，建議我把這些文章彙集成冊，納入「博雅文庫」出版，我欣然同意，並將書題名為《照照歷史的鏡子》，於二〇〇七年七月問世，算是我走在黑暗人生道路上的一段紀錄吧！

五、生命中的轉折

二〇〇六年可說是我生命中的一個轉折，這年五月我和涵碧受蘇慧君女士（涵碧弟弟玉山的妻子）的影響踏進了台北靈糧堂，認識了耶穌基督的思想和精神。到六月二十四日，我們在靈糧堂受洗成為基督徒，為我們施洗的是程緯華牧師。

許多朋友對我和涵碧何以會成為基督徒十分好奇，我也願意表白一下我們信奉基督的心路歷程。

我的母親是虔誠的佛教徒，從小我便隨著母親到處拜廟，長大後我也曾讀過一些佛教經典，還會背誦「心經」，然而，幾十年來我始終無法進入佛教，一是佛教的核心思想是「空」，這是我無法接受的，二是佛教徒之間缺乏相互的關懷與友愛，在許多寺廟中，人潮擁擠，人人捧香求佛，可是卻鮮有相互問安，我常被夾在人群中，心裡卻是一片孤寂。

涵碧原本是無神論者，自從我的視力退步而群醫無策開始，涵碧試圖求神力來醫治，經朋友的推介，我們到一家道教的寺廟。在道教寺廟一年，我們看到道教為人驅鬼治病的事例，然而結果是讓我們對鬼、對妖、對冤親債主產生莫大的恐懼，我們退出了道教寺廟。

當我就讀台北師大附中高一時，同班同學顧鎮是位基督徒，他向我傳教，我問他兩個問題，一是看到街上基督徒宣教的隊伍，有人穿著長白衣服，上面寫著：「我是罪人」，請問我們現在學校唸書，從未犯過校規，也沒有被抓到警察局，難道我們也是罪人嗎？二是基督教不能祭祖，難道基督徒不要祖先嗎？當時顧鎮回答不出來，再也不向我傳教了。

二〇〇六年我踏進靈糧堂，參加主日崇拜、禱告會、小組聚會，每天讀聖經（當然是涵碧唸給我聽），使我對基督教有許多領悟，我先前向顧鎮提出的兩個問題我自己找到了答案。

第一個問題：何以基督徒要說：「我是罪人？」其實這個「罪」不是指犯法而定的「罪」（即犯法行為被法院判決的罪），而是指人性中的「罪性」，基督教認為自亞當、夏娃偷吃了伊甸園中分別善惡樹的果子後，人性中便種下了罪的因子，這個罪的因子代代相傳，所以基督教講的罪是先天的、與生俱來的原罪，這和荀子所主張的「人性本惡」是相似的，荀子認為要改變「本惡」的人性要用教育的方法，基督教則認為要除去原有的罪性要靠向上帝懺悔，信奉上帝的道。

第二個問題：基督徒何以不祭祖？其實，基督教是非常重視祖先的，在《舊約聖經》中記載了許多人的族譜，像亞伯拉罕、摩西、大衛、所羅門等都有詳細的世代紀錄，《聖經．馬太福音》第一章一開始便寫著：「亞伯拉罕的後裔、大衛的子孫耶穌基督的家譜……（一代一代的名字詳細記錄）……從亞伯拉罕到大衛共有十四代，從大衛到遷至巴比倫的時候也有十四代，從遷至巴比倫的時候到基督又有十四代。」可見基督教重視祖先的想法和中國人一樣，只不過基督教不祭祖。「祭」是敬拜神明的儀式，中國人祭祖是把已死去的祖先當成神明，但基督教是一神教，認為只有上帝是唯一的真神，人死後，靈魂會上到天國或下到地獄，而不是留在人間，所以不必祭拜，而且祖先不是神明，當然也不必祭拜，因此基督教認為活著的人可以追思、紀念祖先，但不能祭拜祖先，基督教的不祭祖不是要人們忘記祖先，而是要人們別把祖先當神明。

進入靈糧堂後，我感覺到基督教和佛教、道教的寺廟不一樣，教會像個大家庭，教友之間互相關懷，互相祝福，患難相助，喜樂分享，有人情的溫暖，有心靈的寄託，牧師和教友們可以談人生、談理想、談社會、談生活。我在靈糧堂完全沒有孤寂、浮躁、徬徨的感覺，我和涵碧會信奉基督教，一方面當然是企求上帝治病的神蹟，一方面也是覺得基督教和我們的文化相適合。

我有早起的習慣，每天早晨五時起床做運動，自從信奉基督教後，起床盥洗完畢，便是我約計半個多小時的禱告時間，我祈求天父保佑我和家人平安，賜給我們身心靈健康，也為有困難的朋友代禱，也為整個國家、社會禱告。這時天尚未亮（夏季時已見曙光），四周一片安詳寧靜，我獨自一人在客廳裡，向上帝輕聲訴說我的祈求，那種感覺彷佛置身在另外一個世界，有時會覺得上帝就站在我面前，伸手觸摸我，我不敢睜開眼睛，但覺一股熱流衝進我的腦門。

「主啊！感謝主！」我喃喃自語。

受洗後，我的視力並未改善，上帝似乎沒有在我的身上顯現神蹟。每次出門，仍要涵碧牽著我，走進靈糧堂，我只能看到頭頂的日光燈，卻看不見台上高唱詩歌的敬拜團和講道牧師的身影，甚至連坐在旁邊座位的人也看不清楚，我幾乎和盲人無異，只是我手裡拿的是一把雨傘而不是白手杖。

六、天使的出現

二〇〇七年五月的一天晚上，涵碧忽然對我說：「我們看過那麼多眼科醫生，都是不願幫你醫治，你是不是可以找蔡武甫醫師試試看呢？」

一語提醒夢中人，對啊！蔡武甫主任在台大醫院擔任主治醫師時，為我做過視網膜雷射手術，蔡主任到成大醫院任眼科主任，我還「追」到台南去，蔡主任又為我做了眼底冷凍手術，後來由於交通實在不便，就沒有再去找蔡主任了，音訊中斷了數年，不知他是否還在台南的奇美醫院當眼科主任。

找到蔡主任電話號碼，試撥一下，竟然是蔡主任的聲音，我興奮地說：「蔡主任，我是王壽南。」

「王院長，好多年不見了，你打電話來有事嗎？」蔡主任的語氣仍是那麼關切。

於是我把目前眼疾的情形向他作了簡單的說明。他聽完後，在電話裡說：「我本想請你到台南來讓我看看，但我在下個月底就要從奇美醫院退休，所以不方便請你來。聽你講的情況，我覺得左眼一定要動手術了，我建議你到台北振興醫院去看劉榮宏院長，劉院長在眼科方面醫術高超，不作第二人想，同時劉院長經驗豐富，性格穩重而謹慎周密，是值得信任的醫生。」

我當然聽從蔡主任的話，到振興醫院掛了劉院長的號，劉院長為我做了一些例行的檢查，聽我說了右眼失明的經過，也和其他名醫一樣，不肯答應為我開刀，只要我再來多看幾次門診，仔細觀察再說。

帶著失望的心情回家，涵碧安慰我道：「別難過，劉院長說要多觀察一陣子，也是合理的，這表示劉院長是位穩重的醫生，不肯冒冒然做決定。記得牧師說過：『醫有時。』上帝不是不眷顧你，而是時機未到。你看過八位名醫都在猶豫、推託，甚至恐嚇你，也許這是上帝的好意，不讓那些不適合的醫生來為你開刀。既然這麼多年都過去了，就耐心再等一下，時機到了，上帝一定會幫助你的。」

晚上，我撥了電話給我和涵碧的「醫生朋友」高啟祥醫師，我在二〇〇三年為臺灣商務印書館主編過「良醫益友叢書」十四冊，其中眼科部分是高啟祥醫師，高醫師現在新竹執業，我只能和他電話聯絡。高醫師認為如果我的左眼開刀，是「小手術，大危險」，而眼底出血的危險又是眼科醫生不能掌握的，不過，我應該趕快開刀，因為再過幾個月我的左眼可能連亮光都看不見了。

和高醫師通完電話，電話鈴聲響起，是蔡武甫主任打來的，他十分關心我今天看劉院長的結果，我把經過情形向蔡主任詳細說明，蔡主任最後對我說：「我和劉院長是老朋友，我會和劉院長討論你的病情，你繼續去看劉院長的門診。」

從此我每個月去看劉院長的門診一次，十月初，我第四次去看門診，劉院長終於答應為我動手術，但這手術和一般白內障手術不同，劉院長告訴我，目前開白內障都採用超音波乳化術，超音波乳化術有許多優點：局部麻醉、傷口小、手術時間短（約二十分鐘）、感染機率小、不必住院，但我的左眼似不合適用超音波乳化術，要用傳統手術，全身麻醉，住院三天。我問他全身麻醉是否可防止手術時眼底出血？他回答說：「也不能保證不出血，我在美國時，一次為病人換眼角膜，全身麻醉，手術中，發生眼底猛爆性出血，這次手術當然失敗了。」所以他將努力盡量減少眼底出血的機會，但不能保證意外的事情不發生。

要動手術的事令我一則以喜，一則以憂，喜的是我的左眼有重見光明的機會，憂的是如果眼底又大出血，豈非完全失明！

第二天的晨禱中，我向天父稟告劉院長要為我左眼開刀的事，祈求上帝保佑我手術成功。忽然，腦中有一個輕微的聲音出現：「如果手術失敗，你會害怕嗎？」

「當然害怕。」我喃喃地回答：「但我會接受。」

「為什麼你會接受可怕的後果？」

「如果成功，我相信主在保佑我。如果失敗，我相信主自有我不知道的安排。我已經把我的生命交付在主手裡，我不把成功或失敗放在我自己心上，我走在主為我安排的道路上。」

「很好！你的信心會救了你。」

腦中的聲音消失了，四周仍是一片寂靜，我低著頭，久久不能動彈，心中像急雨過後，天空蔚藍清新。

七、躺在十字架上動手術

十月二十四日上午涵碧陪我住進振興醫院的病房，一進病房，涵碧就大叫起來：「好奇妙啊！」

「什麼事？」我看不清房裡的情景。

「這床上的床單、棉被上全是十字架。」涵碧在我身邊說：「十字架上還有一朵你喜愛的蘭花。」

「主耶穌的標誌，加上蘭花，一定好美。」我手摸著床單。

「我相信你明天的手術一定成功。」涵碧興奮地說：「記得我們第一次來看劉院長的門診，那天早晨我讀聖經，竟然讀到『後日摩押必復振興』，這是《聖經‧耶利米書》四十八章四十五節的標題，莫不是上帝在告訴我們到振興醫院來正是祂的旨意！」

「感謝主！」我坐在床上，低頭輕聲說：「主啊！我現在把生命交付在祢的手中了，請祢引領我。」

那天晚上，涵碧獨自回家，一個人在房間裡唱「因著十架愛」，邊唱邊哭，求慈愛的天父伸手拯救她躺在振興醫院病床上的丈夫，滴滴眼淚都是愛，她相信無所不能的天父一定聽到她誠心的求告。

在振興醫院，劉院長怕我緊張失眠，給我開了鎮靜劑，然而我心裡十分安定，沒服用鎮靜劑便沉沉睡著了。

第二天（十月二十五日）一大早，涵碧趕到醫院，送我進入二樓的手術室，她摸著我左手腕上醫院給我戴的紙手環，上面正是一個十字架，那是振興醫院的院徽，而且我身上蓋的棉被也印著大大的十字架。「上帝會保佑你。」涵碧緊握著我的手說。

「放心，上帝和主耶穌與我同在。」我笑著回答。

被推進手術室不久，麻醉師便來讓我吸了麻醉劑，我感到一陣飄浮，就失去了知覺。醒來後，被推出手術室，涵碧和我的妹妹永華都在等我，涵碧告訴我，從進手術室到出來已經三個小時了。

手術後左眼被紗布蓋住，右眼原本就失明，所以我當時是兩眼漆黑，不由一種恐懼襲上心頭！「萬一又和上次右眼開刀的結果一樣，打開眼罩卻是一片漆黑，那怎麼辦？那不是像涵碧講的永遠停電嗎？」

回到病房，手觸摸到病床枕頭旁一本書，那是什麼？那一定是《聖經》，像有一股電流從手指通到腦門，對啊！我怎麼忘了上帝和主耶穌與我同在！於是，笑容不自覺地浮在我的臉上，全身湧上一陣暖意。

夜晚，我躺在病床上，沒吃鎮靜劑就睡著了。可憐的涵碧回家後，獨自唱了一晚的「因著十架愛」，她又整夜失眠了。

八、重見光明

二十六日上午九時，涵碧陪我到地下一樓眼科門診室，劉院長為我打開眼蓋。啊！好亮啊！「我看見了，我看見了！」我興奮地叫起來，我清楚看到劉院長露出微笑的滿意表情，側頭一看，我看到涵碧兩眼含著淚水，滿臉歡笑，真是一副喜極而泣的模樣。

手術是成功的，量一量視力，裸視只有○・二，但我已心滿意足，我看清楚了涵碧美麗的臉龐，看清楚了醫生和護士的容貌，看清楚了四周的情景，一切都是那麼鮮活，所有的人都是那麼和藹可親，世界是那麼美好！

劉院長告訴我，白內障雖切除，後囊還留有一點鈣化的殘存物，將來用雷射將鈣化物清除，我的視力會有進步。

在振興醫院住了五天，懷著感恩的心出了院，弟弟壽松開車來接我，一看到滿街的車子，沿途的廣告招牌，我對壽松說：「外面的顏色怎麼這麼鮮艷？」

「阿哥，你太久沒看清楚外界的事物了，所以看起來特別鮮艷。」壽松笑著說。

涵碧在後座也笑著說：「你忘記在病房裡，醫生把你左眼切除的白內障給你看，那東西像一粒大黑豆，又像一顆黑紐扣，你的視線被那黑東西擋住了，怎能看清楚外面，現在把那黑障礙物拿掉了，當然就大放光明了。」

二○○八年一月十四日劉院長為我做了雷射手術，把後囊的鈣化物消除，果然我的視力進步到〇・五，配上一副四百度的老花眼鏡，可以輕鬆地看書寫字了。

由黑暗重回光明，這是我的人生一大轉折，我要感謝劉榮宏院長，他的「妙手」讓我「回春」（那不是形容詞，也不是匾額上的頌詞，那是真實）；我也要感謝蔡武甫主任對我的指引和照顧，我將終身不忘；我也要感謝高啟祥醫師，他告訴我許多眼睛的知識，讓我受益良多；我也要感謝許多親戚、朋友們，他們的關心和祈禱，讓我得到安慰和福分；我要感謝我的弟弟壽松和妹妹永華，他們在我幾近失明的三年中，給我許多幫助；我要感謝涵碧的弟弟玉山，他十分關心我，總是給涵碧許多鼓勵與指導，讓涵碧知道該如何用正確的態度與方法來愛護我；我要感謝靈糧堂周神助牧師、程緯華牧師和靈糧堂的弟兄姐妹們以及張茂松牧師、周聯華牧師、康來昌牧師、蔡明潔傳道、靈糧堂中區夫婦小組、百基拉姐妹團契，他們經常為我祈禱，讓天父知道我的苦痛，願意伸手賜福給我。當然，我最要感謝的是涵碧，由於她的愛，讓我有勇氣站起來，不被黑暗打倒，常在台北東區地下街或在餐廳裡遇到一些平常很少來往的朋友（有時是我的朋友，有時是涵碧的朋友），涵碧和他們打招呼，我則「聞聲」向他們微笑點頭，涵碧告訴他們有關我的視力太差，他們幾乎都不敢相信，因為一個將盲的人竟有心情在外行走，而且滿面笑容。其實，我表現出來的勇敢和樂觀，都是涵碧的愛心支撐出來的。

除了人之外，我更要感謝神，當我能提筆寫字的時候，我抄了一遍涵碧最愛唱的「因著十架愛」歌詞，抄完之後，我寫了一段我的感覺：「由幾乎失明的狀態到能手寫上面的歌詞，心中充滿無限的感謝，主帶領我走過死亡的幽谷，賜給我彩色的生命，跪在主的聖殿前，我要獻上由衷的讚美和感謝！」一個走在平坦大道上的人不會想到腳下的坑洞或尖石，只有駕船在狂風暴雨中的人才能體會到危險的恐懼。

人們常會迷信科學萬能，盲信人定勝天，然而，科學是什麼？科學是企圖不斷創造新的物質定律和事物，其實這些所謂「新」的物質定律和事物早已存在宇宙之中，只不過等待人去發現它，所以，這宇宙間沒有真正的發明家，只有聰明的發現者，光、電、聲波、細菌、分子、原子……等早已存在，只是被人們或早或晚發現它們的存在、特性和功能而已，這些物質的定律、特性、功能……等是誰在人類未發現之前就安排好的呢？這當然是創造宇宙萬物的神。至於人定勝天，只是鼓勵人們努力奮鬥的語句，人類連克服大自然災變的能力都沒有，更何能勝天？信神，是一種自我謙卑的心理和態度，這種自我謙卑的心理和態度能引發出一個人潛在的能力和智慧，反而會鑄造出一個偉大的人物，使人類歷史與文化進步。

沒有遭受痛苦，就不能體會到快樂的真意，沒有經歷憂患恐懼，就不能領悟到平安幸福的甜美。從黑暗到光明，不但是我眼睛的重生，也是我生命的重生。

沒有遭受痛苦，
就不能體會到快樂的真意；
沒有經歷憂患恐懼，
就不能領悟到平安幸福的甜美。
從黑暗到光明，
不但是我眼睛的重生，
也是我生命的重生。

王壽南主要著作與主編之圖書

一、專書

中國歷代創業帝王（臺灣商務印書館）
唐代藩鎮與中央關係之研究（大化書局）
唐代政治史論集（臺灣商務印書館）
唐代的宦官（臺灣商務印書館）
唐代人物與政治（文津出版社）
隋唐史（三民書局）
中國歷史圖說（七）隋唐五代（新新文化出版社）
照照歷史的鏡子（臺灣商務印書館）
中華文化復興運動紀要（中華文化復興運動推行委員會）
王雲五先生年譜初編（四冊）（臺灣商務印書館）
英雄之忍（國家文藝基金會）

我們的榮譽（幼獅文化事業出版公司）
秦始皇（臺灣商務印書館）
孔子與孟子（臺灣商務印書館）
先秦諸子（臺灣商務印書館）
玄奘（臺灣商務印書館）
徐光啟（臺灣商務印書館）
史可法（臺灣商務印書館）
孫中山（臺灣商務印書館）
馬可波羅（臺灣商務印書館）
哥倫布（臺灣商務印書館）
法國大革命中的人物（臺灣商務印書館）
再站起來（健行文化出版公司）
武則天傳——戲說武媚娘傳奇一生（臺灣商務印書館）

二、單篇論述

學術性論文及一般性論述百餘篇，發表於各學報、論文集、合著專書、雜誌及報刊，無法一一詳列。

三、主編之圖書

中國文明的精神（四冊）（公共電視）
中國史學論文選集（五冊）（幼獅文化事業出版公司）
古籍今註今譯（三十二冊）（臺灣商務印書館）（本叢書前十二種由王雲五先生主編，其餘由中華文化復興運動推行委員會與國立編譯館（現改名為國家教育研究院）主編，實際主編工作如規劃、選書、約稿、催稿、邀約審查人等全由中華文化復興運動推行委員會執行秘書王壽南擔任。）
中國近代現代史論叢（三十五冊）（臺灣商務印書館）
中國歷代思想家（二十五冊）（臺灣商務印書館）
四庫全書索引叢刊（十五冊）（臺灣商務印書館）
岫廬文庫（一百二十二冊）（臺灣商務印書館）
倫理道德與現代生活（一冊）（中華文化復興運動推行委員會）
忠孝人物故事（一冊）（中華文化復興運動推行委員會）
忠孝文選（一冊）（中華文化復興運動推行委員會）

General Education 叢書（一冊）（五南文化出版公司）
通識叢書（六冊）（臺灣商務印書館）
良醫益友叢書（十四冊）（臺灣商務印書館）
中國通史（一冊）（五南文化出版公司）
我所認識的王雲五先生（一冊）（臺灣商務印書館）
王雲五先生哀思錄（一冊）（臺灣商務印書館）

王壽南作品集 二

改變人生的火種

作　　者：王壽南
發 行 人：王春申
編輯指導：林明昌
營業部兼任編輯部經理：高珊
責任編輯：徐平
校　　對：趙蓓芬
封面設計：吳郁婷
印　　務：陳基榮
行銷企劃：黃基銓

出 版 者：臺灣商務印書館股份有限公司
地　　址：23150新北市新店區復興路43號8樓
電　　話：(02)8667-3712
傳　　真：(02)8667-3709
讀者專線：08000056196
郵政劃撥：0000165-1
E-mail：ecptw@cptw.com.tw
網　　址：www.cptw.com.tw

初版一刷：2017年2月
初版二刷：2017年2月
定　　價：新台幣320元

局版北市業第993號

ISBN 978-957-05-3068-1

改變人生的火種 ／ 王壽南 著, -- 初版. -- 新北市：
臺灣商務, 2017. 02
面 ； 公分. --
ISBN 978-957-05-3068-1（平裝）

1. 人生哲學

191.9 105022995